16	3	2	13
5	10	11	8
9	6	7	12
4	15	14	1

Patrocínio:

Parceria:

Sérgio Cabral

GRANDE OTELO
Uma biografia

editora 34

Editora 34 Ltda.
Rua Hungria, 592 Jardim Europa CEP 01455-000
São Paulo - SP Brasil Tel/Fax (11) 3816-6777
www.editora34.com.br

Sarau Agência de Cultura Brasileira Ltda.
Rua Goitacazes, 120 Glória CEP 22211-190
Rio de Janeiro - RJ Brasil Tel/Fax (21) 2557-5164 / 2555-9527
www.sarauagencia.com.br

Copyright © Editora 34 Ltda., 2007
Grande Otelo: uma biografia © Sérgio Cabral, 2007

A FOTOCÓPIA DE QUALQUER FOLHA DESTE LIVRO É ILEGAL, E CONFIGURA UMA
APROPRIAÇÃO INDEVIDA DOS DIREITOS INTELECTUAIS E PATRIMONIAIS DO AUTOR.

Capa, projeto gráfico e editoração eletrônica:
Bracher & Malta Produção Gráfica

Revisão:
*Alberto Martins, Fabrício Corsaletti, Fernanda Diamant,
Regina Zappa, Roberto Homem de Mello*

Edição de imagens:
Cynthia Cruttenden, Marina Botter

1ª Edição - 2007

CIP - Brasil. Catalogação-na-Fonte
(Sindicato Nacional dos Editores de Livros, RJ, Brasil)

	Cabral, Sérgio, 1937-
C386g	Grande Otelo: uma biografia / Sérgio Cabral. — São Paulo: Ed. 34, 2007. 320 p.

ISBN 978-85-7326-391-6

1. Biografias de artistas. 2. Cinema brasileiro - História. 3. Teatro brasileiro - História. 4. Música popular brasileira - História. I. Título.

CDD - 927

GRANDE OTELO
Uma biografia

Para começo de conversa 13

1. Uberabinha 19
2. A Companhia Negra 31
3. Uma nova família 43
4. Rio de Janeiro 53
5. "No tabuleiro da baiana" 61
6. O Cassino da Urca 69
7. "Praça Onze" & Orson Welles 83
8. Prendam este negrinho! 93
9. O *Moleque Tião* 105
10. O fim dos cassinos 119
11. Tragédia na Urca 127
12. Carlos Machado 139
13. Grande Otelo, jornalista 151
14. O funcionário público 163
15. Louvação a Assis Valente 175
16. Jaciara, uma surpresa 189
17. Doutor Grande Otelo 197
18. Macunaíma 207
19. Estátua em Uberlândia 219
20. Sancho Pança 227
21. Ameaças do coração 237
22. Prêmio Molière 247
23. Otelo, enredo no carnaval 257
24. Enfarte no Rio, edema em Paris 267
25. A última viagem 279

Grande Otelo na tela 293
Grande Otelo no palco 307
Grande Otelo em disco 311
Bibliografia 313
Agradecimentos 315
Créditos das imagens 316
Ficha técnica do projeto "Grande Otelo 90 anos" 317
Sobre o autor 319

Nenhum país será algum dia uma nação desenvolvida se não souber conhecer, preservar, honrar e merecer sua memória. A PETROBRAS, maior empresa latino-americana e maior patrocinadora das artes e da cultura em nosso país, apóia o projeto *Grande Otelo 90 anos* porque acredita, acima de tudo, na importância da memória.

Se hoje somos o que somos, se ocupamos a liderança mundial em tecnologia de ponta para exploração e produção de petróleo em águas profundas, se somos uma empresa que cresce de maneira incessante, é porque herdamos a experiência dos pioneiros, dos que souberam avançar contra ventos e marés, criando sempre, persistindo sempre. Gente como Sebastião Bernardes de Souza Prata, ou melhor, Grande Otelo, que soube manter viva sua memória e apostar no presente com os olhos postos no futuro.

Dos circos do interior de Minas Gerais aos tempos de ouro do teatro de revista no Rio de Janeiro, das chanchadas da Atlântida aos filmes geniais do Cinema Novo, Grande Otelo foi testemunha direta de quase tudo que aconteceu de melhor no teatro e no cinema do Brasil, tornando-se um de nossos tipos mais populares e queridos.

Com o leitor, a trajetória deste brasileiro que foi grande comediante, grande ator dramático, grande em tudo.

PETROBRAS

Grande Otelo: uma biografia, de autoria de Sérgio Cabral, tem o objetivo de reviver a trajetória desse grande artista que hoje seria denominado de multimídia, dada a variedade de atividades que exerceu. Otelo transitou pelo cinema, teatro, shows de revista e televisão, atuou em dramas, tragédias e comédias, tornando-se, ao lado de Oscarito, o mais célebre ator brasileiro de sua época, pois as "chanchadas" foram responsáveis por torná-los conhecidos em todo o país.

O SESC Rio tem apoiado a publicação de biografias uma vez que esse gênero vem ganhando relevância na literatura e hoje possui um público cativo, ávido por informações sobre a vida e obra de personalidades que contribuíram para o engrandecimento de uma comunidade, povo ou nação. Esta edição tem, entre outros, o mérito de preservar para os fãs e para os anais da cultura nacional os registros de um artista brasileiro que era a cara do Rio de Janeiro. Universal pela sua espontaneidade, pela sua intuição e pela sua cultura, Grande Otelo identificava-se plenamente com o espírito da urbe e da gente carioca.

O SESC Rio cumpre, assim, a missão cultural e social que tem tornado a instituição uma referência no meio artístico da cidade. Abriga a expectativa de contribuir, por meio do talento do escritor, jornalista e compositor Sérgio Cabral, para assinalar a presença do grande homem Otelo na cultura do nosso país. Enfim, o SESC Rio orgulha-se de participar de um projeto que preserva a memória de um dos mais populares artistas brasileiros do século XX, deixando gravado para as futuras gerações o talento e a garra daquele que soube, como poucos, compartilhar generosamente com o público seu gênio e sua arte.

SESC Rio

GRANDE OTELO

Uma biografia

PARA COMEÇO DE CONVERSA

A idéia de escrever uma biografia de Grande Otelo tendo por base o arquivo do ator, descoberto no início de 2003 quase em estado de decomposição e recuperado com o apoio da Petrobras, foi da Sarau Agência de Cultura Brasileira — uma empresa de porte médio, especializada em produzir espetáculos musicais e teatrais. Soaria ingênuo, neste início do século XXI, afirmar que se trata de um empreendimento tão idealista quanto bem sucedido. Mas é a pura verdade, como pode ser comprovado por inúmeros profissionais brasileiros ligados à música ou ao teatro. Daí a minha profunda gratidão à Sarau e a todos que nela trabalham.

Não sei exatamente qual a principal razão de me sentir tão grato, se por ter sido escolhido para escrever este livro ou se, por meio dele, ter conhecido melhor um ser humano de tanto talento, com tantas virtudes e tantos pecados. O fato é que, se Grande Otelo já me emocionava por sua arte, agora ele me comove renovando as esperanças em um Brasil melhor. Afinal, ao se falar de Grande Otelo estamos falando de um brasileiro que se enquadra perfeitamente nas estatísticas daqueles que são prematuramente condenados à morte, seja pela violência, seja por uma dessas doenças que atingem os que vivem na marginalidade. E, no entanto, Grande Otelo encantou o público de nosso país durante quase sete décadas, batendo recordes de participações em filmes e espetáculos. Um artista, em todos os aspectos, genial.

Sérgio Cabral

Aqui vai a história de um menino que, apesar das dificuldades encontradas, acabou vitorioso, graças exclusivamente a seu talento. Por isso, este livro é dedicado aos meus dez netos: Bruno, Rafael, João Pedro, Chico, Marco Antônio, Maria, Manuela, José Eduardo, Tiago e Mateus.

"Eu não tenho talento, gente. O que acontece comigo é uma coisa muito simples. Malba Tahan tem um conto sobre um homem que tinha um olho de lince. É que ele esteve durante muito tempo na prisão e encontrou seis alfinetes. Ele jogava os alfinetes para o alto só para procurá-los depois. Assim, foi desenvolvendo a vista. É o meu caso. Entrei numa cela, ou numa selva, e tive de sobreviver, usando todos os truques bons e maus que sabia, na medida das minhas características e das minhas qualidades."

Grande Otelo, numa entrevista, em 1975

Grande Otelo, entre o grandalhão Carlos Costa e o cômico Ankito, no filme *É de chuá!* (1958), dirigido por Vitor Lima, em que dois ladrões de jóias tentam passar por grã-finos e acabam envolvidos com uma escola de samba.

1.
UBERABINHA

Para se ter uma idéia de quanto Grande Otelo trabalhava na segunda metade da década de 1950, basta que se diga que, em 1957, foram lançados seis filmes com a sua participação: *Metido a Bacana*; *Brasiliana*; *Baronesa Transviada*; *Rio, Zona Norte*; *De Pernas pro Ar*; e *Com Jeito, Vai*. E não era somente cinema: no dia 6 de agosto daquele ano, o produtor e diretor Carlos Machado promoveu na elegante boate Night and Day, no Centro do Rio, a estréia de "Mister Samba", um espetáculo que focalizava a vida e a obra de Ari Barroso, que tinha Grande Otelo entre os seus protagonistas.

Com a casa lotada de cariocas e de turistas vindos de todas as regiões brasileiras e de outros países, ele dividia com Elisete Cardoso, a estrela do show, a interpretação de "Boneca de Piche", um dos grandes êxitos da carreira de Ari. Grande Otelo e Elisete interpretavam essa canção havia vários anos, desde o tempo em que a grande cantora, ainda desconhecida do grande público, recebia a ajuda do amigo. Ele conseguia apresentações em clubes, circos, onde, enfim, houvesse um dinheirinho para socorrê-la naquela fase de tanta dificuldade financeira, para cantarem em dupla "Boneca de Piche".

Certa noite, o público percebeu que alguma coisa incomodava Grande Otelo. Desaparecera o brilho do seu rosto e a alegria de sempre. Ao cantar os versos "Boneca de piche/ Da cor de azeviche", calou a boca, começou a vomitar em pleno palco e correu para os bastidores. Um médico que assistia ao show levantou-se assustado e correu para o camarim. Depois de aplicar uma injeção de coramina, ensopou um algodão com amônia e levou-o ao nariz do paciente, que protestava com veemência. Poucos minutos depois, com o brilho do rosto de volta, o artista manifestou a intenção de continuar o trabalho.

— Vou voltar para o palco.

— Não faça isso. Vamos saber o que você tem — advertiu o médico.

Otelo não levou a discussão adiante. Esperou apenas que Elisete Cardoso encerrasse a interpretação de "No Rancho Fundo" para voltar ao palco e dar continuidade ao número exatamente na parte interrompida:

"Boneca de piche
Da cor do azeviche..."

Elisete sorriu feliz e não escondeu a emoção, enquanto o público aplaudia cada verso do delicioso samba de Ari Barroso.

Terminado o show, o médico voltou ao camarim e os dois saíram pela noite carioca. Divertiram-se muito lembrando de casos que ambos viveram ou testemunharam na primeira infância em São Pedro de Uberabinha, a cidade onde nasceram, situada a 863 metros acima do nível do mar, no nordeste do Triângulo Mineiro. Em 1929, a cidade mudaria o nome para Uberlândia, por sugestão de um dos seus filhos ilustres, João de Deus Faria. O médico, chamado Josias de Freitas, era um menino de dois anos quando Otelo, filho da cozinheira da sua casa, Maria Abadia de Souza, nasceu. Em 1957, Josias vivia no Rio, onde abriu consultório e ganhou muito prestígio como cirurgião; mais tarde, viria a assumir a direção geral do Hospital Grafée Guinle, que transformou na maior trincheira do país na luta contra a Aids.

Por ter apenas dois anos quando Grande Otelo nasceu, Josias não se lembrava da data exata do nascimento do amigo. Nada de mais, pois o próprio Otelo também ignorava. E por isso acabou inventando uma: o dia e o mês, 18 de outubro, segundo justificava, seriam os mesmos do seu batizado. Já o ano, 1915, inventara mesmo. É que ele nunca recorrera à única fonte possível para conhecer toda a verdade, já que, na época, principalmente numa cidade do interior, quase sempre os filhos do povo deixavam de ser registrados nos cartórios oficiais. Se ele tivesse o cuidado de recorrer ao arquivo da paróquia Nossa Senhora do Carmo, em Uberlândia, veria no livro número 11, de 150 folhas, com a relação de todos os batizados que deveriam ser realizados entre 1º de janeiro de 1915 e 19 de outubro de 1917, o dia certo em que veio ao mundo. Talvez por sobrar folhas em branco, o livro foi até janeiro de 1918. Na página 108, o registro número 42 dá conta de um batizado realizado pelo vigário da paróquia, cônego Pedro Pezzuto, com os seguintes dizeres: "A vinte e um de janeiro de 1918, batizei o inocente Sebastião, nascido a 18 de outubro do ano passado, filho legítimo de Francisco Bernardo da Costa e de Maria Abadia. Padrinhos: Marcelino Felipe de Campos e Maria

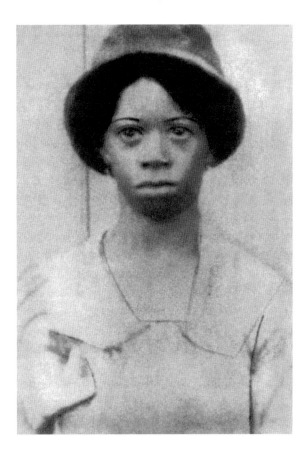

Única foto conhecida de Maria Abadia de Souza, mãe de Grande Otelo, que mais tarde, em documento assinado em cartório, abriria mão da guarda do filho.

de Pina". Portanto, a versão do futuro ator sobre o seu nascimento estava correta pelo menos em relação ao dia e ao mês, embora não tivessem nada com a data do batizado, que foi dia 21 de janeiro. Ele só errou no ano em que nasceu. Na verdade, era dois anos mais novo, pois, segundo o registro da igreja, nasceu em 1917 e não em 1915, como dizia. É possível que sua opção por aumentar a idade tenha sido decorrência da necessidade de obter trabalhos reservados apenas para os de maior idade e, por isso, precisava de um documento demonstrando não praticar qualquer ilegalidade durante os mais de três anos em que trabalhava no Rio de Janeiro. A sua certidão de idade teria sido obtida somente em 1939, quando precisava do documento para assinar contrato com o Cassino da Urca. Para obtê-lo, valeu-se de um decreto assinado por Getúlio Vargas autorizando o registro de nascimento desde que o interessado, de qualquer idade, apresentasse duas testemunhas. Foi aí que ele resolveu chamar-se Sebastião Bernardes de Souza Prata e repetiu para o nascimento o dia e o mês que julgava serem os do batizado. Tal certidão, porém, não foi achada no cartório de Uberlândia e os filhos dele nunca viram o documento.

O futuro artista sabia que a bisavó paterna, Silvana da Costa, fora a sua parteira e que o parto ocorrera num casebre instalado na fazenda Capim Branco, que anos depois faria parte do bairro Dona Zulmira. Sabia também que nascera em cima não de uma cama, mas de uma esteira de palha estendida no chão. Outro detalhe do seu conhecimento era que nascera quando a mãe de Josias, Augusta Maria de Freitas, dona Sinhá, amamentava o filho recém-nascido, Sebastião. Graças a essa coincidência, o filho da cozinheira teve condições de alimentar-se com leite humano. Maria Abadia não tinha leite para dar ao filho, mas nos seios de dona Sinhá o leite era abundante e foi suficiente para alimentá-lo até os dezoito meses de idade. Por gratidão, Maria Abadia deu ao filho também o nome de Sebastião.

— Meu primeiro alimento foi o leite de uma mulher branca — justificava-se ele quando os amigos envolvidos nas lutas dos negros exigiam dele posições mais firmes no combate ao racismo. Otelo levou muitos anos para perceber que era discriminado por causa da cor.

Em Uberabinha, Otelo ainda não era Otelo, mas Sebastião, Sebastiãozinho, Tião, Tiãozinho, Bastião, Bastiãozinho ou ainda Tiziu, nome do passarinho de um negro azulado que povoa a América do Sul e a América Central. O nome completo escolhido para ele, Sebastião Bernardo Silva, preservava o sobrenome do pai, que se chamava Francisco Bernardo da Costa. Este era empregado da fazenda de Lúcio Prata, o que lhe rendeu o apelido de Chico dos Prata e foi motivo de outro apelido do filho, Pratinha. Otelo dizia nunca ter visto o pai, que morreria quando ele tinha apenas dois anos de idade. Sobre a morte do pai, ouviu de um velho morador da cidade a versão de que Chico dos Prata fora assassinado a golpes de foice numa briga provocada por disputa de terras. Pode ser que não tenha havido um encontro dos dois, mas é certo que Chico reencontrou Maria Abadia e do novo encontro nasceu Francisco Bernardo da Costa Filho, irmão caçula do menino Sebastião.

Por alguma razão, Otelo não repetiu o sobrenome paterno ao retirar a certidão de idade, deixando apenas uma referência aos patrões dele. Preservou o Sebastião, trocou o Bernardo por Bernardes em homenagem ao ex-presidente da República, o mineiro Artur Bernardes, manteve o Souza da mãe e acrescentou o Prata. Não quis saber, portanto, do Costa que identificava a família do pai desde que a bisavó de Otelo adotou o sobrenome, mantendo uma tradição dos escravos africanos vindos da

O menino Sebastião, sentado na primeira fila, ao centro, com colegas de escola e parentes dos alunos, em Uberlândia, MG, na década de 1920.

faixa litorânea que vai do Cabo de Palmas (atual fronteira entre a Costa do Marfim e a Libéria), até o cabo Lopes, no Gabão. Aliás, a bisavó era uma personagem popular de Uberabinha, onde era conhecida como tia Silvana (mulher de tio Antônio), uma mulher dotada de espírito de liderança e de habilidade para trabalhar na produção de sabão e farinha de mandioca e de polvilho.

"Minha infância foi igual à de outro garoto qualquer. Soltava papagaio, que vocês aqui chamam de pipa, jogava futebol, catava gabiroba e não gostava de passar em frente ao cemitério. Tinha medo", disse Otelo em seu primeiro depoimento ao Museu da Imagem do Som do Rio de Janeiro (MIS), no dia 26 de maio de 1967. Pelo que disse tantas outras vezes em entrevistas e depoimentos, porém, não era exatamente uma infância "igual à de outro garoto qualquer". Fugia de casa com freqüência e se defendeu num manuscrito com um arremedo de autobiografia, afirmando que "é errado dizer que as pessoas pequenas fogem. Elas querem algo, como as grandes, e então vão procurá-lo". Mas confessou no mesmo texto que "não gostava absolutamente do que tinha pra fazer em casa, exceto o que fazia de manhã: catar mangaba madura no chão do galinheiro".

Licídio Paes, numa crônica intitulada "O neto de tia Silvana", publicada no jornal *O Triângulo*, em outubro de 1972, contou como foi o ingresso de Grande Otelo na escola. Licídio, cujas crônicas foram reunidas no livro *Brevidade*, com organização e apresentação de Regma Maria dos Santos, escreveu:

"Seria no início de 1922 ou 1923 que, passando pela Rua Duque de Caxias, mais ou menos no centro do quarteirão entre as avenidas Floriano Peixoto e Cesário Alvim, onde havia umas casinhas anciãs cobertas de telhas coloniais e construídas 8 ou 10 metros afastadas do alinhamento, de uma delas partiu em minha direção uma mulher velha, de cor preta, para solicitar-me matrícula do seu neto no grupo escolar que então dirigia na Praça Tubal Vilela, no local onde hoje se ergue, com toda imponência, o Instituto de Educação. Olhei e achei que ele não teria os sete anos, que era o mínimo exigido pelo regulamento do ensino em vigor. Mas a interessada garantiu-me que ele completara essa idade semanas antes e eu não tinha motivos para duvidar da sua afirmativa, a não ser o tamanho do garoto, o que de resto não servia de base, pois o crescimento das crianças nem sempre corresponde ao tempo de vida. [...] Assim, tomei nota do nome, filiação, residência etc. e recomendei à solicitante que mandasse o pirralho às aulas no dia tal às tantas horas. E isso aconteceu. Aquele indeciso projeto de gente tinha inteligência e vivacidade um pouco fora do comum, um tanto excêntricas, dispersivas, contrastando com a vivacidade e inteligência dos demais elementos da classe. O seu aproveitamento não era satisfatório porque não freqüentava o grupo com assiduidade. A professora queixava-se à avó, mas esta não tinha autoridade suficiente para impor um regimento ao recalcitrante. Ele gostava mais de perambular pelas ruas palestrando aqui e ali com os que apreciavam a sua precocidade e as suas facécias, mormente os caixeiros-viajantes que se sentavam à tarde à porta dos hotéis e que lhe davam níqueis para que cantasse lundus fesceninos, quando não versos francamente pornográficos, sem imaginar que com isso contribuíam para a corrupção de um menor ainda em estágio de inocência".

O nome da escola, segundo Otelo, era Bueno Brandão. E o próprio ator confessava que não foi um bom aluno, tanto que repetiu duas vezes o primeiro ano do curso primário (hoje ensino fundamental). Não conseguia sequer aprender a ler, dificuldade que, depois de adulto, atribuía a um "acanhamento" perante a professora pelo fato de ser o único aluno negro na sala de aula. É provável que ele tenha inteira razão, pois, no início do século XX, o racismo brasileiro era bem mais escancarado.

Tadeu Pereira dos Santos, aluno do Instituto de História da Universidade Federal de Uberlândia, apresentou ao curso de graduação do Instituto em 2005 uma monografia intitulada *À luz do Moleque Bastião — Grande Otelo: "Arranhando" Uberabinha — 1915-1930*, com vários depoimentos importantes sobre a época de Grande Otelo na cidade, ao lado de transcrições de jornais que davam mostra do racismo na cidade. Uma delas é de um texto publicado no jornal *O Binóculo*, de Uberabinha, em abril de 1916, em que um articulista queixa-se dos rapazes negros que conversavam nas calçadas das ruas, "impestando, queremos dizer, infectando todos os lugares daquele perfume jaratataico, que nem todos apreciam". E completa:

> "A negrada faz rodas nos passeios e as senhoras, se quiserem, têm que desviar, descendo do passeio ou sujeitar-se ao perfume. [...] Que formem sua roda, deixando, porém, livres espaços onde possam outras classes também formar a sua roda. Lé com lé, cré com cré. A continuar assim, veremos breve desaparecerem de lá as famílias da elite uberabinhense".

Voltando a Grande Otelo, a capacidade de ler surgiu como uma descoberta, quando estava sentado no paiol de milho de uma fazenda aguardando a bisavó concluir um parto e pegou um pedaço de jornal, foi "juntando as letras" e leu. Voltou para casa sabendo ler.

Era comum encontrá-lo brincando nas ruas sozinho ou em companhia do irmão de leite Sebastião. Brincavam tanto juntos que passaram a ser conhecidos como a dupla Preto e Branco ou como Tião-Tião (o Sebastião branco, hemofílico, morreria ainda jovem). Mas nem sempre a relação do filho da empregada com a família Freitas se limitava a brincadeiras, detalhe que Otelo nunca escondeu nos depoimentos e nas inúmeras entrevistas. Ele confessava, por exemplo, que, de vez em quando, se apropriava dos trocados que estivessem ao seu alcance na casa. "Uma vez", contou em seu primeiro depoimento ao MIS carioca, "durante uma

Durante muito tempo o próprio Otelo ignorou a data exata de seu nascimento: 18 de outubro de 1917. Na foto, tirada provavelmente na plataforma da estação ferroviária de Uberlândia, ele aparece ao lado do padrinho Marcelino Felipe de Campos.

festa em casa, pediram para eu tomar conta do Josias, porque ele não deveria aparecer na sala. Eu gostava muito de bife a cavalo, mas era muito caro para mim. Embaixo da cama de Josias tinha cinco mil-réis sobrando e, enquanto ele dormia, peguei o dinheiro e fui comer bife a cavalo. Comprei outra coisa também para agradar a minha avó. Comprei 'brevidade' e ainda sobrou dinheiro".

Sua busca por dinheiro não se limitava a pegar indevidamente o dinheiro alheio. Esperava a chegada do trem e percorria todos os vagões recolhendo os jornais já lidos para vendê-los na cidade. O pai do escritor Mário Prata, quatro anos mais velho que Otelo, lembrava-se do menino vendendo jornais. Também rendiam um dinheirinho as canções que aprendia com Maria Simão, mais conhecida como Maria Pequena, filha do proprietário do Hotel do Comércio, e que ele cantava para os mais velhos, principalmente para os hóspedes do hotel, cobrando um tostão por cada apresentação.

— O senhor quer que eu cante?

— Canta que eu quero ver.

— Só canto se me der um tostão.

"O dinheiro dava para uma mariola e um doce de leite", lembrava. A técnica de "venda" mudou quando um "cliente" ouviu a música e não pagou o tostão. Viu-se obrigado, assim, a modificar o diálogo. Quando o "cliente" concordava com a audição, ele pedia o tostão adiantado. "Ganhei alguma malícia e até hoje as coisas funcionam mais ou menos assim. Foi a partir daquele calote que comecei a desconfiar dos empresários", dizia ele.

Tudo indica que o menino fazia muito sucesso com as suas apresentações. Basta imaginar o extraordinário ator aos seis, sete anos, com uma altura inferior à das crianças da sua idade (parecendo, portanto, mais novo), inteiramente desinibido, interpretando do seu jeito canções mais indicadas para adultos e fazendo os gestos, as caras e as bocas que iriam consagrá-lo nos palcos, no cinema e na televisão. Foi muitas vezes severamente repreendido pela mãe por desaparecer de casa e levou surras inesquecíveis. "Um dia, ela me amarrou com a corda do poço, passou a mão numa correia trançada e me deu uma surra pra valer. E gritava: 'Isso é para não fugir mais de casa, moleque'", contou Otelo numa entrevista à jornalista Gilda Grilo, da revista *Realidade*. Maria Abadia, de quem herdou a altura, deu-lhe outra surra para valer quando ele escondeu-se debaixo do banco de um vagão de trem e foi até Uberaba para acompanhar os instrumentistas da Banda de Música União Operária — criada provavelmente em 1908 e extinta dez anos depois, voltando em 1922. Além da altura, Otelo herdou da mãe também o apreço pela cachaça, pois ela cozinhava com uma garrafa próxima ao fogão. E o filho era sempre o encarregado de ir ao armazém para comprar a bebida. No caminho de volta para casa, experimentava os primeiros goles.

Antônio Pereira da Silva, autor de três deliciosos volumes intitulados *As histórias de Uberlândia*, revela no segundo volume uma história a que Grande Otelo nunca se referiu, a do Circo do Bebê, "um cirquinho acanhado", só de crianças, instalado na Rua Vigário Dantas, nos fundos do

Hotel do Comércio (outros depoimentos falam em Grande Hotel Central, o mais importante da cidade), instalado na Praça D. Pedro II, o que leva muita gente em Uberlândia a acreditar que o pseudônimo Grande Otelo tenha surgido do nome do hotel). O futuro ator cantava e era o palhaço do cirquinho. Até que resolveu ser trapezista, começando com uma apresentação em que balançava no trapézio "pra lá e pra cá, preso apenas pelos dedões dos pés. Alguns tinham a boca aberta de espanto". O problema foi que, entusiasmado pelos aplausos, resolveu arriscar-se pendurando-se num só dedão. Conta o cronista das histórias da cidade:

> "Foi soltar um pé e despencar mergulhando no vazio. Esborrachou-se em cima do Totó, que não teve tempo de desvencilhar-se. Enquanto Totó reclamava da falta de proteção para o público, Bastiãozinho estava imóvel, só os olhos muito abertos, o branco dos olhos muito mais branco ainda".

Foi socorrido por Maria Pequena, que o fez beber um copo de água com sal. Segundo Antônio Pereira da Silva, depois de recuperado, o desastrado trapezista voltou à cena para cantar "sua canção preferida":

> "Aribu desceu do céu
> Com fama de dançadô
> Aribu entrô no baile
> Tirô dama e não dançô
> Dança, aribu
> Eu num sei não
> Dança, aribu
> Num sô doutor".

Tratava-se, portanto, de uma evidente vocação de artista. Daí a sua alegria com a chegada à cidade do Circo Serrano, que se instalou no chamado "terrenão" do bairro Vila Martins. Otelo saía atrás do palhaço pelas ruas da cidade convocando os moradores para os espetáculos e colaborando na distribuição dos prospectos. Tanta descontração resultou num convite dos proprietários do circo para integrar o elenco de uma pantomina que ele não se lembrava se tinha o nome de *O Tesouro de Serra Morena* ou *Os Bandidos de Serra Morena*, o espetáculo de estréia que seria oferecido ao público de Uberabinha. Faria o papel da esposa do palhaço, dando início assim a uma sucessão inesgotável de espetáculos e filmes em que fez papéis femininos, entre os quais *Carnaval no fogo*, que rendeu uma das cenas de maior repercussão do cinema brasileiro: aquela em que representou Julieta (e Oscarito era Romeu). Os responsáveis pela pantomina cuidaram de vesti-lo de mulher, com os "seios" enormes e um travesseiro chamando a atenção para as nádegas. Sua entrada em cena de braços com o palhaço arrancou muitas gargalhadas, mas, como geralmente ocorre numa pantomina circense, um incidente quase acabou com o espetáculo. É que o menino Sebastião não foi avisado de que a história da peça previa a entrada de bandidos disparando tiros. O fato é que ele se assustou com o tiroteio e saiu correndo, largando os "seios" e o travesseiro no chão — arrancando, assim, mais gargalhadas do público. Um sucesso. "Foi a primeira vez que fiz uma platéia rir muito", dizia.

Uma jovem atriz paulista, Abigail Parecis, que se encontrava em Uberabinha com a mãe e o padrasto, dirigentes de uma companhia mambembe denominada Companhia de Comédia e Variedades Sarah Bernhardt, já havia visto algumas apresentações de Otelo na porta do hotel e se entusiasmou pelo seu trabalho no circo. Gostou tanto que o convidou para participar da peça que apresentaria no cinema, designando-o para um papel que, como o anterior do circo, era rico em *nonsense*: o de filho de um alemão. A peça talvez tenha sido uma bobagem, mas teve muita importância na história pessoal e artística de Grande Otelo. Foi com ela que teve seu nome pela primeira vez na porta do teatro — era o "Pequeno Tião" — e sua primeira fala teatral. Uma só em toda a peça, mas a primeira. Ocorreu quando um personagem perguntou a ele como poderia um preto ser filho de alemão. Resposta:

— Mim estar alemão de Ssssantas Catarrrrinas.

Foi mais um pretexto para Abigail propor à mãe, Isabel Parecis Gonçalves, e ao padrasto, João Manuel Gonçalves, incorporar o menino à família e levá-lo para São Paulo, adotando-o como filho. Para ele, a proposta caíra do céu, pois já pensava muito em ser artista. Era uma vontade que chegara por razões diferentes. A primeira delas quando concluiu que, cantando para ganhar um tostão, poderia viver disso. Outra vez, viu, num restaurante da cidade, artistas de uma companhia teatral comendo filé a cavalo. Para ele, portanto, tratava-se de uma carreira que proporcionava esse luxo impressionante, que era saborear um bife acompanhado de dois ovos fritos. Pensou em ser artista também quando começou a freqüentar o cinema da cidade e viu Jackie Coogan fazendo o papel de um menino de cinco anos de idade no filme *O Garoto*, de Charles Chaplin. Mas teria sido apenas o talento do menino inglês que fez Grande

Otelo gostar tanto do filme a ponto de, em 1975 — com quase cinqüenta anos de idade, portanto — ao revê-lo no Cinema Um, no Rio de Janeiro, chorar muito e correr para o banheiro para lavar e enxugar o rosto? Afinal, o papel de Coogan é de uma criança gerada por uma mulher que, sem dinheiro e abandonada pelo namorado (e que, segundo o próprio filme, pecara "pela maternidade"), deixa o filho na calçada de uma via pública, perto de uma lixeira, onde é encontrado por um vagabundo (Charles Chaplin).

Outra contribuição do cinema à vocação do nosso herói foi a série de comédias curtas de Hal Roach, *Os Peraltas* (*Our Gang*), que tinha como personagens crianças negras. Finalmente, as apresentações no circo e na Companhia de Comédias e Variedades foram fundamentais para a decisão de ser artista. Ele só não entendia por que apenas ele na família tinha tal vocação. "Talvez algum antepassado fosse feiticeiro de alguma tribo", dizia.

O menino levou a família Gonçalves para conversar com sua mãe, que, inicialmente, nem quis saber de conversa. Coube ao próprio filho insistir, mas ela negou sempre. Até que, ameaçando jogar-se no córrego e morrer de desgosto, o talento do ator falou mais alto. Maria Abadia concordou não só em passar o filho para a família Gonçalves como também foi ao cartório assinar um documento abrindo mão do poder materno. "Fui entregue com papel passado", dizia o ator toda vez que contava o episódio.

Ele nunca mais veria sua mãe.

2.
A COMPANHIA NEGRA

Grande Otelo não se lembrava com exatidão do ano em que foi levado para São Paulo: 1924 ou 1925? Lembrava-se de que, na chegada, teve a atenção despertada para os escombros na cidade, decorrentes dos bombardeios dos rebeldes e dos legalistas envolvidos na revolução de 1924. Chegou, portanto, a partir do segundo semestre daquele ano, pois a revolução ocorrera no mês de julho.

Isabel Parecis Gonçalves tratou de matriculá-lo no Grupo Escolar do Arouche, enquanto Abigail cuidava da formação artística do menino. No terceiro depoimento ao MIS, em 1988, Otelo disse que aprendeu com ela a decorar textos grandes, tarefa para a qual Abigail contava com a colaboração do padrasto, João Manuel Gonçalves, que, de volta a São Paulo, reassumiu seu trabalho no teatro, atuando como ponto. Otelo lembrava-se particularmente da tarefa de decorar um monólogo imenso, que o assustou muito. Depois de tentar escapar várias vezes da tarefa, foi submetido por João Manuel a uma didática especial: diante do temor de que ele fugisse mais uma vez, deixou-o sem roupa dentro do quarto, do qual foi autorizado a sair somente depois de recitar de cor todo o monólogo.

Aprendeu também outras coisas que seriam muito importantes para o seu início de vida artística. Abigail, que era chamada de A Sertanejinha, ensinou-lhe músicas brasileiras (ela adorava cantar "Flor Amorosa", de Antônio Calado com letra de Catulo da Paixão Cearense) e estrangeiras, como a italiana "Dello Oro" e a espanhola "El Perdón le Pedía al Verlo Yo". Além disso, fazia companhia a ela nas aulas do Conservatório Dramático Musical de São Paulo, onde o maior interesse dela era pela música — queria ser cantora lírica —, mas assistia também às aulas de teatro. Foram muito importantes para a formação do ator as aulas do professor Gomes Cardim, do conservatório. Abigail conseguiu com o governador de São Paulo (na época, chamado de presidente), Carlos de Campos, uma bolsa de estudos da Associação Lírica São Paulo, que funcionava nos fundos do Teatro Municipal, para estudar com o maestro italiano Fillipo Alessio, contratado pelo próprio governador, por sinal autor de óperas e canções ("péssimo compositor, homem delicioso", na definição de Mário de Andrade). Essas aulas também eram assistidas pelo menino, o que o levou a aprender a cantar árias das óperas *Otelo* e *Tosca*. Ele garantia saber de cor toda a ópera *Boêmia*. Ao ouvir o menino cantar, Fillipo concluiu que ele tinha voz de tenorino e viu nele um tenor em potencial. Sendo negro, previa o maestro, representaria Otelo, o personagem da bela ópera que Giuseppe Verdi lançou em 1887, baseado na tragédia de Shakespeare. "Mas nada deu certo. Nem cresci e nunca cantei ópera", lamentou ele no depoimento prestado ao Serviço Nacional de Teatro em fevereiro de 1975. Começava, porém, a nascer, com a previsão do músico italiano, o apelido que o consagraria, pois o nome Otelo nunca mais o largou, variando também para Otelinho e Pequeno Otelo.

Há versões diferentes para a sua estréia em palcos paulistas. Numa entrevista ao *Diário de Notícias*, do Rio, em março de 1973, disse que começou sendo um dos diabinhos que apareciam quando Judas Escariote se enforcava na peça *O Mártir do Calvário*, de Eduardo Garrido. Em vários depoimentos e entrevistas, informou que estreara cantando músicas e recitando monólogos em fins de 1924 num festival em benefício dos empregados do Cine-Teatro Avenida. Em sua obra *O teatro no Brasil* (Instituto Nacional do Livro, 1960), J. Galante de Souza, afirmou que Otelo começou no Teatro Politeama, sem dar qualquer outro detalhe.

O que se sabe é que ele foi visto por Jardel Jércolis e por Sebastião Arruda num festival em benefício do ator Danilo Oliveira (na época, era muito comum a participação de atores e cantores em espetáculos que tinham boa parte da renda destinada a um profissional de teatro), promovido pela Companhia Tró-ló-ló, comandada por Jardel. Otelo dançou maxixe com uma menina chamada Gabi, cantou músicas italianas e recitou um poema do espanhol Campoamor, que lhe foi ensinado pelo ponto de teatro Mário Ülles.

Apesar da idade, Otelo recitava versos e cantava músicas que deveriam ser interpretadas por adultos. Mas ele fazia pose de mais velho quando se apresentava. Ao descobrir, por exemplo, que se encontrava na platéia o ator Leopoldo Fróes, — na época o mais importante nome do teatro brasileiro —, não fez por menos:

— Dedico este poema ao particular amigo e colega Leopoldo Fróes, que se encontra presente no teatro — anunciou o menino de dez anos de idade, cujo atrevimento foi motivo de risadas e aplausos do público.

Presente na platéia, o cômico Sebastião Arruda gostou muito da atuação do garoto e o convidou para apresentar-se na sua companhia, a Cia.

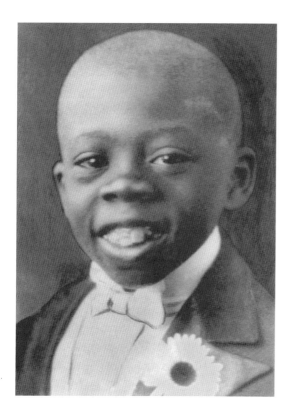

O pequeno Otelo, por volta de 1925, na época em que fez sua estréia profissional, na companhia de Sebastião Arruda, em Campinas, SP.

Arruda-Otília Amorim. O convite foi estendido a João Manuel Gonçalves para trabalhar como ponto (e como responsável pelo menino) numa temporada que iria realizar no Teatro Rinque, em Campinas, com um espetáculo intitulado *Nhá moça*. Sebastião Arruda era um dos maiores nomes do chamado teatro ligeiro de São Paulo, fazendo um tipo caipira que aparecia sempre pitando um cigarro de palha. Era um sucesso. Há quem diga que foi Arruda a mais importante influência na criação do tipo que consagrou o cômico Mazzaropi. A passagem de Otelo pela companhia de Sebastião Arruda — afinal, sua estréia como profissional de teatro — não era, porém, lembrada com muita alegria. Além de ter uma pequena participação no espetáculo — cantava uma canção chamada *Mulher Brasileira*, um tango e uma cançoneta italiana —, Otelo era encarregado de passar a própria roupa e de escovar os trajes dos demais atores. Um trabalho muito desagradável para um menino cheio de sonhos e que ainda não completara nove anos de idade. Por isso, ninguém deveria surpreender-se quando, um dia, apareceu um garoto um pouco mais jovem no hotel em que Otelo se hospedara e os dois fizeram o que faria qualquer criança da idade deles: brincaram. Brincaram tanto que Otelo se esqueceu de escovar as roupas dos atores e passar a sua (na época, é bom lembrar, não havia ferro elétrico de passar. Era ferro aquecido a carvão, pesadíssimo). Faltando apenas alguns minutos para começar o espetáculo e vendo que, em vez de cumprir a sua obrigação, a criança brincava, João Manuel Gonçalves castigou Grande Otelo com uma surra que o ator dizia ter sido a mais violenta levada em toda a sua vida. O incidente, enfim, apesar da surra, reservou também uma lembrança agradável. Naquele dia, começava uma longa amizade com o garoto de Campinas chamado Nelson Roberto Pérez, que muitos anos depois seria conhecido em todo Brasil como Bob Nélson, o primeiro cantor brasileiro de músicas de *cowboy*, atuando com grande sucesso na Rádio Nacional do Rio de Janeiro e em filmes brasileiros.

O autor e diretor teatral Oduvaldo Viana também viu Grande Otelo, não se sabe se no festival em benefício do ator Danilo Oliveira ou na companhia de Sebastião Arruda. O fato é que viu e recomendou a sua contratação à Companhia Negra de Revistas, que estrearia em São Paulo no fim de outubro de 1926. Tal companhia fora criada meses antes, no Rio de Janeiro, pelo compositor, dançarino e ator De Chocolat (João Cândido da Silva), que se associou ao cenógrafo português Jaime Silva, uma figura muito popular não só no teatro carioca como no carnaval, por ser um dos mais importantes criadores de alegorias para as grandes sociedades carnavalescas, na época a maior atração do carnaval da cidade. De Chocolat visitara Paris e conhecera a Revue Nègre, que apresentava a famosa cantora Josephine Baker, e concluiu que caberia perfeitamente uma companhia semelhante no Rio de Janeiro. Não foi difícil realizar o seu sonho porque a cidade dispunha de um número expressivo de artistas para compor um espetáculo quase todo de negros. Assim nasceu a Companhia Negra de Revistas, com Jandira Aimoré (futura mulher de Pixinguinha), Dalva Spíndola (irmã de Araci Cortes), a bela cantora Rosa Negra, Djanira Flora, Benedito de Jesus, o cantor Osvaldo Viana, o ator Mingote e muitos outros, além de vinte músicos da qualidade de Pixinguinha (Alfredo da Rocha Viana Filho), que atuou como maestro — entre eles, Donga (Ernesto Maria do Santos), violonista e compositor; Bonfiglio de Oliveira, compositor e trompetista; e Sebastião Cirino, trompetista e autor, com Duque (Antônio de Amorim Diniz), da música de maior sucesso da companhia, o maxixe "Cristo Nasceu na Bahia", cantado por Dalva Spíndola. Enfim, não faltavam negros nem talentos.

A Companhia Negra de Revistas apresentava quatro espetáculos diferentes, que se revezavam, provavelmente na esperança de que o público voltasse ao teatro. Todos eles faziam alusão à cor de seus integrantes: "Tudo Preto", "Preto no Branco", "Carvão Nacional" e "Café Torrado". Depois de uma temporada de quase três meses no Rio, no Teatro Rialto, a Companhia Negra de Revistas sofreu um racha às vésperas da estréia em São Paulo. De Chocolat rompeu com Jaime Silva, que, dali em diante, dirigiria sozinho a companhia, e fundou por sua vez uma outra companhia, a Ba-Ta-Clan Preta, versão negra e brasileira da Ba-Ta-Clan, companhia francesa de teatro de revista, dirigida por Madame Risimi, que se apresentou no Brasil em 1922, 1924 e 1926. Na terceira visita, Madame Risimi contratou por três meses um conjunto de músicos brasileiros — entre eles, Donga e Sebastião Cirino — para uma temporada que começou em Salvador e Recife e foi até Portugal e França.

Em fins de outubro de 1926, dois dias depois de completar supostos nove anos, o Pequeno Otelo — assim era chamado — estava no Teatro Apolo, elegantemente vestido com uma casaca que lhe dera Jaime Silva, participando da estréia da Companhia Negra de Revistas, que apresentava o espetáculo *Tudo Preto*. Com as cortinas fechadas, o Pequeno Otelo abria o espetáculo recitando um monólogo que falava de "mulatas cor-de-burro-quando-foge", no fim do qual anunciava:

— Vai começar a inana! — e a cortina se abria. Depois, voltava para cantar canções italianas.

O *Jornal do Comércio* paulista gostou do cenário de Jaime Silva, falou de alguns artistas, mas acabou destacando "um pequeno encasacado, que nos pareceu o melhor número da noite".

Uma semana depois, a peça passou a ser *Carvão Nacional*, de Pacheco Filho, que estreou sem a presença do Pequeno Otelo. No dia 29, porém, o Centro Cívico Palmares, com o apoio do Centro Humanista 13 de Maio, do defensor das causas dos negros Benedito Florêncio, de Campinas, promoveu uma homenagem a Jaime Silva após o espetáculo. E Otelo estava lá, como registrou o *Estado de S. Paulo*: "No espetáculo, reapareceu o Pequeno Otelo, que é uma das mais interessantes figuras da companhia e que agora volta a tomar parte regularmente dos espetáculos normais". A idade do artista variava de jornal para jornal.

A temporada melhorou com a volta do menino, que também era chamado de Otelo Gonçalves, numa referência à família que o adotara. A casa ficava completamente cheia quase todas as noites, mas no dia 31 de outubro Jaime Silva se viu obrigado a interromper a temporada, em virtude de um contrato assinado anteriormente pelo teatro com a compa-

A Companhia Negra

nhia de Procópio Ferreira. Jaime conseguiu fazer vesperais nos dias 1 e 2 de novembro. No dia 3, a Companhia Negra de Revistas estava no Teatro Mafalda, no Brás, e, no dia 6, no Cassino Antártica, na Rua Anhangabaú. A estréia em Santos, no velho Teatro Guarani, instalado na Praça dos Andradas, estava marcada para o dia 11, mas desde o dia 6 a imprensa santista já se ocupava da novidade, chamando a atenção para o sucesso obtido pela companhia no Rio de Janeiro e em São Paulo. Já no dia 7 a *Tribuna de Santos* chamava atenção para "o menino Otelo, um esperto pretinho de seis anos de idade" (na verdade, Otelo tinha nove anos). Os ingressos foram colocados à venda antecipadamente na Confeitaria Santista. Antes da estréia, porém, a Companhia Negra de Revistas perdeu Pixinguinha, que fora convencido por De Chocolat a integrar a sua companhia, que estrearia em São Paulo, no Teatro Santa Helena, no espetáculo denominado *Na Penumbra*, do próprio De Chocolat e do jovem compositor Lamartine Babo. A crítica paulista espinafrou *Na Penumbra*, elogiando apenas a atuação de Pixinguinha tocando choros na sua flauta. "Que gostosura nacional! Foi ele o único Orfeu da noite", escreveu o crítico que se assinava Zu no *Jornal do Comércio* paulista (esse Zu não seria Mário de Andrade? Pelo menos, classificar Pixinguinha de "gostosura nacional" era um elogio típico do grande modernista). Pouco depois Pixinguinha estava de volta à Companhia Negra de Revistas, porque o que o interessava era ficar ao lado da cantora Jandira Aimoré, que se chamava na verdade Albertina Nunes Pereira, com quem se casaria no dia 5 de janeiro de 1927, num cartório do bairro do Brás. O casal seguiu com a companhia pelo interior de São Paulo e de Minas Gerais, saindo de fato somente depois da volta ao Rio de Janeiro, quando Albertina — que Pixinguinha chamava de Beti, oxítona — decidiu ser exclusivamente dona de casa.

Voltando a Santos, o espetáculo de estréia (eram duas sessões diárias) foi muito bem recebido pela *Tribuna de Santos*, o principal jornal da cidade, que, em sua edição do dia 12, registrou o "sucesso completo", elogiou Rosa Negra, Valdemar Palmier e Guilherme Flores, o cenário de Jaime Silva e destacou o cômico Mingote, "que tem bastante chiste". E acrescentou:

> "Muito de indústria, deixamos para o fim uma referência especial ao Pequeno Otelo, artistazinho de seis anos de idade, vivo, esperto como um azougue. É o melhor ator da companhia, malgrado pareça paradoxal a afirmativa. Envergando traje a

rigor — casaca, sapatos de verniz, flor à botoeira, peitinho duro — diz com naturalidade admirável poesias e monólogos em espanhol, italiano, português etc. [...] Em suma, a novidade que a Companhia Negra de Revistas representa no teatro nacional deve ser encorajada como uma louvável iniciativa para o alevantamento moral da raça".

Os elogios eram diários. No segundo dia, o jornal publicou que, "mais uma vez, o Pequeno Otelo, com a precocidade da sua inteligência muito aguda, recebeu aplausos reiterados na declaração de poesias e monólogos chistosos". No dia 15, a companhia promoveu uma sessão dedicada às crianças santistas, "organizado pelo festejado artistazinho Otelo, o inteligentíssimo petiz, que mais uma vez se fará aplaudir". No dia seguinte, para a *Tribuna de Santos*, "o artistazinho Otelo disse, com a naturalidade habitual, as chistosas poesias do seu repertório e, no final, proferiu bela saudação, em verso, dedicada aos aviadores". O espetáculo apresentado foi *Preto e Branco*, de Valdomiro de Souza. No dia seguinte, a Companhia Negra de Revistas despediu-se de Santos com um espetáculo que teve a bilheteria destinada exclusivamente ao elenco. A propósito de renda, Otelo somente descobriria meses depois que tinha um salário de 200 mil-réis, que era recebido todos os meses por João Manuel Gonçalves. A descoberta não abalou a amizade entre os dois. O tutor não deixava faltar nada a ele.

A companhia seguiu para as cidades paulistas de Campinas, Ribeirão Preto, Jaboticabal, Bebedouro, Barretos, Araraquara, São Carlos, Jaú, Bauru, Sorocaba, Jundiaí, Piracicaba e Amparo. A passagem de Otelo por Barretos foi registrada por Rui Menezes em seu livro *História do desenvolvimento cultural de Barretos*: "Lembro-me bem que assisti às suas primeiras apresentações públicas em Barretos. Era então um negrinho magrinho, de seus sete anos de idade, quando muito, que declamava um monólogo, cujo início era assim: 'A morte é negra,/ É mais negra do que eu'".

Depois, a companhia seguiu para Minas Gerais, começando por Pouso Alegre e depois para Itajubá, Três Corações, Varginha, Lavras, São João Del Rei e Barbacena. No dia 19 de fevereiro de 1927, a apresentação em Belo Horizonte, de onde iniciou a viagem para o Rio de Janeiro, com uma parada em Juiz de Fora, para uma apresentação no dia 25 no Teatro Variedades, e outra em Petrópolis.

Chegou ao Rio no domingo de carnaval, 27 de fevereiro. Os cariocas já conheciam a companhia, mas havia mais de dez dias o pessoal da divulgação entrara em ação para destacar uma atração desconhecida do público do Rio de Janeiro, o Pequeno Otelo. Já no dia 15, o *Jornal do Brasil* falava de "um garoto que é um verdadeiro assombro, pois dança de uma maneira notável, canta em diversos idiomas e representa como um artista completo". O próprio Mário Nunes, nome consagrado como jornalista especializado em teatro de revista, escrevia quase diariamente sobre a curiosidade do público "em conhecer o Pequeno Otelo, garoto pretinho de seis anos, que afirmam ser um verdadeiro assombro". Na edição de 3 de março, *O Globo* publicou uma foto de Otelo na primeira página, informando que ele esteve na redação e cantou uma ária da "Tosca". Na página de dentro, acrescentava que o "pequeno Otelo Gonçalves, de oito anos, que vai estrear depois de amanhã no Teatro República, é tenor, é preto, muito preto, da cor do *smoking* que vestia, é realmente prodigioso quando recita e canta, como é engraçadíssimo quando palestra". No mesmo dia, o *Jornal do Comércio* do Rio dizia que a Companhia Negra de Revistas "obteve as maiores receitas até hoje atingidas por companhias nacionais, fazendo em cinco meses um total de 696 contos de réis. Por aí, pode-se calcular o êxito alcançado por essa companhia na sua excursão". No dia da estréia, os jornais publicaram matérias mais amplas, sendo que *O Jornal* entrevistou Otelo, que declarou não ter pai e que passara a usar o sobrenome Gonçalves em homenagem à família que o adotou. Desmentiu que tivesse nascido em São Paulo, na Barra Funda: "Sou mineirinho da gema". O repórter quis saber a razão do nome Otelo e ele explicou:

— Porque adoro Shakespeare e quero ser o primeiro negro a encarnar Otelo. Só não representei ainda porque é impossível encontrar uma Desdêmona da minha idade e da minha cor.

A estréia ocorreu no dia 5 de março, como era previsto, mas Jaime Silva teve muita dificuldade em conseguir uma autorização do juiz de menores, Melo Matos, para que Otelo participasse. Àquela altura, seria um desastre não contar com ele, até porque o seu nome era o que aparecia com maior destaque nos anúncios da peça escolhida, *Café Torrado*, de Rubens Gil e João d'Aquino. Os 14º e 15º quadros do espetáculo pertenciam à jovem atração e eram intitulados "Gente Miúda e O Grande Otelo". A autorização saiu somente no dia anterior à estréia.

Os jornais voltaram a elogiar o espetáculo, fazendo restrições a pequenos detalhes, mas todos destacaram a participação do menino. Mário Nunes, do *Jornal do Brasil*, escreveu que "o *clou* foi a apresentação do Pequeno Otelo, um crioulinho vivo e inteligente, que canta e declama com expressão e desenvoltura e que viu seus números trizados entre ruidosos aplausos". No *O Jornal*, o crítico que assinava O Q. não gostou muito do que vira, com exceção do garoto, para quem escreveu a mais longa análise dedicada a ele na primeira fase de sua carreira de ator:

"Como novidade única e de vulto, trouxe-nos a companhia o Pequeno Otelo, um pretinho interessantíssimo, de oito para dez anos, que pisa o palco como um artista já feito. Não se julgue que o pretinho Otelo seja apenas uma criança com um pouco de desembaraço, que venha para a cena dizer ou cantar coisas que lhe tenham ensinado. Representa com a naturalidade e a compreensão de um artista experimentado, dando-nos por isso um exemplo de precocidade artística. Cantando ou recitando, Otelo é simplesmente admirável. Tem perfeita intuição interpretativa, como resulta claro de suas expressões, onde se harmonizam, em absoluto, a dicção límpida, o colorido próprio das inflexões, a justeza dos movimentos fisionômicos, a precisão dos gestos e as atitudes. É de notar ainda a sua memória prodigiosa, sempre seguro e perfeito em tudo quanto interpreta. Minúsculo, metido na casaca impecável, tem ainda o pequeno artista maneiras elegantes. Dando uma amostra completa do seu temperamento maleável, cantou na noite de ontem canções em português. Até uma cena muda, gaiata, ele a fez com sóbria comicidade".

O Globo ressaltou que, no espetáculo, Otelo recebeu uma "tempestade de aplausos" ao anunciar: "Vou recitar uns versos do meu eminente amigo, dr. Carlos Campos". O cronista do *Globo*, que se assinava Onett, não fez por menos ao lembrar que "Mozart assombrou ao piano aos oito anos, na mesma idade com que Otelo, tirado da Barra Funda para ser exibido como uma coisa rara, deixa pasmos os que o vêem e os que o ouvem". E concluiu que "Otelo vale um espetáculo".

Quem também se manifestou, no dia 9, no jornal *A Manhã*, foi o futuro dramaturgo Nelson Rodrigues, que achou *Café Torrado* "uma revista fraca". Mas observou que "o sucesso do dia foi o negrinho Otelo. De uma precocidade admirável, dono de uma voz agradável e educada, tendo sempre, brincando nos seus menores movimentos, uma comicidade adorável, ele sacudia a platéia, toda vez que representava, em contínuas e estridentes gargalhadas".

A temporada no República terminou no dia 13 de março e, no dia 19, estreava a revista *Tudo Preto* no Teatro Capitólio, em Petrópolis. Mais uma vez, o Pequeno Otelo foi a sensação da noite. O crítico da *Tribuna de Petrópolis*, J. Lopes, dedicou quase todo o seu comentário a ele. Foi tal o entusiasmo que encerrou com uma confissão:

> "Não tivemos mãos que chegassem para as palmas do nosso aplauso. Da cadeira em que nos achávamos, quase que bradamos:
> — Salve, Otelo!
> — Salve, prodigiosa aberração da inteligência!".

No dia 28 de março, a companhia embarcava para Recife no navio *Itajubá* e estreava em 2 de abril, dia da chegada, no Teatro do Parque, na Rua do Hospício, com a casa completamente lotada, apesar do temporal que caiu do início do espetáculo. Mas a imprensa pernambucana não recebeu com muito entusiasmo a Companhia Negra de Revistas. O *Diário de Pernambuco* acentuou que "o espetáculo deve ser apreciado menos como arte do que efetivamente como novidade. Um grupo de negrinhas e de negros a imitar, nem sempre com vantagem, os artistas brancos. Outras vezes, como nas danças originais da raça — *charleston*, maxixe — com vantagem sobre aqueles". Elogiou comedidamente alguns artistas e sobre Grande Otelo registrou que se tratava de "um molecote muito esperto — íamos dizendo inteligente — aproveitável para o palco, com carência, porém, de melhorar a mímica". Já o *Jornal do Comércio* gostou mais, ressaltando o caráter bem brasileiro do espetáculo. "Tudo concorreu para um espetáculo interessante, variado, bom passatempo, que não chega a envergonhar, pois há coisas piores no Brasil. Muito piores. Por exemplo: o preconceito de raças". Sobre Otelo, o cronista do jornal, que se assinava com a inicial W, achou que, "embora exagerado, tornou-se o favorito do público". Nenhum jornal comparou o menino da Companhia Negra com um menino pernambucano da mesma idade de Otelo, chamado Pequeno Édson, que se especializara em cantar músicas do repertório do autor pernambucano Eustórgio Vanderlei.

A companhia permaneceu em Recife, revezando os espetáculos, até o dia 14 de abril, quando viajaria para Salvador no navio *Itaberá*. No segundo dia, a peça foi *Preto no Branco*, que tinha música de Lamartine Babo e do jovem maestro paulista Lírio Panicalli, mais tarde um dos nossos maiores orquestradores e um dos nomes de grande destaque no elenco de músicos da Rádio Nacional. Mas no dia 7, quando deveria ser apresentado *Café Torrado*, a chuva foi tanta que o teatro nem abriu. O revezamento continuou até o último dia, quando Jaime Silva resolveu misturar tudo e apresentar um espetáculo que denominou *Revista das Revistas*. Dia 11, o espetáculo foi *Carvão Nacional*. A *Revista das Revistas*, do último dia, em benefício de Otelo, foi dedicada por ele ao governador de Pernambuco, Estácio Coimbra, fato que os jornais publicaram com grande destaque.

Como sempre, antes de encerrar uma temporada, Jaime Silva cuidava também da seguinte, tratando desde então de abastecer com antecedência os jornais de Salvador. Não se sabe que meios de comunicação ele usou para fazer o *Diário da Bahia* anunciar que a Companhia Negra de Revistas apresentaria como atração "o grande gênio brasileiro, o pequeno Hote (*sic*)". A temporada na Bahia, no Teatro Politeama, foi de 17 a 29 de abril, quando seguiu para o Rio de Janeiro, com uma rápida passagem por Vitória. Mais uma vez, Otelo foi o destaque para a imprensa local, a começar pelo jornal *A Tarde*, que gostou particularmente do espetáculo *Tudo Negro* (mais uma vez, as peças foram mudadas diariamente). O *Diário da Bahia*, já sabendo o nome do menino ator, referiu-se ao "famoso Otelo, o prodigioso de legítimo azeviche e aparelhado de qualidades artísticas impressionantes".

No caminho de volta ao Rio de Janeiro, a companhia apresentou-se em Vitória. Otelo pensava que iria acompanhar a temporada seguinte, que, a partir de fins de maio, iria até Porto Alegre, mas foi surpreendido pela decisão de Isabel e João Manuel Gonçalves de levá-lo de volta para São Paulo.

Saiu de cena o ator e entrou o menino de rua.

A Companhia Negra

Após muitas idas e vindas, e uma passagem pelo Abrigo de Menores, Grande Otelo seria acolhido em 1927 pela família Queiroz, em seu "palacete formidável" da Rua Dona Veridiana, em São Paulo.

3.
UMA NOVA FAMÍLIA

Em São Paulo, Otelo voltou a acompanhar as aulas de canto de Abigail, mas ela estava pronta para viajar para Milão, aproveitando uma bolsa de estudos conseguida pelo maestro Filipo Alessio. A viagem talvez explique a decisão do casal Gonçalves de levá-lo de volta para São Paulo, interrompendo uma carreira de ator que ia muito bem. É possível também que o casal não estivesse gostando da longa ausência dos estudos curriculares. Nas entrevistas e nos depoimentos, Otelo não esclareceu os motivos que levaram os pais adotivos a afastá-lo da Companhia Negra de Revistas. Ele só falou do episódio numa excelente entrevista que concedeu aos jornalistas Samuel Wainer e Joel Silveira, da revista *Diretrizes*, em abril de 1941, quando afirmou que os Gonçalves não esperaram a companhia chegar ao Rio de Janeiro e foram pegá-lo ainda em Vitória.

De fato, Abigail Parecis viajou para a Itália acompanhada de Filipo, que, agora na condição de tutor dela, continuou a lhe dar aulas. Abigail permaneceu vários anos no país europeu, onde chegou a fazer carreira de cantora lírica, cantando inclusive no Scala de Milão. Já o menino Otelo não gostou nada dessa história. Sentia-se infeliz sem ela e deu muito trabalho aos pais adotivos, deixando de freqüentar a escola e passando o dia inteiro nas ruas de São Paulo. Quando começou a desaparecer também à noite, Isabel e João Manuel recorreram ao Juizado de Menores, cujos agentes o levavam de volta para casa, mas ele sumia em seguida. Foram tantas as fugas que o casal acabou desistindo de procurá-lo, deixando o problema para ser resolvido pelo Juizado de Menores. O que, aliás, não deixava de ser a melhor solução para eles, uma vez que Isabel e João Manuel conseguiram os recursos necessários para viajar para a Itália e foram fazer companhia a Abigail.

"Andei pelas ruas de São Paulo ao deus-dará. Fui jornaleiro, engraxate e dormia nas calçadas", recordou Otelo na entrevista à *Diretrizes*. Bebia cachaça com groselha e freqüentava o cordão carnavalesco Flor da Mocidade, da Barra Funda. Tudo indica que não passou fome porque, rapidamente, adquiriu grande habilidade para pedir comida nas portas das casas dos bairros elegantes. Batia palmas e, colocando em prática a vocação de ator, dirigia-se à dona de casa com a voz débil e uma expressão fisionômica de dar pena: "A senhora pode me dar um prato de comida?". Raramente deixava de alimentar-se. Numa noite em que dormia na calçada, coberto de jornais para se livrar do frio, foi surpreendido por policiais, que o levaram para o Abrigo de Menores. "A vida no abrigo era bem melhor. Tinha cobertor e o que comer", declarou ele na entrevista.

Mas viver lá também não era o que queria. Na primeira oportunidade, fugiu do abrigo e voltou a procurar atividades para ganhar algum dinheiro, além de pedir comida nas casas dos bairros mais ricos. Numa dessas casas, da família Starapano, foi muito bem recebido porque o garoto da casa, que se recusava sistematicamente a comer, sentiu-se estimulado vendo-o devorar um prato e quis comer também. A dona da casa, Filhinha Starapano, que, além de grata a Otelo por ajudar o filho a comer, se encantava com suas manifestações de inteligência e com as músicas que cantava, pediu a ele que viesse comer sempre e que brincasse com o filho (o ator nunca disse se foi convidado a morar na casa). Otelo atendia com muito prazer por causa dos brinquedos do garoto, quase todos uma alegre novidade, principalmente o trenzinho elétrico.

Voltava às ruas sempre com um dinheirinho no bolso que Filhinha não se esquecia de dar. Até que numa tarde resolveu gastar o dinheiro na matinê do cinema Paraíso, perto da Praça Osvaldo Cruz, onde ficava o Abrigo de Menores. Antes que o filme começasse, resolveu ir até o abrigo visitar os antigos companheiros. Péssima idéia, porque não o deixaram mais sair. Dali em diante, sofreu vigilância rigorosa e não havia como fugir outra vez. Quando descobriu que suas histrionices rendiam alguns privilégios no Abrigo, passou a exibir tudo o que sabia não só para os colegas como também para os funcionários e para o próprio juiz de menores, que se revelou um fã ardoroso. Para o juiz, se lhe fossem proporcionadas melhores condições de vida, teria um belo futuro como artista. Para isso, teria de ser criado por uma família dotada de boas condições econômicas e que se interessasse pela boa formação do menino. O livro *Grande Otelo em preto e branco*, um belo trabalho fotográfico da dupla Marli Serafim e Mário Franco, apresenta um depoimento de Moisés de Queiroz, que revelou o desfecho desse capítulo da vida do ator:

> "Estávamos no ano de 1926 [engano: era 1927], quando meu pai, colega de turma do então juiz de menores de São Paulo, recebeu deste insistentes convites para que visitasse o

Abrigo de Menores da cidade. Em companhia da minha mãe, Maria Eugênia Fernandes de Queiroz, eu e meu pai fomos recebidos pelo juiz, que nos mostrou as instalações do abrigo. Durante a visita, o juiz falou-nos de um garoto muito inteligente, dotado de vocação artística especial. O garoto Otelo foi chamado e nos apresentou interessantíssimo espetáculo: cantou trechos de óperas, músicas regionais, declamou em português e espanhol, dançou e sapateou. Minha mãe — grande sensibilidade artística como poetisa e pianista — e meu pai entusiasmaram-se com o ator. Eu, com a mesma idade de Otelo, vi um companheiro para nos divertirmos, insisti em que o levassem para casa. Houve uma natural relutância, mas na mesma noite Otelo partilhava meu quarto. Garoto levado, muito sabido, integrou-se logo à família, adotando o tratamento de padrinho e madrinha para meus pais".

Moisés não disse, mas Maria Eugênia estimulou o marido a atender ao convite do juiz porque tinha esperança de encontrar, no setor feminino do abrigo, uma menina para ajudá-la nos serviços de casa. Acabou convencida de ficar com o menino por ter gostado dele e achando que também poderia ajudá-la no trabalho doméstico. A sensação de Otelo, ao entrar na casa da família Queiroz, na Rua Dona Veridiana, 12, no bairro de Santa Cecília, "um palacete formidável", foi a de ter entrado no paraíso. "Eu estava magro, doente e sujo. Tinha me esquecido de que era menino. Estranhei a princípio tanto carinho e tanta dedicação. Na primeira semana, caí doente, de cama. Quando me levantei, passei a viver a minha verdadeira infância. Não tinha ainda completado os doze anos [na verdade, dez] de idade", narrou à revista *Diretrizes*. Ficaram inesquecíveis na sua memória os fins de semana passados na fazenda de tia Zélia, acompanhando Antônio de Queiroz Filho, o Toninho, irmão de Moisés e cinco anos mais velho que ele. Mais tarde, Toninho teria destacada carreira política, sendo deputado estadual, deputado federal, secretário de Estado e presidente estadual e nacional do Partido Democrata Cristão. Uma das primeiras providências de Maria Eugênia, que em casa era tratada como Filhinha ("mais uma ótima Filhinha na minha vida", observava Otelo), foi transferir o garoto do Grupo Escolar do Arouche, longe de casa, para a Escola Modelo Caetano de Campos, onde permaneceu durante o ano de 1928 e onde teve uma professora, dona Zuleica, que foi uma das mulheres inesquecíveis da sua vida. "Cheguei a me esquecer do passado. Fiquei um menino rico, igualzinho aos outros meninos ricos", disse à revista *Diretrizes*, o que seria confirmado por Moisés de Queiroz em seu depoimento:

> "Brincávamos sempre juntos. De bicicleta, fazíamos longos passeios; eu dirigindo e Otelo sentado no cano, segurando nosso cachorrinho Níquel. Éramos conhecidos no bairro como Chiquinho, Benjamim e Jagunço, a trinca de *O Tico-Tico*, famosa revista infantil da época. Otelo gostava de conversar com adultos, especialmente meus irmãos universitários Mário, Oscar e Antônio (que mais tarde batizou um dos filhos de Otelo). Certa ocasião, ouviu falar sobre discriminação racial e escutou o seguinte: numa reunião de bispos no Vaticano, um cardeal estranhou a presença de um negro e interrogou o Papa: '*Niger?*' Ao que este respondeu: '*Niger sed sapiens.*' Otelo, entusiasmado, repetia muitas vezes a frase: 'Negro, mas sábio.' E creio que a frase marcou a sua vida."

"Vou fazer de você um advogado", dizia o tutor, sem perceber que Otelo sempre esteve absolutamente convencido de que tal plano estava inteiramente fora de suas cogitações. Queria mesmo era ser artista. Aliás, foi o próprio Antônio de Queiroz que acabou com qualquer veleidade da mulher de fazer do menino um ajudante nos serviços domésticos, ao vê-lo em casa exibindo-se para as visitas. "Mas é isso que você arranjou para ajudar na cozinha? Esse crioulinho não é de cozinha. Ele é artista." Naquela altura, Filhinha já aceitava Otelo como ele era, gostava muito dele e sobre ele exerceu forte influência intelectual, despertando sua atenção, por exemplo, para a poesia. Era autora do livro de poesias *Primavera eterna*, lançado em 1925. No seu livro de poemas *Bom dia, manhã*, lançado poucos dias antes de morrer, em 1993, Grande Otelo colocou como epígrafe uma frase de Filhinha: "O homem se esbate e se estorce na ânsia de enriquecer". Dizia também que procurou seguir à risca pela vida afora os quatros conselhos que recebera dela:

> "1. Use sempre a educação que você recebeu.
> 2. Tome Phimatosan para garantir os pulmões.
> 3. Passe alvaiade e álcool debaixo do braço, que é formidável para tirar o cheiro de suor.
> 4. Tome limonada com bicarbonato para curar o pileque".

Quando a família Queiroz mudou-se da Rua Dona Veridiana para a Avenida Higienópolis, em 1929, Otelo transferiu-se da escola Caetano de Campos para o Liceu Coração de Jesus, colégio salesiano instalado no Largo Coração de Jesus, 154, onde concluiu o curso primário. Não era um aluno exemplar em matéria de comportamento. Certa vez, foi advertido por um padre professor por fazer bagunça na sala de aula. Foi repreendido e escreveu no caderno: "Não gosto deste padre". Quando o padre leu a frase, obrigou-o a copiar dez vezes um texto de quinze páginas do seu livro de leitura. Era uma história intitulada "A flauta e o sabiá". Segundo contava, passou o dia escrevendo. Ao ingressar no curso ginasial do liceu, passou a bater gazeta (ou cabular aulas, como dizem os paulistas) pelo prazer de parar na porta do restaurante Natal, na Avenida São João, freqüentado por artistas. Passava horas olhando para aquelas pessoas conversando, e ele se imaginava ali também sentado, comendo bife a cavalo e contando histórias que despertassem interesse dos outros. Como não tinha dinheiro para entrar no restaurante e pedir alguma coisa para comer ou para beber, passou a vender a um sebo da vizinhança os livros que usava no liceu. O dinheiro era usado também para comprar ioiô, um divertimento que faria dele um verdadeiro ás. Era tão hábil no ioiô que, numa fase em dificuldades no Rio de Janeiro, chegaria a ser contratado por uma loja comercial para exibir-se profissionalmente. Quando acabou o seu estoque de livros, recorreu à biblioteca do padrinho, quase toda composta de livros jurídicos, que eram vendidos por um preço bem mais em conta do que os dele. Acabou levando um grande susto quando Antônio de Queiroz, numa explosão que chamou a atenção da casa inteira, perguntou:

— Cadê meu Clóvis Beviláqua?

— Vendi no sebo — confessou Otelo, justificando a confissão anos depois com a garantia de que, na época, cometia muitos erros, mas era incapaz de mentir.

O padrinho agarrou-o pelo braço e o levou até o sebo, onde recorreu aos seus conhecimentos jurídicos para pegar os livros de volta, além de ameaçar o dono da loja até com prisão por adquirir de uma criança mercadoria roubada. A medida seguinte foi tirar Otelo do externato e colocá-lo no internato do próprio Liceu Coração de Jesus, aproveitando uma bolsa de estudos liberada pelo governador Carlos de Campos.

No internato, Otelo teve como colega Auro Moura Andrade, que seria senador e presidente do Senado, com participação decisiva no golpe militar de 1964 (foi ele quem declarou vaga a presidência da Repúbli-

Um jornalzinho do Liceu, em 1929, já dava destaque a uma foto de Otelo, em pose que o ator repetiria muitas vezes ao longo de sua carreira.

O *Othelo* numa das suas poses predilectas.

ca, quando o presidente constitucional João Goulart encontrava-se no Rio Grande do Sul. "Canalha!", protestou Tancredo Neves, saindo inteiramente do seu estilo conciliador). Também fora interno do liceu o ator Rodolfo Mayer, formado anos antes. Rodolfo lecionou no liceu até que Oduvaldo Viana e Procópio Ferreira o levassem para o teatro, tornando-se um dos atores brasileiros de maior prestígio. Havia ainda como bolsista um negro chamado Jair, que passou a dividir com Otelo os xingamentos de "negro fedido" desferidos por alguns colegas que brigavam com os dois.

O liceu, fundado no século XIX, nasceu como escola profissional e recebeu no início o apoio dos chamados barões do café de São Paulo, entre os quais estava a grande fazendeira Dona Veridiana Prado, que deu nome à rua onde morou a família Queiroz. E sempre deu atenção às artes, o que lhe assegurou, por exemplo, o feito histórico de promover a primeira exibição de cinema no Brasil, no dia 25 de março de 1900. Antes de Grande Otelo e Rodolfo Mayer, Monteiro Lobato foi aluno do liceu e, anos depois, o ator Sérgio Cardoso e o compositor e violonista Toquinho, além de dois governadores de São Paulo, Paulo Fernando Costa e Carvalho Pinto, e de alguns dos maiores empresários do país. Hoje, o teatro do colégio chama-se Grande Otelo.

Otelo, com doze anos de idade, no time de futebol
do Liceu Coração de Jesus.

Uma publicação de 1929 editada pela direção do educandário, intitulada *O Liceu*, publicou uma foto de Otelo representando com a legenda: "O Otelo numa das suas poses prediletas". No dia 27 de maio de 1930, a família Queiroz estava toda no Liceu Coração de Jesus para mais um espetáculo que contou com a participação de Otelo. Informou a revista:

> "Todos foram unânimes em afirmar que jamais houve assistência tão numerosa em nosso teatro. Todo o programa foi desempenhado com raro brilho e perfeição, sendo que alguns números formaram como as partes mais salientes da noite. [...] O diálogo turco-caipira de Nilton Rosa e Otelo, ambos da divisão de menores, provocou fartos aplausos e risos de contentamento. Eram dois petizes que se exibiam que, sendo opostos na cor, o eram também na linguagem que manifestavam. [...] O Otelo novamente apareceu. Aí vem o Otelo, e veio realmente o homem de dois palmos, quase a escurecer o teatro, se não fos-

se a feérica iluminação que possui. Compensou, porém, fazendo todos rir e passar momentos de alegria".

Otelo diria que, naquele 27 de maio de 1930, ficou muito orgulhoso por representar — e brilhar — para uma platéia que contava com a família Queiroz, pais e filhos. Em outra página da revista, saiu a escalação do segundo time de futebol do colégio, formado pelos alunos mais novos: Westin, Alcindo e Ferrari; Traversa, Foster e Guazelli; Braga, Aparecido, Palomino, Damini e Otelo. No dia 29 de maio de 1930, esse time venceu o colégio Maranhão por quatro a zero, gols de Foster, Castaldi, que entrou no segundo tempo, Palomino e Otelo. O nosso herói, de fato, jogava bem na ponta-esquerda, segundo revelaria, muitos anos depois, o compositor e cantor Ataulfo Alves, que jogou várias vezes com ele. Curiosamente, a publicação sempre o chamou de Otelo e não de Sebastião, seu verdadeiro nome. Nas apresentações de teatro, ele se identificava como Otelo Queiroz, homenageando a família que o adotara. Mas quando assinava documentos, no entanto, o nome escolhido era Sebastião Prata, escolhendo assim, desde então, o sobrenome que dali a alguns anos seria oficial.

Em julho de 1932, as aulas foram suspensas por causa da chamada revolução paulista, da qual Otelo não esteve afastado, tal a participação da família Queiroz. Vestiu-se de escoteiro e foi destacado para prestar serviços à população. Uma das suas atividades foi substituir os carteiros que haviam sido requisitados pelo comando revolucionário. Foi também ator de espetáculos teatrais montados em praças públicas, entre eles *A Volta do Tronco*, em que recitava poesias como a de Guilherme de Almeida:

"Moeda paulista
 Feita só de alianças
 Feita de esperanças
 Que Deus uniu na terra".

Mas nem toda a população paulista estava emocionalmente mobilizada para o movimento: "Caí na asneira de um dia declamar essa poesia em Itaquera, que é hoje um subúrbio bem desenvolvido de São Paulo, mas que naquela época não era bem isso não. Quando comecei — 'Moeda paulista/ Feita só de alianças...' — a turma caiu na gargalhada: 'Quá quá quá quá'. Parei por aí", contou o ator em seu depoimento de 1985 ao MIS do Rio de Janeiro.

Boletim de Otelo em julho de 1933: tira 80 em inglês e zero em matemática.

Liceu Coração de Jesus — S. Paulo

Boletim de médias mensais

obtidas pelo a: SEBASTIÃO BERNARDES DE SOUZA PRATA

do Terceiro o "B" do Curso Ginasial

durante o mês de JULHO de 1933

DISCIPLINAS	Médias
Português	60
Francês	20
Inglês	80
Historia da Civilização	55
Geografia	60
Matematica	0 (zero)
Fisica	60
Quimica	dez
Historia Natural	40
Desenho	40
Canto orfeonico	30
Ginastica	70
Religião	20
Datilografia	
Musica instrumental	
Total dos pontos obtidos	545
Ausencias	34

Cada ausencia corresponde a uma aula.

Classificação: sobre 37 alunos, obteve o 36º lugar
As notas de aplicação são graduadas de zero a cem.

Observações

Otelo acompanhava a família Queiroz, que ia para as ruas participar das manifestações dos revoltosos, e fazia coro na cantoria do hino revolucionário composto por Filhinha.

O hino agradou tanto que Filhinha foi convidada para apresentá-lo na rádio Educadora Paulista, na Rua Carlos Sampaio, e levou os filhos e Otelo para formarem o coro. Os dirigentes da emissora gostaram particularmente da participação de Otelo e passaram a convidá-lo para cantar essa e outras músicas. Quando lhe pagaram um cachê de 80 mil-réis, recrudesceu o velho sonho de ser artista. Mas o padrinho fazia questão de que, antes de qualquer decisão definitiva, ele terminasse os estudos no Liceu Coração de Jesus, para onde voltou com a reabertura das aulas. Seria um aluno de aproveitamento razoável se não fosse uma grave incompatibilidade com a matemática. Mas gostava de português, história e línguas de um modo geral. Um de seus boletins mostra um zero em

Uma nova família

Matemática ao lado de um 60 em Português e de um 80 em Inglês. Nada, porém, superava seu apreço pelo teatro.

O início de 1933 é um período nebuloso da vida de Grande Otelo. Em várias entrevistas e depoimentos, disse que tomou conhecimento da existência de Moreira da Silva sem conseguir vê-lo, pois estava no Abrigo de Menores enquanto Moreira divulgava no cinema Paraíso o samba "Arrasta a Sandália" (Baiaco e Aurélio Gomes), seu grande sucesso para o carnaval daquele ano. Mas por que ele estaria no abrigo? Só se tiver sido flagrado em mais uma fuga e recolhido por policiais do Juizado de Menores ("Um dia, vou pedir a um psicanalista uma explicação sobre essa mania de fugir", disse ele numa entrevista à radialista Cidinha Campos, concedida na data em que completava 67 anos de idade).

Qualquer que seja a hipótese, as conseqüências não foram muito sérias e ele não ficou muito tempo no abrigo. Tanto que passou o ano de 1933 internado no Liceu Coração de Jesus, cursando a 3ª série do ginásio, quando parou definitivamente de estudar. Os únicos registros de sua passagem pelo colégio em 1933 são dois atestados de que realmente estudara lá naquele ano, ambos pedidos por ele em 1945 e em 1990, e as médias das notas do primeiro semestre daquele ano, que, aliás, mostravam que não ia nada bem nos estudos: foi o 36º colocado numa turma de 37 alunos. Obteve nota ruim até em francês, matéria de que gostava muito. Ele sempre dizia que, apesar de ter estudado somente até o 3º ano do curso ginasial, o francês que aprendera no Liceu foi suficiente para entender perfeitamente qualquer pessoa que estivesse usando a língua.

4.
RIO DE JANEIRO

Antônio de Queiroz chegou a dezembro de 1933 convicto de que as aspirações de Otelo não passavam pelos estudos curriculares. E mais: convenceu-se de que não deveria continuar na condição de tutor, como lhe disse francamente, mais de uma vez, o próprio tutelado, que achava melhor viver com alguém ligado às atividades artísticas. Filhinha não se conformava com a separação, mas Queiroz procurou vários amigos atores, autores, cenógrafos e empresários, até que encontrou um com disposição de tomar conta do rapaz, o empresário teatral Miguel Max, cunhado da grande estrela do teatro de revista, Margarida Max (casada com Jerônimo Max, irmão de Miguel).

Otelo tinha esperanças de que o novo tutor o levasse para apresentar-se no Rio de Janeiro, onde — quem sabe? — reencontraria Jardel Jércolis e passaria a trabalhar na companhia dele. Mas as raras apresentações promovidas pelo novo tutor não iam além do interior paulista. Isso desagradava o artista, que imaginava ter dezoito anos, idade insuficiente, segundo as leis da época, para, por exemplo, viajar sozinho, um direito exclusivo para os maiores de 21 anos. Outro problema a perturbar as relações do tutelado com o tutor era a convivência com a esposa de Miguel, Maria Max. Otelo até que a tinha na conta de uma mulher "de bom coração", pois mantinha, sozinha e com grande sacrifício, a Casa da Mãe Solteira em Santos — cidade em que viviam —, mas que, adepta do espiritismo, atribuía todos os males do mundo ao sobrenatural. "Se caía uma colher no chão, era obra dos espíritos; se o feijão queimava no fogão, eram os espíritos. Ela via espíritos na casa toda", contava ele, acrescentando que não agüentava viver em meio a tantos espíritos. Resultado: a tutela de Miguel Max não durou mais do que alguns meses.

O cenógrafo Rubens de Assis aceitou substituir Miguel Max, mas, quando a papelada estava pronta para ser confirmada em cartório, ele teve de viajar ao Rio de Janeiro para fazer a decoração de uma loja que seria inaugurada no Centro da cidade. Sem tutor, Otelo foi obrigado a procurar um jeito de sobreviver em São Paulo. Instalou-se numa modesta pensão na Avenida São João, onde também era hóspede um ex-combatente das forças paulistas da revolução de 1932, na qual participara como cabo do 4º Regimento de Infantaria, Abdias Nascimento — que fundaria em 1944 o Teatro Experimental dos Negros e seria eleito, nos anos 1980, deputado federal e suplente de senador, assumindo o Senado com a morte do titular, Darci Ribeiro. O mais importante de sua biografia, porém, foi a luta sustentada durante décadas contra as injustiças que a sociedade brasileira comete contra os cidadãos negros. Embora tenha se tornado seu amigo desde que se conheceram na pensão paulista, Grande Otelo discordou dele durante muitos anos, por considerar suas posições demasiado extremadas, achando mesmo que Abdias queria "separar as raças". A partir da década de 1980, talvez mais informado sobre a discriminação existente no Brasil, Otelo já não o considerava tão radical.

Faltando mais de dois anos para atingir a maioridade, Otelo procurou um comissário de menores que gostava dele para saber de que forma poderia obter um documento das autoridades reconhecendo a sua capacidade de governar a si próprio. O comissário sugeriu que ele procurasse o juiz de menores logo no dia seguinte:

— Amanhã é o dia do aniversário da neta e ele vai fazer uma festa. Você é um rapaz esperto e inteligente, sabe conversar, é só chegar lá para animar a festa. Por que você não vai lá e faz uma apresentação?

Foi exatamente o que ele fez. Cantou, recitou poemas em espanhol e português e um monólogo denominado "Noite de Escuridão", que fez muito sucesso. Num momento do monólogo, Otelo fazia uma expressão de pavor e dizia: "Uma mulher desgrenhada, com uma criança no colo e uma faca na mão". Em seguida, relaxava a fisionomia e concluía: "Passava manteiga no pão". O plano deu certo. Ali mesmo na festa, o juiz elaborou um documento autorizando-o a trabalhar na companhia teatral da bela vedete gaúcha Zaíra Cavalcante. Resultado: Otelo saiu com ela percorrendo o interior de São Paulo num espetáculo em que cantava "Mimi", uma valsa-canção de Uriel Lourival gravada por Sílvio Caldas em novembro de 1933. O trabalho acabou se transformando num grande sofrimento, pois o jovem se apaixonou perdidamente pela vedete e quase chorava quando ela entrava em cena cantando "Tu", de Ari Barroso, samba-canção também gravado por Sílvio Caldas. Mas a paixão desfez-se com o passar dos dias quando concluiu que Zaíra não lhe dava a menor importância. Pior: era muito carinhosa com os outros homens da companhia, menos com ele. Por tudo isso, não hesitou um minuto quando leu num jornal que Jardel Jércolis chegaria a São Paulo para apresentar o espetáculo *Ondas Curtas*. Ali mesmo, na cidade de Itajobi, onde a companhia se encontrava, comunicou a Zaíra que iria abandoná-los. Além de sonhar com a possibilidade de trabalhar na companhia de Jardel, ele era muito estimulado por uma companheira de hospedagem na pensão da Avenida São João, uma cantora e atriz portuguesa chamada Deolinda, que acreditava num futuro brilhante para jovem ator. E, para quem se identificava com o teatro de revista, não havia lugar melhor para trabalhar na época do que a companhia de Jardel Jércolis.

Sem dinheiro para a passagem, Otelo conseguiu sair de Itajobi pegando carona num ônibus que ia para Taquaritinga. Lá chegando, pediu ao proprietário do teatro da cidade, que já conhecia por ter se apresentado no local com a companhia de Miguel Max, para fazer um show visando a ganhar o suficiente para pagar o hotel e para pagar a passagem de trem para São Paulo. Achando que a resposta iria demorar muito, procurou também o delegado de polícia para saber se havia alguma verba para pagar as passagens de artistas sem dinheiro. O delegado disse que não dispunha de recursos para esse tipo de ajuda, mas tinha uma solução: Otelo substituiria um de dois presos que deveriam ser embarcados para São Paulo. Proposta aceita, ele embarcou com o preso e um soldado encarregado de vigiá-los. Chegando à Estação da Luz, em São Paulo, Otelo perguntou ao soldado:

— E agora?

— Agora, você vai para onde quiser —, respondeu o militar.

Em depoimento ao Arquivo da Cidade do Rio de Janeiro em 1985, Grande Otelo disse que foi direto para o Teatro Cassino Antártica, onde se apresentou a Jardel Jércolis, que lhe comunicou a realização de um festival em homenagem a Lódia Silva, sua esposa e principal figura feminina da companhia. Otelo participaria do festival e seria observado tendo em vista uma futura contratação.

Outra versão seria contada pelo futuro parceiro de chanchadas da Atlântida, o cômico Oscarito, que fazia parte do elenco de *Ondas Curtas*. Em entrevista ao *Pasquim*, em março de 1970, contou que caminhava pelo corredor do teatro com a sua mulher, a também atriz Margô Louro, quando viram "um crioulinho de boné, pequenino, sentado numa mala". Ao vê-lo, o crioulinho disse:

— Queria falar com o senhor.

Rio de Janeiro

— Muito bem, o que você quer?

— O senhor não me conhece?

— Não, quer dizer, não sei.

— Eu sou o Otelo.

Oscarito espantou-se:

— Você?! Você é um grande artista. O que aconteceu?

— Eu estava num colégio interno, mas o que eu quero mesmo é ser artista. Quero ser ator e, ficando no colégio, não serei artista. Queria ver se dava um jeito de entrar para o teatro novamente.

Oscarito disse que, em seguida, teve o seguinte diálogo com Jardel Jércolis:

— Você viu um crioulinho aí na porta?

— Vi, sim.

— É o Otelo. Ele quer voltar. Estava estudando, mas fugiu do colégio e quer ser ator.

Jardel informou que a companhia estava completa, e o próprio Oscarito pediu a Otelo um pouco de paciência até a realização do festival para Lódia Silva.

O homem de rádio e teatro Jorge Murad, em depoimento para Orlando de Barros, que trabalhava na elaboração do livro *Custódio Mesquita: um compositor romântico no tempo de Vargas (1930-45)*, contribuiu com uma terceira versão. Murad também se encontrava em São Paulo para atuar como apresentador do show das cantoras Carmen e Aurora Miranda e do também cantor João Petra de Barros, além do compositor e pianista Custódio de Mesquita, que estrearia no Teatro Santana no dia 18 de julho de 1934. Segundo ele, Otelo pediu a Custódio Mesquita para levá-lo para o Rio de Janeiro e "Custódio o colocou aos cuidados de Lódia Silva e Jardel Jércolis, seus amigos, com os quais passou a morar".

Não há motivo para desacreditar qualquer uma das versões. Salvo um ou outro engano, é provável que as três façam parte da história. O fato é que Otelo chegou a Jardel e recebeu dele a informação de que o elenco para a temporada paulista estava completo. Mas sugeriu que participasse do festival para Lódia Silva, para conhecer melhor o seu trabalho, e admitiu a possibilidade de contratá-lo para uma excursão que a companhia iria fazer ao sul do país, estendendo-se a Montevidéu e Buenos Aires. Antes do festival, Jardel promoveu um coquetel para jornalistas e para a classe teatral de São Paulo e Otelo foi convidado. No coquetel, ele ouviu da atriz Maria Irma (que viria a ser mãe do ator e diretor

Daniel Filho) uma frase que quase o levou ao fracasso no festival, como revelou num depoimento à jornalista Marta Alencar e ao ator Antônio Pedro:

> "Compareci com um *smoking* que peguei emprestado. A calça era muito grande e o paletó muito curtinho. Foi quando Maria passou por mim e perguntou: 'Quem é esse negrinho?' Responderam: 'É o Pequeno Otelo. Ele é inteligente e foi até menino prodígio.' Ela disse: 'Se foi menino prodígio, não vai dar mais nada'. Aquilo me chocou e me feriu. Tanto que quando entrei em cena para cantar uma música em inglês, 'Dont't Say Good Night', não consegui cantar. Com lágrimas nos olhos, pedi que tocassem pela segunda vez. Cantei. Não sabia nem a tradução, mas sabia a pronúncia. Até hoje esta frase está me motivando".

Faltaram alguns detalhes no relato de Otelo. Não disse, por exemplo, que Maria — que adotaria o prenome de Mary — e seu futuro marido Juan Daniel passariam a fazer parte do pequeno grupo de seus amigos até o fim da vida. Não contou também que o regente da orquestra era o próprio Jardel Jércolis e que Otelo se animou tanto por conseguir cantar a música programada que cantou também uma música italiana, uma espanhola e uma brasileira, além de declamar um monólogo. Segundo o relato de Oscarito, ele não fez sucesso, "mas agradou bem". Terminado o festival, Jardel marcou com ele uma nova conversa no fim da temporada em São Paulo.

Ele foi de fato contratado e seguiu para o sul, mas como avisador, "aquele cara que compra café e sanduíches para os artistas". Ganhava 300 mil-réis por mês, cama, comida e "uns trocados a mais, de vez em quando". Em Porto Alegre, foi ajudado por um incidente que deixou Jardel Jércolis irritado, mas permitiu finalmente participar de um novo espetáculo que estreou na cidade, *Ensaio Geral*, cantando com a atriz Nair Faria uma música intitulada "Guarda essa Arma" (em 1937, o cantor Nuno Roland gravaria uma marcha de Roberto Martins e Ataulfo Alves com esse nome). O incidente ocorreu na Confeitaria Colombo, na Rua da Praia, para onde ele foi depois de comparecer a um programa de rádio que contara com a participação do pianista da companhia, Paulo Coelho. Na confeitaria resolveu cantar e pediu a Paulo Coelho que o acompanhasse ao piano. Segundo seus relatos, fez tanto sucesso que atraiu um

Rio de Janeiro

público numeroso na porta da confeitaria. Jardel ficou furioso com a apresentação de um integrante da companhia sem sua permissão e ameaçou mandá-lo de volta para São Paulo. Mas foi convencido por amigos gaúchos de que deveria perdoar Otelo. Um desses amigos era o proprietário de uma importante rede de lojas de roupas masculinas do Rio Grande do Sul, que gostou muito da apresentação na Confeitaria Colombo e presenteou o ator com uma casaca, que passou a ser usada por Otelo na excursão.

Em Porto Alegre, Jardel contratou Dario Cardoso para ajudá-lo na direção do espetáculo nas apresentações no interior gaúcho, no Uruguai e na Argentina. Otelo jamais esqueceu que Dario apareceu no teatro carregando o filho de menos de um ano no colo. A criança era Regis Cardoso, futuro diretor nas novelas da TV Globo e que teria, entre os atores dirigidos, o próprio Otelo. Outra lembrança — esta bem amarga — foi que, no hotel em Pelotas, tinha de comer no quarto "porque os pretos não podiam sentar à mesa".

O primeiro uísque ninguém esquece, principalmente quando se trata de um apreciador tão entusiasmado como ele. E foi naquela excursão, em Montevidéu, que Otelo bebeu uísque pela primeira vez. Por falta de prática ou por ter bebido um pouco acima do que seria recomendável, sentiu alguma tonteira, o que o preocupou, pois dali a meia hora começaria o espetáculo. Por via das dúvidas, tratou de vestir a casaca e permanecer no camarim aguardando sua entrada. Dormiu. Foi acordado pelo contra-regra, que o chamara para entrar em cena, e correu para o palco. Quando os músicos executaram a introdução da música que ia cantar, um colega cochichou no ouvido dele: "Você está com a braguilha aberta". Ele disse ter ficado tão perturbado que fez, naquela noite, sua pior apresentação em toda a excursão. Ainda em Montevidéu, quase morreu de constrangimento com a reação dos uruguaios, quando, num restaurante em que iria tomar uma sopa, pediu ao garçom falando alto, querendo exibir a sua bela pronúncia espanhola:

— Por favor, me pase la concha.

Ele desconhecia que "*concha*" era o nome predileto dos uruguaios para vagina.

De Buenos Aires, provavelmente não tinha muito o que contar, então inventava. Na entrevista ao jornalista João Luís de Albuquerque, contou que estava na capital argentina quando chegou a notícia da morte de Carlos Gardel, num desastre de avião em Bogotá. Em 24 de junho de 1935, dia da morte do extraordinário cantor e compositor, Otelo estava na realidade trabalhando no espetáculo *Gol!*, no Teatro João Caetano, na Praça Tiradentes, Rio de Janeiro, Brasil.

Terminada a temporada, Jardel Jércolis reafirmou a Otelo sua decisão de levá-lo para o Rio de Janeiro e que, enquanto não montasse o espetáculo seguinte, assegurava a moradia e o pagamento do salário. Otelo chegou ao Rio no princípio de março de 1935, novamente num domingo de carnaval. Mal desembarcou, amigos da companhia teatral já tinham para ele um meio de ganhar um dinheirinho: vendendo serpentinas para os ocupantes dos corsos que desfilavam na Avenida Beira Mar. Cada rolo de serpentina custava 2.500 réis, ficando 500 réis para ele.

Os corsos eram a grande diversão diurna dos cariocas da classe média da Zona Sul, que, desde as manhãs de carnaval, fantasiavam-se, equipavam-se com confete e serpentina e saíam com os seus automóveis conversíveis em direção ao Centro. No carnaval de 1935, eles cantaram "Implorar", um samba gravado por Moreira da Silva. Também foi o ano da marcha "Cidade Maravilhosa", de André Filho, gravada por Aurora Miranda. Essa música, que, cerca de trinta anos depois, seria aclamada como o hino oficial do Rio de Janeiro, tamanho o sucesso que fez desde seu lançamento, foi uma das vítimas das loucuras que ocorrem em festivais, especialmente nos festivais de música: no concurso oficial da prefeitura, "Cidade Maravilhosa" foi derrotada por "Coração Ingrato" (de Nássara e Frazão), marchinha carnavalesca que nunca foi esquecida porque jamais foi lembrada. O carnaval de 1935 também produziu outros sucessos como "Grau Dez" (Ari Barroso e Lamartine Babo), "Deixa a Lua Sossegada" (João de Barro e Alberto Ribeiro) e "Eva Querida" (Benedito Lacerda e Luís Vassalo).

Com dinheiro no bolso, Otelo saiu pela noite do Rio acompanhando um integrante da equipe de Jardel, Válter Lousada, para ver o desfile de ranchos na porta do *Jornal do Brasil* e depois beber cachaça e tentar penetrar nos bailes populares do Centro. Tentaram, primeiramente, entrar no baile dos Pierrôs da Caverna, uma das grandes sociedades que desfilavam na terça-feira de carnaval, mas não conseguiram. Foram depois para a gafieira Elite, onde teve início um caso de amor entre o ator e a casa que durou até o fim da vida — de fato, Otelo morreu sonhando em fazer um filme sobre o Elite (além de roteiro pronto, já tinha até diretor, Roberto Moura, e o projeto estava em fase de levantamento de recursos). Otelo nunca mais se esqueceu daquela primeira noite em que

Rio de Janeiro

59

ele e Lousada saíram da gafieira quando o dia amanhecia debaixo de um violento temporal. Os dois sentaram-se no meio-fio, bêbados, e lá ficaram tentando se recuperar com a água da chuva que caía em abundância.

Enquanto a companhia não estreava, Otelo fazia uma espécie de curso intensivo de Rio de Janeiro, matéria, aliás, que dominaria depois na condição de catedrático. Um dos lugares que conheceu nesse período foi o morro da Favela, cenário do filme *Favela dos Meus Amores*, de Humberto Mauro, cujas filmagens estavam chegando ao fim. Reconhecido por alguém da produção, sugeriram que ele estivesse às 2 horas da tarde do dia seguinte num escritório da Esplanada do Castelo para participar de uma reunião com o próprio Humberto Mauro. Havia um pequeno papel que poderia perfeitamente desempenhar. Seria, portanto, sua estréia no cinema. Na hora marcada, estava ele no lugar designado e esperou até o anoitecer sem que ninguém aparecesse. Por esta e por outras, dizia ele, nunca mais respeitou horários, uma prática, aliás, em que também se tornou especialista. Soube depois que o papel que lhe era destinado — na verdade, era só para aparecer dando um banho de cuia no ator Jaime Costa — foi entregue a Mingote, seu antigo companheiro da Companhia Negra de Revistas.

Finalmente, no dia 31 de maio de 1935, estreou no Teatro João Caetano o espetáculo *Gol!*, de Jardel Jércolis e Luís Iglesias, com Juan Daniel, Lódia Silva, Ema Dávila, Margot Louro, Nair Farias e um numeroso grupo de *girls* vestidas com camisetas de clubes de futebol, que abria o espetáculo chutando bolas de gás. No meio daquela gente toda, um ilustre desconhecido apresentado como The Great Otelo cantava uma música americana e era abordado pela mulata Nair Farias, reclamando porque "um moleque do morro do Querosene canta é samba". E o "moleque" tirava a casaca e a camisa de peito duro e cantava um samba com ela.

— Foi um completíssimo fracasso. Ninguém reparou em mim —, disse ele em vários depoimentos e entrevistas.

5.
"NO TABULEIRO DA BAIANA"

Apesar do fracasso, *Gol!* ofereceu alguma compensação a Otelo. Começava a nascer aí o pseudônimo que iria consagrá-lo como um dos maiores nomes do cinema, do teatro e dos shows do Brasil, pois, nos espetáculos seguintes, seu nome já estava traduzido para Grande Otelo. A idéia de Jardel Jércolis, ao batizá-lo de The Great Otelo, foi extraída do filme *The Great Gabo*, de Von Stroheim, exibido na época (no filme, Gabo era um boneco, bem feinho, por sinal). Jardel achava que Pequeno Otelo não daria certo por se tratar de um apelido óbvio para um ator que chegara a 1 metro e 52 de altura e nunca mais passaria disso.

Foi também em *Gol!* que Otelo se aproximou de Juan Daniel Ferrer, conhecido inicialmente como Daniels e depois como Juan Daniel. Era um espanhol de Barcelona com passagem por Buenos Aires, onde atuou como bailarino. Tempos depois, ele se casaria com a atriz Maria Irma (Maria Irma Lopez), que viria a adotar no teatro o pseudônimo de Mary Daniel. O casal, que atuou tanto no teatro como no circo, geraria em 1937 uma das figuras mais importantes da vida artística brasileira, como foi dito, o ator e diretor de televisão, de cinema e de teatro Daniel Filho. Juan Daniel, que também cantava, chegou a gravar doze discos no Brasil, sendo o principal divulgador no país de um bolero que faria grande sucesso no mundo inteiro, "Solamente Una Vez", de Agustin Lara. Sobre o início do relacionamento do espanhol com o mineiro de Uberlândia, há um bom depoimento do próprio Daniel Filho no livro *Grande Otelo em preto e branco*:

> "Juan Daniel, quando veio pro Brasil, ainda solteiro, dividiu um quarto com Sebastião Prata. Os dois trabalhavam com Jardel Jércolis. Desavisado, o espanhol Daniel andou por lugares pouco saudáveis, senhoras não recomendáveis, rápidos amores. Resultado: vergonha dos homens solteiros de antanho. O tratamento, entre outros flagelos, exigia um banho a vapor nas

'partes'. Sebastião, bom amigo, segurou durante dias a panela fervendo, para alívio daquele que viria a ser meu pai. Não sei aonde vai minha dívida com Sebastião. Teria sido tão bem reproduzido, não fosse a ajuda do bom crioulo? Ganhou meu parentesco. Obrigado, titio!".

A convivência com a turma de Jardel Jércolis rendeu o segundo convite para trabalhar no cinema. Dessa vez o filme era *Noites cariocas*, uma produção de brasileiros e argentinos, dirigida pelo argentino Enrique Domingo Cadicamo. Otelo deveria estar no estúdio da Cinédia às sete horas e, às seis, ele e Válter D'Ávila já estavam num bonde em direção a São Cristóvão, onde ficava o estúdio. Chegando lá, pediram para Otelo aguardar sentado a convocação para entrar em cena. Mas as horas passavam e ele não era chamado. A noite chegou e, quando o relógio ia além de meia-noite, ouviu alguém da produção gritar:

— Tudo acabado por hoje.

— E eu? — perguntou, espantado.

— É verdade, faltou você. Vamos dar um jeito — respondeu o assistente de produção.

Convocaram o galã do filme, o argentino Carlos Vivan, e a cena começou com o galã sentado numa cadeira, levantando-se em seguida, quando surgia Grande Otelo com um paletó na mão e, como um serviçal, ajudava Vivan a vesti-lo. O galã deu um trago no cigarro, deixou a guimba no cinzeiro e saiu de cena. Otelo pegou a bagana, deu um trago e também saiu. Foi essa a estréia de Grande Otelo no cinema, sem dizer uma palavra. Uma estréia tão insignificante que nem o crítico e historiador do cinema Alex Viany, sempre tão cuidadoso em tudo que escreveu, registrou a presença dele nesse filme em sua antológica *Introdução ao cinema brasileiro*, editada pelo Instituto Nacional do Livro. O jovem câmera que filmou aquela cena chamava-se Herbert Richers, e, anos depois, seria um dos maiores produtores do cinema brasileiro, inclusive de filmes com Otelo.

Jardel Jércolis não parava de produzir. No dia 5 de julho de 1935, promovia a estréia, também no Teatro João Caetano, do espetáculo *Carioca*, de Geisa Bôscoli, com um elenco liderado por Mesquitinha e Oscarito. Era uma peça mais pretensiosa, com uma história para contar, e que acabou sendo muito importante para a formação do ator Grande Otelo. "Foi minha primeira incursão na parte dramática", disse durante o depoimento ao Serviço Nacional de Teatro, em fevereiro de 1935. Ele fazia o papel de *boy* de um hotel de Petrópolis, que se apaixonava por uma hóspede, representada por Alba Lopez, irmã de Mary e tia de Daniel Filho.

> "Ela dizia num tom de blague muito cruel: 'Ora, olha a audácia do negrinho'. Eu então me recolhia dentro de mim mesmo, fazia uma expressão que Mesquitinha custou a arrancar, de tristeza e mágoa. Eu dizia: 'Pigmento, sempre o pigmento'. Considero Mesquitinha meu grande professor. Com ele, aprendi a chorar, a rir, a declamar coisas sérias, como o 'Monólogo das Estrelas', que me libertou frente ao público um pouco da imagem humorística que eu tinha."

Num depoimento ao MIS, confessou que Mesquitinha o ensaiou para dizer "pigmento" durante duas ou três horas.

A personagem por quem se apaixonava era filha do personagem interpretado por Oscarito, o principal astro do espetáculo, e que fazia graça o tempo todo. O personagem dele não admitia o namoro de jeito nenhum. Otelo não se conformava com as gargalhadas da platéia quando Oscarito interpretava frases que ele achava humilhantes. Até que um dia, sem consultar ninguém, resolveu contracenar com o seu futuro parceiro de chanchadas vestido caricatamente de mulher, representando uma das filhas do personagem do ator Manuel Vieira. O público riu muito com ele e, pelo menos naquela noite, fez mais sucesso que Oscarito. Otelo sentiu que finalmente chamou a atenção da platéia, mas Jardel Jércolis não gostou nada daquilo e o advertiu severamente com uma espinafração por escrito na "tabela" do teatro. "Foi a primeira 'tabela' que ganhei. Depois vieram muitas", dizia ele, referindo-se às advertências e comunicados de Jardel aos técnicos e atores, colocados nos bastidores para que todos vissem. Na ética teatral da época, nenhum ator tinha o direito de chamar mais atenção do que os astros e as estrelas do espetáculo, ainda mais inventando um papel que não lhe era destinado.

Carioca foi até o dia 1º de agosto e já no dia 2 estreava no mesmo Teatro João Caetano o espetáculo *Rio Follies*, de Jardel Jércolis e Geisa Bôscoli, com praticamente o mesmo elenco da peça anterior. No dia 1º de setembro, mais uma estréia no mesmo teatro e com os mesmos artistas, com o reforço de Ema Dávila: *De Ponta a Ponta*, do radialista Jorge Murad. Esse espetáculo mereceu atenção especial da imprensa porque marcava a despedida de Jardel Jércolis, que no dia 18 de setembro em-

"No tabuleiro da baiana" 63

barcaria com todo o elenco para Portugal e Espanha, com estréia programada para os primeiros dias de outubro no Teatro Trindade, em Lisboa.

Alguns dos artistas importantes do elenco das peças mais recentes, como Oscarito e Ema Dávila, desistiram da viagem, embora fosse uma oportunidade para Oscarito (cuja nome verdadeiro era Oscar Lorenzo Jacinto de la Imaculada Concepción Teresa Dias) reencontrar o país em que nascera no dia 16 de agosto de 1906, na Villa de la Allameda, em Málaga. Mas o que não faltou foi gente para viajar. Embarcaram cerca de cinqüenta pessoas, entre eles Grande Otelo (que alguns jornais ainda chamavam de The Great Otelo) e Mesquitinha, além de *girls*, *vamps*, *boys* e a orquestra Sincopated Hood Band, criada por Jardel.

A temporada, que começou em Lisboa, passou pelo Porto e seguiu para a Espanha, apresentando-se em Vigo, Santiago de Compostela, La Coruña, Oviedo, San Sebastian, Bilbao, Valladolid, Barcelona, Valência e novamente Barcelona. Grande Otelo não guardou boas recordações dessa viagem porque ganhava pouco, o que lhe subtraía qualquer possibilidade de incursão turística pelos locais em que se apresentava. Quando descobriu que o "pessoal pesado" — contra-regra, maquinistas etc., quase todos espanhóis — era comunista, Otelo passou a promover um movimento por melhores salários, com apoio dos profissionais da Espanha, com ameaças de greve. Quando a situação começou a se complicar, Jardel reuniu todo o elenco e manifestou a sua mágoa pelo comportamento de Grande Otelo, que ele havia tirado da rua e adotado como um filho, dando trabalho e oportunidade de desenvolver-se profissionalmente. Os comunistas espanhóis concordaram com ele e reprovaram o comportamento de Otelo. O clima, portanto, não estava muito bom para o jovem ator nos últimos dias da excursão. Em fins de março, hospedado na Pensión del Carmen, em Barcelona, recebeu a comunicação de que a temporada teria de ser interrompida porque o general Franco já havia iniciado a batalha para implantar o regime fascista, que permaneceria durante quase quarenta anos na Espanha. "Em Portugal, fui mais ou menos visto. Mas, na Espanha, nem tomaram conhecimento de mim. Creio que não houve propriamente fracasso. O que faltou foi sucesso", disse Otelo no depoimento ao Serviço Nacional de Teatro.

Já na volta ao Rio de Janeiro, o que faltou inicialmente foi trabalho. "Jardel sempre me dava 5 mil-réis, 3 mil-réis, para que eu pudesse comer e dormir", narrou Otelo num dos três depoimentos que concedeu ao MIS. Revelou também que, mais uma vez, aproveitou aquela fase para conhecer melhor o Rio de Janeiro e os cariocas:

"Vi a Lapa, fiz amizade com Noel Rosa, com Mário Lago, com Custódio Mesquita e uma amizade meio violenta com Ari Barroso. Noel Rosa foi uma das melhores pessoas que conheci. Ele me ajudou muito na época de necessidades. Não se pode vir ao Rio sem saber o Rio. A platéia ainda não tinha me visto, porque eu não falava a língua do Rio, falava a língua de São Paulo".

No Rio, Otelo dormiu em bancos de praça, hospedarias de mil-réis e até em pensão de corda, um tipo de estabelecimento que havia nas redondezas da estação D. Pedro II, na Central do Brasil, um desastre em matéria de conforto. O dono da pensão esticava uma corda na diagonal do salão e colocava bancos de madeira ao lado dela. O hóspede sentava-se no banco, apoiava a cabeça nos braços sobre a corda e dormia, se é que alguém conseguia dormir assim. Pela manhã, o proprietário soltava a corda e quem ainda estivesse dormindo caía no chão. O salão teria de ser desocupado bem cedo para dar lugar às mesas utilizadas no almoço.

Felizmente, o produtor americano Wallace Downey, que conhecera Otelo durante as filmagens de *Noites Cariocas*, convidou-o para participar de *João Ninguém*, um filme com roteiro de João de Barro, o grande compositor, e direção de Mesquitinha, que também representava o personagem principal. O nome do filme, evidentemente, foi extraído do samba-canção de Noel Rosa, que o próprio autor gravara em setembro de 1935 na Odeon e que fala de um personagem ("Não é velho nem moço/ Come bastante no almoço/ Pra se esquecer do jantar") que, sem dúvida, seria um hóspede das pensões de corda. O João Ninguém do filme é um compositor humilde, vivido por Mesquitinha, que compôs a valsa "Sonhos Azuis" (na verdade, de João de Barro e Alberto Ribeiro, gravada por Carlos Galhardo) e pede ao personagem representado por Grande Otelo para acompanhá-lo até a casa da namorada, no dia do aniversário dela, pois pretende oferecer-lhe a partitura da música. No caminho, eles passam por uma casa protegida por um muro muito alto, mas não o suficiente para esconder uma roseira cheia de flores. Mesquitinha resolve subir o muro para tirar uma rosa e cai dentro da casa. Com muita dificuldade para voltar, pede a Otelo, moleque de recados de uma pensão, para levar até a namorada a rosa e a partitura. No caminho, Otelo é atropelado, desmaia, a rosa cai para um lado, a música para o outro. Um sujeito passa pelo local, pega a partitura, edita como se fosse dele e "Sonhos Azuis" vira um grande sucesso. O personagem de Mesquitinha, que havia sido preso sob a acusação de invadir a casa, volta para a cadeia por declarar publicamente, sem nenhuma prova, que a música era dele. Lançado no início de 1937, foi a primeira vez que se ouviu a voz de Grande Otelo no cinema.

Terminado o filme, novamente desempregado, foi mais uma vez socorrido por Jardel Jércolis, que o convidou para participar do elenco de *Maravilhosa*, de Jardel e Geisa Bôscoli, que estrearia no Teatro Carlos Gomes no dia 15 de outubro de 1936, às vésperas do seu 21º aniversário. Ele não seria chamado se o excelente cantor Luís Barbosa não estivesse padecendo com a tuberculose que o mataria dois anos depois, aos 28 anos de idade. Luís cantaria em *Maravilhosa* o batuque "No Tabuleiro da Baiana", de Ari Barroso, que gravara dias antes, dividindo a interpretação com Carmen Miranda. Jardel resolveu substituí-la pela bela mulata gaúcha Déo Maia. Pensou primeiramente num coro masculino para substituir Luís Barbosa. É verdade que seria um grupo de artistas com experiência teatral — os *boys* do teatro de revista. Mas eles pediram um dinheiro muito acima do que Jardel imaginava pagar. Sendo assim, não havia outro jeito. A solução foi convidar Otelo, que aparecia todos os dias no teatro em busca de um convite para trabalhar:

— Escuta aqui, negrinho, você é capaz de cantar "No Tabuleiro da Baiana"?

— Posso cantar, mas tenho de ensaiar — respondeu com a pose de quem não dava muita importância ao convite. O empresário concordou e pediu para Otelo procurar Ari Barroso na rádio Cruzeiro do Sul e ensaiar com ele.

Para quem conheceu o extraordinário compositor, é fácil imaginar a sua reação ao ouvir Grande Otelo berrar com aquela voz estridente: "No tabuleiro da baiana TEM!".

— Você nunca vai cantar "No Tabuleiro da Baiana". Você é muito desafinado!

Otelo ria muito quando contava essa história. "Eu era desafinado, continuei desafinado e canto 'No Tabuleiro da Baiana' até hoje."

O que começou ali foi um relacionamento de extremo afeto das duas partes, talvez mais ainda pelo lado de Grande Otelo. Um dia, o redator destas linhas esteve com o ator e confessou que gostava tanto dele que, ao vê-lo, tinha vontade de chorar.

— Que coisa! Eu tinha isso quando via Ari Barroso — respondeu.

Cantando bem ou mal, Grande Otelo conquistou no palco do Teatro Carlos Gomes, a partir da estréia da peça, o seu primeiro êxito tea-

Descoberta em São Paulo por Jardel Jércolis, em meados dos anos 30, a gaúcha Déo Maia comporia com Grande Otelo uma parceria de muito sucesso. Nas palavras de Ari Barroso, a mulata era "ouro em pó".

tral no Rio de Janeiro. No depoimento ao MIS carioca, ele dirigiu-se aos entrevistadores — Alex Viany, Alinor Azevedo, Ricardo Cravo Albim e o autor destas linhas — lembrando: "Na primeira noite, o número foi trizado, coisa que na revista antiga era muito importante. A minha vida artística, quando vocês começaram a se incomodar comigo, começou naquele dia".

O número fez tanto sucesso que, no dia 8 de janeiro de 1937, estreou no Teatro Carlos Gomes a peça *No Tabuleiro da Baiana*, de Nestor Tangerini e Jardel Jércolis, com uma propaganda que destacava exatamente os intérpretes do batuque de Ari Barroso: Déo Maia, "a revelação nacional", Grande Otelo, "formidável atração negra". O espetáculo — que tinha também Malena de Toledo, "a alma da Argentina", e Pepito Romeu, "ex-*partenaire* de Mistinguett", além de Válter D'Ávila como ponto — permaneceu pouco tempo em cartaz no Rio, mas serviu para Grande Otelo e Déo Maia aperfeiçoarem a interpretação de "No Tabuleiro da Baiana", introduzindo, por exemplo, anedotas curtas entre uma estrofe e outra.

O sucesso de *No Tabuleiro da Baiana* acabou permitindo que Otelo e Déo Maia tentassem carreira própria sem que fosse necessário recorrer a Jardel Jércolis. Depois da temporada no teatro, um empresário paulista convidou-os para uma curta temporada na boate Wunderbar, dando início a uma série de apresentações em São Paulo e no interior paulista. Otelo falava até numa viagem da dupla ao Uruguai e à Argentina. O que se sabe é, que na volta ao Rio de Janeiro, os dois se apresentaram um fim de semana no elegante Cassino Atlântico. Apenas um fim de semana, mas o suficiente para a dupla ser vista por Joaquim Rollá, o proprietário do Cassino da Urca.

6.
O CASSINO DA URCA

Grande Otelo e Déo Maia foram convidados pelo maestro Romeu Silva, em nome de Joaquim Rolla, para participarem da temporada do carnaval de 1938 no Cassino da Urca. Eram dois shows por noite, um às 21h30 e o outro à 1h da madrugada. Sinal de confiança no sucesso da dupla, a apresentação de Otelo e Déo Maia foi programada para o encerramento dos dois shows, que contavam também com bailarinos e bailarinas, a dupla caipira Alvarenga e Ranchinho e os cantores Francisco Alves, Lurdinha Bitencourt e Dircinha Batista, além do ventríloquo e humorista Batista Júnior, pai de Dircinha e Linda Batista.

Mal começaram os ensaios, Otelo fez uma descoberta que quase tirou todo o ânimo de trabalhar na grande casa de espetáculos, que era o Cassino da Urca: Romeu Silva estava autorizado a pagar à dupla 1 conto de réis, ficando 500 mil-réis para cada um. Seria a melhor remuneração que Otelo recebera até então, se não fosse uma conta malandra feita pelo maestro: 500 mil-réis para Déo Maia, que tinha o marido para negociar por ela, e 200 mil-réis para o seu parceiro Otelo. Os 300 mil-réis restantes ficavam com Romeu Silva, como comissão. "Apesar de ser explorado, gostava de trabalhar com Déo Maia e dos números que fazíamos juntos", alegou o ator no terceiro depoimento ao MIS do Rio de Janeiro.

Além do problema do dinheiro, surgiu outro motivo para chatear Grande Otelo. Tradicionalmente, no show de abertura a platéia não era muito calorosa porque, geralmente, este coincidia com a hora escolhida para jantar. Assim foi na noite de estréia, quando poucos aplaudiram Otelo e Déo Maia. Terminado o show, Joaquim Rolla foi até os bastidores e soltou o verbo:

— Pago um dinheirão pra isso? Ouvi apenas algumas palminhas e mais nada. Até os garçons tiveram de bater palmas pra vocês.

Otelo respondeu:

Em 1933, o Hotel Balneário, na Urca, Rio de Janeiro, foi transformado em cassino. De propriedade de Joaquim Rolla, um ex-tropeiro que se fez empresário no ramo do jogo e do entretenimento, os shows do Cassino da Urca tornaram-se conhecidos no mundo todo. Acima, Otelo, Déo Maia (ao centro), Dircinha Batista (à direita) e elenco de artistas norte-americanos.

— Olha, seu Rolla, trabalhando com Déo Maia nunca precisei que garçom batesse palmas pra mim. Trabalhamos na Argentina, no Uruguai, no Cassino Atlântico e nunca precisamos disso.

— Mas aqui vocês precisaram.

— Precisamos — insistiu Otelo — porque, em outros lugares, a gente tinha diretor. Aqui não tem.

— Cala a boca, negrinho!

— O senhor quer saber de uma coisa? Enfia seu cassino no cu.

O que ocorreu depois ele contou no depoimento ao MIS:

"Fui embora para o Centro da cidade, mas eles sabiam onde me encontrar e foram me caçar. Estava no restaurante Reis, na Rua Almirante Barroso, comendo e bebendo cerveja. Insistiram para que eu voltasse e aceitei, desde que seu Rolla garantisse que não falaria mais comigo daquele jeito. Naquele tempo, ser chamado de negrinho era uma ofensa. Fui chamado várias vezes no Liceu Coração de Jesus de 'negro fedido'. O

Capa e página interna do programa da Temporada de Carnaval do Cassino da Urca, no ano de 1938; Otelo e Déo Maia eram das atrações mais esperadas do show que tinha duas sessões: uma às 23h, outra à 1 hora da manhã.

que Rolla disse me ofendeu e me senti injuriado, mas voltei para fazer o segundo show. Eu e Déo Maia apresentamos cinco números e só paramos porque Joaquim Rolla mandou um recado para parar".

A dupla cantou tudo isso porque foi muito aplaudida.

Mas essa primeira temporada no Cassino da Urca não estava destinada a demorar muito. Cerca de três dias depois de iniciada, Joaquim Rolla programou uma série de apresentações no cassino do Tênis Clube de Petrópolis, no qual era sócio do empresário gaúcho Luís Alves de Castro, o Capitão Lulu, que pontificava na noite carioca nas décadas de 1930 e 1940. Era um trabalho que não dava o menor prazer a Grande Otelo, mas no qual Rolla fazia questão de apresentar todos os artistas da Urca. Os dois empresários também possuíam o Cassino Icaraí, em Niterói, e traziam os artistas diretamente da Urca para lá, numa lancha especial. Otelo faltou uma, duas, três vezes, até que Capitão Lulu perdeu a paciência e impôs ao sócio: "Ou este negrinho ou eu".

As relações do ator com Joaquim Rolla passaram por vários incidentes, pois este não tolerava a menor indisciplina. O proprietário do cassino era, segundo o futuro empresário de shows Carlos Machado, "alto, esguio, forte e autoritário. Tão inteligente quanto inculto, de seus olhos pequenos brotava uma força quase hipnotizadora, que parecia dar-lhe todo o poder para desvendar os pensamentos do interlocutor". Nascido em Minas Gerais, era amigo dos Artur Bernardes, o pai e o filho, e trabalhava como fazendeiro e empreiteiro de estradas, atividade que o fez milionário e rendeu o suficiente para comprar o Cassino da Urca. Ao perceber que os antigos proprietários da casa, com o apoio de vários empregados, desenvolviam um plano para retomar o cassino, demitiu todos os funcionários.

E Grande Otelo, desempregado, voltou a enfrentar as dificuldades de moradia e falta de dinheiro. Ganhava, de vez em quando, alguns cachês em rádio, até que foi convidado para atuar no filme *Futebol em Família*, fazendo novamente o papel de mensageiro, mas jogando futebol. O filme, dirigido por Rui Costa, pretendia aproveitar o clima de esperança reinante no país com a perspectiva de uma boa participação da seleção brasileira na Copa do Mundo que seria realizada em Paris, quando os torcedores brasileiros depositavam toda confiança em supercraques como Domingos da Guia e Leônidas da Silva, o Diamante Negro, principalmente este.

Uma lembrança dessa época foi revelada por Otelo num depoimento reproduzido no programa da *Ópera do Malandro*, de Chico Buarque de Holanda, em 1978:

> "Saí do Elite e fui a um boteco na Rua Frei Caneca. Com a cuca cheia, arrumei uma encrenca por causa de umas mulheres que estavam me gozando e joguei uma garrafa na cabeça de uma delas. Saiu sangue. A polícia me prendeu e me levou para o Distrito Policial, na Avenida Mem de Sá. Fui salvo pelo soldado de plantão na delegacia, que não contou toda a verdade ao delegado. Disse apenas que eu estava bêbado. O delegado me mandou ficar sentado para curar o porre. Só saí na manhã do dia seguinte e eu tinha de filmar *Futebol em Família* no campo do Fluminense. Antes de ser liberado, o soldado me disse: 'Livrei a tua cara, mas tem uma coisa: toco cuíca e você tem que arranjar para eu tocar'. Arranjei. Esse cara era o João Boca de Ouro, o Boca de Ouro da Cuíca, um dos maiores cuiqueiros que conheci".

Em fins de julho de 1938, Grande Otelo foi procurado pelo velho amigo De Chocolat com a notícia de que acabara de criar a Companhia Negra de Operetas e acertara com a direção do João Caetano a ocupação do teatro dali a um mês. E mais: gostaria de contar com a participação dele no espetáculo de estréia, *Algemas Quebradas*, de sua autoria, que seria produzido pela empresa de Luís Galvão. Otelo nem pensou duas vezes. Alguns dias depois, foram iniciados os ensaios com um numeroso elenco em que artistas consagrados como Pérola Negra, Índia do Brasil, Áurea Brasil, Celeste Aída, Moacir do Nascimento e o jovem Apolo Correia misturavam-se com iniciantes, entre os quais a bela Alda dos Santos, por quem Grande Otelo se apaixonaria em bem pouco tempo. Havia também uma mistura de raças, com alguns brancos no elenco, entre os quais, num papel de grande destaque, o cantor e compositor Jaime Vogeler, que seria, anos mais tarde, o diretor artístico do Cassino Icaraí.

A estréia da opereta, que começava na representação de uma senzala de escravos e terminava num salão luxuoso, foi recebida com boa vontade pelos jornais, mas sem maiores entusiasmos. O respeitado crítico Mário Nunes, do *Jornal do Brasil*, por exemplo, escreveu que "a opereta de De Chocalat, se não é lá muito engenhosa, oferece excelentes oportunidades à representação de cenas e números de sucesso". Depois de aconselhar o corte "de 50% dos diálogos", Mário Nunes apontou os dois grandes astros do espetáculo: "Apolo Correia e Grande Otelo alcançam maior sucesso, por mais desenvoltos e pela freqüente presença em cena". Um dos números de grande êxito de Grande Otelo foi o samba "A carne é negra", que cantou com Celeste Aída. Para o crítico do *Jornal do Brasil*, ela e Alda Santos "são as flores da companhia". No espetáculo, Otelo representou pela primeira vez um personagem identificado como Tião, nome de vários outros personagens que faria principalmente no cinema.

Uma semana depois da estréia, o *Jornal do Brasil* informava que todas as noites "o João Caetano se enche de um público elegante e seleto, que aplaude com entusiasmo". O *Diário de Notícias*, por sua vez, dizia que "alguns números são bisados e trizados". O escritor Viriato Correia, membro da Academia Brasileira de Letras e autor de várias peças teatrais, enviou uma mensagem a De Chocolat, que foi distribuída para todos os jornais. Dizia a mensagem:

> "Só ontem arranjei vagar para ir ao João Caetano assistir
> à Companhia Negra. E tive surpresa sobre surpresa. O feitio da
> peça, a limpeza da representação, a beleza da partitura, a co-

O Cassino da Urca

reografia, a indumentária, tudo me deixou a impressão de um excelente espetáculo. V. é um hábil realizador. E um surpreendente revelador de vocações".

De Chocolat e Luís Galvão não paravam de criar eventos para colocar o espetáculo nos jornais. No dia 15, o espetáculo homenageou Abadie Faria Rosa, diretor do Serviço Nacional do Teatro, e os críticos teatrais cariocas; e, no dia 28, a homenagem foi não só ao presidente Getúlio Vargas como também à Pró-Matre, maternidade dedicada ao parto de mulheres pobres, e à família imperial, já que o evento ocorreria no dia em que se comemorava a assinatura da lei do Ventre Livre. Segundo o *Jornal do Brasil*, "o presidente Vargas autorizou especialmente o espetáculo e comparecerá pessoalmente, acompanhado de sua Exma. família". E mais: o prefeito da cidade determinou que o Departamento de Matas e Jardins ornamentasse o teatro e o ministro da Justiça autorizou a participação da banda de música da Polícia Militar. Mas Getúlio não apareceu. No início de outubro, depois de ser insistentemente anunciada a estréia de um novo espetáculo de De Chocolat, a Companhia Negra de Operetas acabou para sempre por razões que não foram divulgadas. Mais uma vez desempregado, Otelo voltou a dormir nos bancos dos jardins. Era socorrido por um amigo chamado Israel, que o levava para casa, num subúrbio muito distante, e ambos dormiam na mesma cama. "Eu na cabeceira, ele nos pés. Nunca mais o vi", dizia Otelo quando falava daquele tempo.

E foi novamente salvo pelo cinema, fazendo um pequeno papel no filme *Onde Estás, Felicidade?*, da Cinédia, dirigido por Mesquitinha, que também participou como ator. Os poucos minutos em que apareceu no filme não saíram da lembrança de Alice Gonzaga, filha do criador da Cinédia, Ademar Gonzaga, como ela registrou no livro *Grande Otelo em preto e branco*:

> "Ele é um moleque espantado, preguiçoso, que vai pedir uma terrina emprestada a Luísa Nazaré, que acabara de arrumar um prato de rabanadas 'lindas e doiradas como o sol nascente'. Quando esta se vira, Otelo não resiste à gula e rouba as rabanadas, colocando-as inteiras na boca. Nilza Magrassi, vendo Grande Otelo com a boca cheia, pergunta se ele está com dor de dente. As expressões de ambos valem essa cena antológica".

O filme, exibido no cinema Broadway, no Rio, a partir do início de abril de 1939, foi bem recebido pela imprensa, mas Otelo recebeu pela primeira vez uma crítica que seria repetida algumas vezes: a de que imitava abertamente o ator americano Stepin Fetchit. No caso desse filme, a observação foi feita pelo crítico do jornal *A Noite*, que se identificava como R. O ator brasileiro reconhecia que, realmente, era muito influenciado na época por Fetchit. Naquele ano, Otelo participou ainda dos filmes *Pega Ladrão!* e *Laranja da China*. Neste último, cantou pela primeira vez no cinema. A música escolhida foi a marcha "Maria Bonita", de Odaurico Mota, que seria também a primeira música gravada em disco por ele. No filme, Grande Otelo era o Boneco de Piche, um vigarista que, fugindo da polícia, invadiu o laboratório do doutor Salsich, interpretado por Lauro Borges, roubou os coelhos cobaias e os vendeu ao doutor Flores (Barbosa Júnior), contagiando a família toda com o micróbio do samba, que havia sido isolado pelo doutor Salsich. O mais grave foi que o doutor Flores era presidente da Liga Contra a Malandragem, que tinha como objetivo principal acabar com o samba. Entre as pessoas contagiadas, estava a filha do doutor Flores, Camélia, vivida por Dircinha Batista. Otelo gostava de contar que durante as filmagens, ele pegava todo sábado um vale com Wallace Downey para ir ao Elite. Quando o produtor recusou-se a liberar mais vales, ele empenhou numa tinturaria da Rua do Lavradio o terno que usava no filme, que acabou resgatado pelo próprio Downey.

Chamado para trabalhar novamente no Cassino da Urca, na temporada de carnaval, Otelo foi um dos participantes, em fevereiro de 1939, do show de Carmen Miranda visto pelo empresário americano Lee Shubert e pela famosa patinadora Sonja Henie, que se entusiasmaram muito com o charme e a atuação da cantora vestida de baiana e resolveram levá-la para os Estados Unidos. Passada a temporada de carnaval, Otelo foi novamente convidado a atuar no cassino, em junho, por iniciativa do compositor Luís Peixoto, um dos principais autores dos espetáculos lá realizados. Um convite irrecusável, já que a idéia era que Grande Otelo fizesse par com nada mais, nada menos que a grande estrela franco-americana Josephine Baker, que visitava o Brasil pela primeira vez. Luís Peixoto escreveu para ela (a noiva) e Otelo (o noivo) o quadro denominado "Casamento de Preto", em que teriam de cantar, em português, "Boneca de Piche" e um samba que o próprio Peixoto acabara de compor com Vicente Paiva, "Bruxinha de Pano". "Boneca de Piche" foi o grande sucesso da temporada de Josephine. "Bruxinha de Pano" acabou ten-

O Cassino da Urca

do mais êxito na voz de Carmen Miranda e Almirante, que a gravaram em setembro de 1940.

Chianca de Garcia, português que seria um nome de grande destaque do teatro musical brasileiro e que era diretor artístico do Cassino da Urca na época, lembrou aquele momento durante o depoimento de Otelo ao Serviço Nacional de Teatro, em fevereiro de 1975:

> "Era um grupo de doze pequenas muito bonitas, vestidas com roupas de Debret ou até despidas e fizemos teatro negro pela primeira vez [recém-chegado de Portugal, desconhecia a existência das companhias negras de teatro]. E um grupo de dezesseis negros trabalhando toda noite para um público de elite, com grande êxito, para espanto do barão de Studkart, do Copacabana Palace, que nunca permitiu que houvesse negros nos shows do Copacabana Palace, lembra?".

"Lembro", respondeu Otelo. Figuravam no grupo de dezesseis negros, fazendo ritmo e dançando, dois dos maiores compositores de samba de todos os tempos, Geraldo Pereira e Armando Marçal. Em 24 de setembro de 1990, Otelo escreveu em sua agenda: "Josephine Baker. Tive vontade de casar com ela. Perguntava sempre pela mãe das pessoas. Colega muito paciente".

Enquanto aguardava a estréia do próximo espetáculo do Cassino da Urca, Otelo voltou ao teatro para participar de *Gandaia!*, de Geisa Bôscoli e Custódio Mesquita, que estreou dia 1º de agosto no Teatro João Caetano. Comprometido com o cassino, é provável que tenha concordado com a sua participação por um motivo muito especial: no elenco, ao lado de Pepita Cantero, Lódia Silva e Humberto Catalano, estava a sua adorada Alda Santos. Um dos quadros que faziam serviu para outras apresentações, quando iam em busca de um dinheirinho extra nos circos, nos chamados cine-teatros e no Cabaré Assírio, anexo ao Teatro Municipal. Ela gritava: "Ô Tião!". Ele respondia lá da coxia: "Já vou, Aldinha!". Quando aparecia no palco, ela começava a cantar um samba:

> "Negrinho, onde está o dinheiro?"
> Ele:
> "Que dinheiro?".
> Ela:
> "O dinheiro que eu trabalhei e ganhei".

Na década de 30, entre as costureiras do Cassino da Urca, Otelo prova as fantasias desenhadas para um novo show.

Ele:
"Nega, o que é meu não é teu?
O que é teu não é meu?
Eu precisei e gastei".

(Otelo lembrava-se do samba somente até aqui.)

Gandaia! ficaria em cartaz até o dia 3 de setembro, mas bem antes disso Grande Otelo afastou-se porque no dia 17 de agosto teria de estrear no Cassino da Urca com o espetáculo *Urca's Balangandans*, "a primeira revista nacional para a temporada de turismo", como informou *A Noite*. A estrela do espetáculo era a cantora francesa Lys Gauty, mas participavam também os cantores brasileiros Cândido Botelho e Silvinha Melo. No dia seguinte, *A Noite* garantiu que a estréia foi "um verdadeiro sucesso". Para o *Correio da Manhã*, foi "uma noite encantadora". O sucesso levou o empresário a fazer uma experiência que repetiria algumas vezes mais, que era apresentar o espetáculo do cassino no palco dos teatros. *Urca's Balangandans* mudou para *Nós Temos Balangandans* e estreou dia 22 de setembro no Teatro João Caetano.

O Cassino da Urca

No primeiro depoimento ao MIS do Rio de Janeiro, Otelo disse que sua estréia como compositor foi com o samba "Vou pra Folia". Na verdade, o samba chama-se "Vou pra Orgia", mas é perfeitamente compreensível que ele tenha errado o nome da música, já que não participou da composição. Não criou sequer uma nota ou uma palavra, foi tudo presente do compositor Secundino Silva, o parceiro, como o próprio Otelo reconheceu algumas vezes, anos depois.

Quando estava na Bahia, apresentando-se com outros artistas do Cassino da Urca, em fins de agosto de 1940, a excursão teve de ser interrompida por um chamado urgente de Joaquim Rolla para dar início aos ensaios do segundo show de Carmen Miranda, na sua primeira volta dos Estados Unidos. O primeiro show havia sido um fracasso não só por causa de uma platéia demasiadamente fria como também porque a cantora passara a impressão de deslumbramento com o estilo americano de apresentar-se em público. Joaquim Rolla entregou a direção do segundo show a Luís Peixoto, que compusera várias músicas especialmente para ela. No segundo show, de grande êxito, Carmen cantou com Grande Otelo "Bruxinha de Pano", de Vicente Paiva e Luís Peixoto, que, segundo O Globo do dia seguinte, foi "o número mais aplaudido".

Naquela altura, Otelo já era um dos grandes personagens da cidade, particularmente da cidade boêmia. A gafieira Elite era uma espécie de segundo lar, já que o proprietário da casa, Júlio Simões, tratava-o como um filho e ele o tinha com um pai. Também freqüentava os cabarés e os bares da Lapa. Almoçava e jantava, quase sempre, no Café e Bar Brandão, na Rua da Lapa, que ele considerava a melhor comida do bairro. Mas freqüentava também o Túnel da Lapa e a leiteria Boll, de onde, no carnaval, saía um bloco carnavalesco sempre com a participação dele e do grande craque do futebol Leônidas da Silva. Na entrevista que concedeu ao programa da Ópera do Malandro, contou que comia, certa vez, feijão mulatinho com lombo e tomava uma cachaça num café da Lapa, quando um "mulato forte" perguntou:

— O que você está fazendo aí?

— Comendo.

— Vou sentar aí — afirmou o mulato.

— Não vai sentar porque eu não dou licença — respondeu.

Otelo disse que percebeu um "clima esquisito" porque todo mundo parou no café para prestar atenção à cena. Mas o desconhecido se encarregou de melhorar o clima:

— Menino, gostei de você, não bota o galho dentro.

Só depois Otelo ficou sabendo que o mulato era o famoso Madame Satã, o transformista e capoeirista que ficou conhecido pela sua valentia e que era capaz de enfrentar, sozinho, cinco, seis policiais armados de cassetete. Segundo ele, a Rua Joaquim Silva, no coração da Lapa, "de ponta a ponta, era puteiro" em que as mulheres cobravam 20 mil-réis, bem mais, portanto, do que as prostitutas do Mangue, que cobravam 5 mil-réis.

Era também um freqüentador assíduo dos botequins da Praça Tiradentes, onde convivia com os compositores que formavam uma espécie de classe C entre os criadores de música, levando-se em conta que os das classes A e B — Ari Barroso, Joubert de Carvalho, João de Barro, Orestes Barbosa e outros — iam para os bares mais elegantes ou para o Café Nice. Na Praça Tiradentes, Otelo encontrava Buci Moreira, Raul Marques, Jota Piedade, Roberto Martins e outros, além de Wilson Batista e Ataulfo Alves, que circulavam nos bares de todas as classes.

Foi, por sinal, na Praça Tiradentes que ocorreu um episódio que ele gostava muito de contar. Numa noite em que saiu de um dos botequins de lá e parou para conversar com os homossexuais, que, na época, adoravam se encontrar na praça, foram abordados por dois policiais pedindo documentos e ameaçando levar todos eles para a cadeia. Depois de muitas ameaças, mostraram que, na realidade, queriam mesmo era tomar o dinheiro da turma. O primeiro a ser abordado foi Grande Otelo, que tinha no bolso apenas o dinheiro do bonde, deixando irritado um dos tiras:

— Quer dizer que, além de preto e viado, é pobre, não é?

— O senhor me desculpe — respondeu Otelo —, mas sou somente preto e pobre.

No segundo semestre de 1940, participou das filmagens de *Sedução do Garimpo*, produzido por Ademar Gonzaga e dirigido por Luís de Barros, e de *Céu Azul*, mais uma produção de Wallace Downey, direção de Rui Costa. Foi o primeiro filme com a participação dele e de Oscarito juntos, mas sem que formassem uma dupla, como ocorreria depois. Em *Céu Azul*, Otelo cantou "Eu Trabalhei", de Roberto Roberti e Jorge Faraj, um samba claramente inspirado nas recomendações do Departamento de Imprensa e Propaganda, o deplorável DIP do Estado Novo, que catequizava os compositores para que parassem de exaltar a orgia e a malandragem e passassem a elogiar o trabalho.

O Cassino da Urca

Em março de 1941, mês em que assinou contrato com a rádio Mayrink Veiga (seus contratos com emissoras de rádio tinham de ser acompanhados do atestado liberatório do Cassino da Urca, uma exigência de Joaquim Rolla), ganhando 3 contos e 600 mil-réis por mês, ele deu a famosa entrevista à revista *Diretrizes*, que inspiraria em 1943 o roteiro do filme *Moleque Tião*. A entrevista foi realizada no Cassino da Urca, antes do primeiro show. O texto, assinado por Joel Silveira e Samuel Wainer, assim descreveu a primeira interrupção da entrevista:

"Otelo é chamado para o primeiro show da noite. Eis que o nosso entrevistado foi para o palco. O que sucede então é indescritível. Como se um demônio de alegria fosse soltado subitamente no meio do salão, espoucam gargalhadas por todos os lados. Não gargalhadas de quem ri porque está pagando para se divertir, mas gargalhadas sinceras, gargalhadas causadas por um verdadeiro espetáculo surrealista. Os espectadores ficam presos àquele descomunal par de beiços que aumentam cada vez mais, àqueles dois círculos alvinegros que fazem as vezes de olhar, aquela voz que se quebra nos mais diversos tons, àquele esquisito corpo que assume as mais diversas poses. Grande Otelo domina. Domina com um absolutismo de dar inveja a qualquer um dos mais truculentos ditadores. '*Señoras y señores, voy a cantar para ustedes una canción que por cierto les agradará muchísimo. Es una canción muy bonita de Juan Pancho Villa de Cucaracha, intitulada* 'Vol...verás'.' O público ri antes mesmo de Otelo começar a cantar. A voz e a figura de Pedro Vargas apossam-se subitamente do petulante negrinho, que, com o microfone na mão, domina toda a assistência. A imitação de Pedro Vargas é perfeita. Os bis e as palmas coroam o sucesso da interpretação. E começa o desfile de Jean Sablon, Luciene Boyer e outros astros internacionais que nunca receberam certamente tantos aplausos".

Concluída a apresentação, Otelo voltou à entrevista:
— Sabe quem é o único homem no mundo capaz de substituir Carlitos? Mesquitinha. O Brasil não sabe do grande artista que possui, o formidável cômico, o extraordinário intérprete.

Em seguida, disse que sua grande ambição é ganhar um papel sério, "um papel como o de Mickey Rooney em *Com os Braços Abertos* ou como o de Jackie Cooper em *O Campeão*. Reconheço que tenho muito a aprender. Não faz mal. O tempo há de chegar. Foi sabendo disso que recusei o papel de Cristino na peça 'Iaiá Boneca', que Delorges Caminha me ofereceu. Estava sem emprego, mas não me sentia com força suficiente para viver o moleque". Em seguida, informou que soube que sua mãe estava vivendo em São Simão, São Paulo, e que o irmão continuava em Uberlândia, trabalhando como tipógrafo de um jornal local, e que, de vez em quando, escrevia para ele. "Meu irmão e minha madrinha são as únicas pessoas que me escrevem", queixou-se ele, dizendo ser o único radialista que não recebia cartas dos fãs, mas reconheceu modestamente: "Falta-me encontrar o meu verdadeiro papel radiofônico".

A reportagem terminou com a volta de Otelo ao palco para o segundo show. Começou cantando uma versão pessoal do tango "Mano a Mano", "que todas as noites ele transforma numa engraçadíssima paródia, extraindo da melodia sentimental e dos versos românticos todo o ridículo que neles se encerra".

O Cassino da Urca

O talento de Grande Otelo para as paródias e imitações parece inesgotável; ao longo da vida, o ator desempenharia dezenas de papéis femininos, sempre levando a platéia ao riso desenfreado.

7.
"PRAÇA ONZE" & ORSON WELLES

Joaquim Rolla, ao que tudo indica, estava muito satisfeito com Grande Otelo, pois no dia 26 de abril de 1941 renovou seu contrato até abril de 1945. Foi o contrato mais longo assinado por um artista com o Cassino da Urca. Otelo, por sua vez, parecia também satisfeito com o trabalho e inventava quase todos os meses novos tipos para representar ou simplesmente imitar. Vestia-se, por exemplo, de palhaço e fazia uma paródia engraçadíssima da ópera *Palhaço*, de Leon Cavallo.

Uma vez, brincando com os colegas, vestiu-se de baiana e imitou Carmen Miranda. Carlos Machado, que atuava todas as noites como maestro da casa, embora não tivesse a menor idéia do que fosse uma nota musical, sugeriu imediatamente que a imitação fosse feita todas as noites. Machado não entendia nada de música, mas de show entendia muito, tanto que, anos depois, seria o criador dos maiores e melhores espetáculos das casas noturnas brasileiras. A música do repertório de Carmen que Otelo escolheu para cantar foi "Voltei pro Morro" (Vicente Paiva e Luís Peixoto), que mereceu dele uma "versão" para o inglês absolutamente maluca, com a inclusão, inclusive, de gírias da moda.

No dia 18 de setembro de 1941, um grupo de amigos ligados ao cinema e ao jornalismo — os jornalistas Alinor Azevedo e José Carlos Burle, o cinegrafista Edgar Brasil, o técnico de som Moacir Fenelon e o Conde Pereira Carneiro, dono do *Jornal do Brasil*, que entrou com 2 mil contos — fundou a Empresa Cinematográfica do Brasil, mais tarde Atlântida Cinematográfica, um acontecimento muito importante para o cinema brasileiro em geral e para Grande Otelo em particular. Foi importante para o cinema brasileiro não só por ter atraído finalmente o público do país para os nossos filmes, como também por ter sido criada numa fase muito difícil para o nosso cinema. Em 1941 e 1942, foram produzidos apenas dois filmes de longa-metragem no Rio de Janeiro (*Aves sem Ninho*, de Raul Roullien, e *Argila*, de Humberto Mauro) e vários estúdios foram fechados. E foi importante para Grande Otelo porque, menos de dois anos depois, a Atlântida lançaria o filme que o consagraria definitivamente como artista de cinema, *Moleque Tião*.

As primeiras produções da Atlântida foram filmes de curta metragem, sendo o primeiro deles, *Astros em Revista*, um desfile de cantores (Emilinha Borba, Manezinho Araújo e outros), em que Grande Otelo cantava o tango "Mano a Mano" na versão apresentada no Cassino da Urca. O crítico Pedro Lima, do *Diário da Noite*, gostou muito da sua participação, mas recomendou a procura de um protético, tantos eram os dentes que faltavam na boca do ator. Joaquim Rolla leu o comentário, concordou com o jornalista e patrocinou a colocação de dentadura do seu funcionário.

Foi uma reportagem de Davi Nasser no *Globo* que chamou a atenção de Otelo para uma importante novidade urbanística da cidade do Rio de Janeiro: a construção de uma avenida muito larga iria resultar no fim da Praça Onze de Junho, exatamente o ponto de reunião da comunidade negra que ocupava o morro da Favela e os bairros Catumbi, Rio Comprido, Cidade Nova, Estácio de Sá, Saúde, Santo Cristo e Gamboa. Era também o local do grande carnaval popular da cidade e do desfile das escolas de samba e dos blocos carnavalescos.

Otelo não teve dúvida: aquilo dava samba. Foi para casa para fazer uma letra para ser oferecida a um compositor experiente, que ficaria encarregado de compor uma melodia. E escreveu:

> "Meu povo
> Este ano a escola não sai
> Vou lhe dar explicações
> Não temos mais a Praça Onze
> Para as nossas evoluções
> Ali onde a cabrocha
> Mostrava o seu requebrado
> Um grande homem de bronze
> Por todos será lembrado".

Entusiasmado com a letra, saiu em busca de parceiro nos botequins da Praça Tiradentes. Conversou com Wilson Batista, Max Bulhões, Ataulfo Alves, Germano Augusto, Kid Pepe e vários outros, mas nenhum se interessou pelo samba. Por sorte de Grande Otelo, trabalhava no Cassino da Urca o conjunto vocal Trio de Ouro, liderado por Herivelto Martins e que contava com Dalva de Oliveira e Nilo Chagas. Otelo já era amigo do compositor desde o dia em que, sentado sozinho num café que funcionava no interior do Teatro Carlos Gomes, foi abordado por Herivelto, que procurava um lugar para sentar com um amigo, o também compositor Humberto Porto, mas todas as mesas estavam ocupadas, menos a dele. "Dá licença, bom crioulo?" Otelo adorou o tratamento. "Aquele moço louro me tratando daquele jeito me deixou comovido", confessou no depoimento prestado ao Arquivo da Cidade do Rio de Janeiro em agosto de 1985 (seus entrevistadores foram o pesquisador Jairo Severiano e a cantora Marlene). "Azar o meu, nunca mais me largou", brincou Herivelto no depoimento para o livro *Grande Otelo em preto e branco*. Otelo já havia oferecido outras letras para compor com Herivelto, mas este sempre tirava o corpo fora porque achava que o amigo escrevia "umas rimas esquisitas".

Dessa vez, porém, valeu a pena tentar, já que, se não simpatizou muito com a letra, Herivelto adorou a idéia. Ali mesmo no cassino, pegou o violão e, em menos de uma hora, compôs a primeira parte:

> "Vão acabar com a Praça Onze
> Não vai haver mais escola de samba, não vai
> Chora o morro inteiro
> Favela, Salgueiro
> Mangueira, Estação Primeira
> Guardai os vossos pandeiros, guardai
> Porque a escola de samba não sai".

Herivelto teve de deixar o samba de lado porque, dali a alguns minutos, estaria no palco com o Trio de Ouro. Apresentado o primeiro show da noite, os artistas correram para a lancha que os levou a Niterói para uma exibição no Cassino Icaraí. Mas tiveram que voltar logo depois da apresentação porque o Cassino da Urca os esperava para o segundo show da noite. Na barca, Herivelto isolou-se com o violão e compôs a segunda parte do samba:

> "Adeus, minha Praça Onze, adeus
> Já sabemos que vais desaparecer
> Leva contigo nossa recordação
> Mas ficarás eternamente em nosso coração
> E algum dia nova praça nós teremos
> E o teu passado cantaremos".

"Praça Onze" & Orson Welles

Poucas horas foram suficientes, assim, para Herivelto Martins compor a letra e a música de um dos maiores sucessos da música popular brasileira. E Grande Otelo entrou para a história como um dos autores desse sucesso por ter sido o autor da idéia.

"Praça Onze" foi gravado na Columbia, no dia de Natal de 1941, pelo Trio de Ouro, com a participação do cantor (e cômico) Castro Barbosa. O disco saiu em janeiro de 1942 (em janeiro de 1943, seria relançado pela nova gravadora Continental) e menos de uma semana depois toda a cidade cantava o samba como se anunciasse o nome da música mais cantada no carnaval daquele ano. No Café Nice, ponto de encontro e de bate-papo dos compositores, "Praça Onze" já era tido como o campeão do carnaval, pois nas batalhas de confetes da Rua Dona Zulmira, no Maracanã, um dos maiores eventos pré-carnavalescos da cidade, o povo só queria cantar esse samba. Até que os freqüentadores do Nice advertiram Herivelto Martins e Grande Otelo de que a vitória não seria tão fácil, pois o povo começava a interessar-se também por um samba nada carnavalesco intitulado "Ai que Saudades da Amélia", de Ataulfo Alves e Mário Lago, gravado pelo próprio Ataulfo.

Quem chegou ao Brasil dia 4 de fevereiro, antes do carnaval, foi Orson Welles, que não fazia muito tempo assombrara o mundo com o filme *Cidadão Kane*. Veio em missão do governo americano fazer um filme sobre o Brasil para a produtora RKO, dando seqüência a uma série de iniciativas do governo de Franklin Roosevelt no sentido de estreitar os laços de amizade com a América Latina, tendo em vista o envolvimento dos EUA na Segunda Guerra Mundial. O filme se chamaria *It's All True*. Os representantes da RKO no Brasil convidaram o então publicitário (depois, grande criador de programas radiofônicos) Giuseppe Ghiaroni para servir de intérprete de Welles e para indicar os brasileiros que iriam assessorar o cineasta no Brasil. Ghiaroni indicou os radialistas Almirante (Henrique Foréis Domingues) e Haroldo Barbosa. Mas ambos, assoberbados de trabalho em rádio, acabaram recusando o convite.

Foi indicado para substituí-los Herivelto Martins, nome imediatamente aprovado por Orson Welles, que já estava encantado com o samba "Praça Onze", música que ouvia em todos os lugares por onde passava. Acompanhado de Zacarias Jaconelli, brasileiro que morava nos Estados Unidos (foi quem ensinou inglês a Carmen Miranda), o cineasta foi ao Cassino da Urca para conversar com Herivelto e lá cruzou com Grande Otelo, que foi parado por Jaconelli para apresentá-lo a Welles:

— Otelo, este é Orson Welles, o maior cineasta de Hollywood, um gênio do cinema.

E o brasileiro de 1 metro e meio, que já havia bebido algumas cervejas, olhou para aquele imenso homem e disse apenas "alô". Welles respondeu também "alô". Na primeira reunião com Herivelto Martins, quando se tratou da montagem da equipe, o americano foi logo fazendo uma exigência:

— Eu quero aquele sujeito que disse "alô" pra mim.

Ou Welles sabia dos vínculos entre os autores de "Praça Onze" ou simplesmente, como acreditava Grande Otelo, gostou da personalidade de um artista brasileiro que não manifestou qualquer tipo de deslumbramento ao conhecê-lo. Herivelto ganhava 500 mil-réis por dia de trabalho, um dinheiro que, inflações à parte, nunca mais receberia em toda a sua vida.

Otelo também ganhava bem, mas não certamente os mesmos 500 mil-réis por dia, como disse em depoimentos e entrevistas. Pelo menos, não há qualquer indício de uma substancial melhoria do seu padrão de vida. Ganhou com Orson Welles o que jamais recebera em qualquer outro emprego, mas não o suficiente para, por exemplo, comprar uma casa. É verdade que Otelo nunca foi um exemplo de bom senso em matéria de dinheiro. Ao contrário, era um perdulário. Na defesa da sua versão de que também ganhava 500 mil-réis por dia, dizia que chegou a juntar 10 contos de réis, que entregou a Herivelto para guardar. O que foi feito desse dinheiro ele não disse.

O cineasta americano adorava conversar com Otelo e Herivelto, principalmente em torno de uma mesa ocupada por muitas garrafas de cerveja na qual os três batiam longos bate-papos. Herivelto contou aos jornalistas Jonas Vieira e Natalício Norberto, autores do livro *Herivelto Martins: uma escola de samba*, que ele e Grande Otelo sabiam "algumas palavras em inglês" e que Orson Welles conhecia algumas em português (na festa dos cinqüenta anos do Oscar, em Hollywood, Daniel Filho conversou com ele em português). O inglês não era uma língua estranha para Otelo. Desde os dez anos cantava em público músicas americanas e foi bom aluno de inglês, como indicam as suas notas de 1933, em que fracassou em quase todas as matérias, menos em inglês, sua melhor nota.

O problema era que Orson Welles ficava com eles até a madrugada, mas exigia que estivessem cedo no estúdio da Cinédia para trabalhar. Contou Herivelto, no livro de Jonas e Natalício, que Welles dizia: *"Tomorrow, eight o'clock"*. Os brasileiros alegavam que já passava das três

O gesto sempre vivo, a veia cômica sempre à flor da pele, eram características marcantes de Grande Otelo. Para Orson Welles, que o considerava "um gênio", sua arte tinha afinidades com a de Charles Chaplin e Mickey Rooney.

da madrugada e ele, "mesmo de cara cheia de bebida", repetia: *"eight o'clock. I said eight o' clock"*. Às oito horas da manhã, "lá estava ele fumando charuto e botando todo mundo para trabalhar". Otelo tinha muita dificuldade para adotar a pontualidade exigida e a solução foi obrigá-lo a morar com Herivelto e Dalva de Oliveira, já casados e pais de Peri Ribeiro, que iria fazer cinco anos em outubro. "Era a única maneira de disciplinar o crioulo, que se atrasava para as filmagens, gerando problemas para a produção. Dali em diante, Grande Otelo e eu chegávamos pontualmente atrasados", narrou Herivelto no livro sobre a sua vida e sua obra.

Orson Welles não parava de filmar, querendo focalizar tudo que fosse relacionado ao samba e ao carnaval (depois, empolgou-se com os jangadeiros do Nordeste). Um episódio revelado em entrevista ao autor destas linhas pelo sambista e excelente compositor Raul Marques, que atuou na equipe de produção, dá uma idéia das pretensões de Welles:

> "A gente fez uma batucada pesada e o couro comeu. Depois, começou a pernada. Foi um tal de nego derrubar nego que não foi brincadeira. E Orson Welles só filmando e gritando pra gente continuar. Grande Otelo, coitado, baixinho, levou cada tombo que vou te contar. Quando acabou, uma porção de gente estava machucada. Grande Otelo foi parar no hospital. Mas Orson Welles ficou feliz. Quando a gente se queixava da violência, ele dizia: 'Eu *paga* tudo'".

A temporada no Brasil deve ter agradado muito ao grande ator e diretor americano. Era cortejado pelos poderosos do regime do Estado Novo e pelas mulheres da alta sociedade, e divertia-se a valer com os sambistas, em particular com Herivelto e Grande Otelo. "Ele logo identificou-se comigo e com Otelo de tal forma que passou a freqüentar minha casa. Não foram poucas as vezes que Welles varou a noite em nossa companhia tomando cerveja preta. Várias vezes botou meu filho Peri no colo e o levava para a cama. Tinha muitas saudades da mulher, Rita Hayworth, e da filha [oficialmente, ele só se casou com Rita em setembro de 1943]", depôs Herivelto no livro sobre ele, acentuando que realmente Welles bebia muito, mas sempre depois do trabalho, e "não dava vexame", acrescentando que ele bebia de tudo, "muitas vezes até cachaça, mas nunca dava margem para que isso influísse negativamente em seu trabalho", ao contrário de Grande Otelo, "que não tinha medida, bebia antes, durante e depois do trabalho". Quando o americano soube que os tamborins eram afinados mediante aquecimento no fogo, quis filmar uma cena com os sambistas aquecendo os tamborins. "Imaginei uma cena com 300 ritmistas 'afinando' tamborins, uma cena de morro." No dia seguinte, ao chegar ao estúdio, Welles foi recebido com o fogaréu de cerca de cem fogueiras elétricas, aguardando os ritmistas, que, pouco depois deram início ao ensaio. Segundo Herivelto, foi uma das cenas mais bonitas que vira em estúdio.

Num depoimento ao MIS, Otelo atribuiu o sentimento de simpatia de Welles por ele ao fato de tê-lo cumprimentado apenas com um "alô", pois todo artista americano que chegava no Brasil era endeusado "pelos caras que tinham dinheiro, pelos grã-finos. A gente não podia nem chegar perto, só eles" — porém concordou que, com o trabalho, o afeto entre eles se consolidou:

> "Além de fazer o que ele mandava, tornei-me amigo dele e passei a compreender a pessoa que era. Vi um Orson Welles que ficava olhando o relógio se eu chegava cinco minutos atrasado. Era um disciplinador, um diretor que gostava que os atores também fossem disciplinados. Passei a chegar na hora e a representar do jeito que ele mandava. Quando expunha, por exemplo, uma cena em que eu entendia alguma coisa e o Herivelto não entendia nada, porque não falava inglês, ele resumia: 'É isso. Você faz com as palavras que deve usar'. Esse era o diretor Orson Welles. Talvez pela identidade, ele exaltava muito o meu trabalho. Mal sabia ele que, na minha cabeça, estava me exaltando porque era interessante falar bem de um artista brasileiro. Fosse branco ou negro, mas o fato de eu ser negro fazia o elogio mais original. Welles gastou metros e metros de filmes para mostrar o Brasil com todas as suas facetas e foi prejudicado. A RKO achou que ele não deveria fazer aquilo. A RKO e o Itamarati acharam que ele não deveria fazer porque só queria saber do lado mais pobre e mais marginalizado do Brasil, as favelas. E nas favelas havia muitos negros. Foram escritas várias cartas para os Estados Unidos protestando contra o fato de Orson Welles ter passado o tempo todo filmando negros. Por isso, os Estados Unidos, com a mentalidade que têm, sumiram com o filme, só mostrando os jangadeiros".

Na entrevista à jornalista Marta Alencar e ao ator Antônio Pedro, Otelo fez uma restrição ao cineasta:

"Tinha um lado mau: era absolutamente crítico. Era de um radicalismo enervante. No dia em que ele foi me ver no Cassino da Urca, procurei fazer o melhor que podia. Quando fui à mesa dele, a fim de receber um elogio, ele me disse: '*You have overacted*', ou seja, passou da conta, representou demais. Não gostei. Achei este o lado mau dele".

Numa entrevista ao jornal *O Globo*, em abril de 1942, Orson Welles revelou que viu Hitler pela primeira vez em 1932 e que nem imaginou que ele se revelasse aquele "comediante demagogo e ambicioso, um profeta do passado". Temia que uma vitória dele na guerra tornasse "a vida e a arte impossíveis". Nessa altura, Grande Otelo se aproximou e ele comentou: "Otelo é um grande artista. Sua arte tem características de Chaplin e Mickey Rooney". Em outra entrevista, um mês depois, contou que passara mal por causa de uma feijoada e que estava pronto para tomar um elixir paregórico, quando Otelo impediu, dizendo que tinha um remédio melhor e que fora descoberto por ele. "Levou-me à Rua Senhor dos Passos, no restaurante Beirute, pediu quibe, merche de repolho, abóbora recheada, azeitona e outros pratos. Quando a refeição estava terminando, veio a sobremesa: mingau de aveia. Confesso que o remédio foi ótimo."

Em junho, sem recursos para continuar o filme, Orson Welles voltou para os Estados Unidos, fazendo de *It's All True* um dos grandes mistérios de Hollywood, com o desaparecimento de quase todo o material filmado. Ele sempre elogiava Grande Otelo — "um gênio", dizia — toda vez que encontrava um cineasta brasileiro nos festivais internacionais de cinema. E Otelo já tinha uma resposta pronta ao receber a notícia:

— Sou um gênio, mas ele nunca me chamou para trabalhar.

Poucos atores possuem a variedade de expressões faciais de Grande Otelo, que atuou em mais de cem filmes e aqui aparece em duas cenas do longa-metragem *Futebol em Família*.

8.
PRENDAM ESTE NEGRINHO!

Em fevereiro de 1942, Grande Otelo estava nas telas cariocas em dois filmes, *Futebol em Família*, no cinema Metro Passeio, e *Céu Azul*, no Metro Tijuca e Metro Copacabana. No primeiro, uma comédia de Rui Costa, fazia o papel de um porteiro abelhudo de um prédio denominado Edifício Luz. Contracenava com Jaime Costa, Dircinha Batista, Arnaldo Amaral, Ítala Ferreira e Jorge Murad, entre outros. *Céu Azul*, também dirigido por Rui Costa, era "uma comédia foliona", como classificaram os jornais da época, que dava seqüência a uma tradição do cinema brasileiro de produzir filmes carnavalescos para serem exibidos às vésperas do carnaval, apresentando os sucessos musicais de cada ano. Oscarito representava um personagem que bebia muito e tinha a obrigação de escrever uma revista com estréia marcada no teatro. No filme, Otelo fazia a sua imitação do cantor mexicano Pedro Vargas, um número bem conhecido pelos freqüentadores do Cassino da Urca.

Otelo aproveitou o prestígio e a popularidade para conquistar novos empregos. É verdade que o Cassino da Urca deixava muito pouco tempo para outro trabalho, pelo menos à noite. Era a própria Urca, era Icaraí ("Grande Otelo, o fabricante de bom humor no Cassino Icaraí", publicou o *Diário da Manhã*, de Niterói) e não escapava do cassino do Tênis Clube de Petrópolis, principalmente quando convocado para participar de espetáculos que visavam levantar fundos para a Casa Providência de Petrópolis e para o Hospital Infantil Alzira Vargas do Amaral Peixoto. O empresário baiano Sérgio Pedreira viu uma das apresentações em Petrópolis e foi um dos que caíram na gargalhada quando Otelo apresentou uma paródia do filme francês *A Besta Humana* (grande sucesso na época), representando o personagem principal, que alisava o rosto de uma mulher, preparando-se para estrangulá-la. O ator descrevia cada detalhe encontrado no alisamento: passando a mão nos cabelos dela, dizia: "*Le cheveu*"; na testa, "*La front*"; nos olhos, "*Les yeux*"; no nariz, "*Le nez*"; na boca, "*La bouche*" e, quando atingia o pescoço, soltava a piada: "*Le pescoce*".

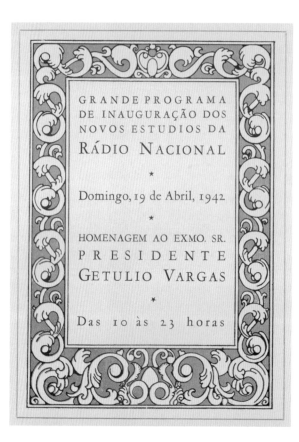

Inaugurada em setembro de 1936, a Rádio Nacional do Rio de Janeiro foi encampada pelo governo de Getúlio Vargas em março de 1940. Em que pese seu uso como instrumento de propaganda do Estado Novo, a Rádio Nacional foi bastante inovadora tanto em aspectos técnicos como em sua programação de humor, radiojornalismo, radionovelas e nas revistas musicais, para as quais mantinha em seu *casting* os melhores artistas do país.

E dava para trabalhar durante o dia, tanto que, no dia 1° de março de 1942, com a emissora já em poder do governo Vargas como forma de pagamento de uma dívida imensa dos seus antigos proprietários com o governo, Grande Otelo foi contratado pela Rádio Nacional, que se projetava como a maior emissora da América Latina. Começou participando de um programa chamado *Cavalgada da Alegria*, produzido por José Mauro, que misturava humor e música, numa oferta de Melhoral. E não podia faltar à "gigantesca programação", marcada para 19 de abril, dia da inauguração dos novos estúdios da emissora e, principalmente, do aniversário do ditador Getúlio Vargas. Foi um dia inteiro de programas comemorativos, nos quais falava-se menos nos novos estúdios do que no 59° aniversário de Getúlio. À noite, lá estava ele homenageando Getúlio mais uma vez, no Cassino da Urca, num espetáculo escrito por Luís Peixoto e narrado por Orson Welles, cuja equipe filmou tudo e remeteu o filme para os Estados Unidos, na esperança de que fosse apresentado lá. Segundo o *Diário Carioca*, o espetáculo foi "uma apoteose ao progresso e à grandeza do Brasil". Grande Otelo fez um quadro em que representava o charuto da Bahia.

Quem chegou ao Rio de Janeiro em meados de 1942 foi o irmão Francisco, que tentava dar início à carreira artística numa emissora de rádio carioca, já que fazia muito sucesso nos palco de Uberlândia com a sua voz que os conterrâneos achavam engraçada, principalmente quando cantava. Otelo hospedou-o em sua casa e, antes de falar em emprego, pediu notícias da mãe. Francisco informou que ela, cerca de um ano antes, mudara para Ribeirão Preto, em São Paulo, para trabalhar numa fazenda. E nunca mais tivera notícias dela. Grande Otelo colheu todas as informações que pudessem facilitar sua localização e, depois de vários dias, conseguiu telefonar para a fazenda em que ela estaria trabalhando. Recebeu a notícia de que ela havia morrido poucos dias antes num hospital da cidade.

O primeiro trabalho para o irmão, Otelo conseguiu com a radialista Sílvia Autuori, que produzia o programa *Hora do Guri*, na Rádio Tupi. O programa reunia uma geração de meninos e meninas que teriam muita projeção no rádio, entre os quais o locutor e produtor Gerdal dos Santos, o locutor esportivo Orlando Batista, a radioatriz (e futura vereadora e deputada estadual) Dayse Lucidy e uma menina de doze anos que se apresentava com seu nome de batismo, Adiléia Silva, e que se projetaria brilhantemente como cantora e compositora com o pseudônimo de Dolores Duran. Francisco ingressou no programa interpretando um tipo humorístico que havia criado em Uberlândia, o Boaventura. Seus contemporâneos, por sinal, lembraram dele bem mais como Boaventura do que como Francisco.

O nome de Grande Otelo não saía dos jornais. Depois que Orson Welles dissera a *O Globo* que a arte dele tinha características de Charles Chaplin e Mickey Rooney, os jornalistas passaram a identificá-lo como o "Mickey Rooney Colored". A Rádio Nacional escalava-o para um número cada vez maior de programas. Em junho, era uma das atrações do programa *O Doutor Imbaúba e o Pacífico*, escrito e dirigido por Vitor Costa (numa oferta do Leite de Magnésia de Philips, o "inimigo das complicações gástricas"). Na mesma época, atuava também no programa *Caretas Sonoras*. Mas apesar de tanto trabalho, enfrentava problemas financeiros. Numa carta ao diretor da Nacional, Gilberto Andrade, pediu emprestado 1 conto e 500 mil-réis para comprar roupa, pois o garoto que arrumava sua casa havia roubado quatro ternos e "peças interiores" (a carta foi escrita num papel timbrado com o nome dele e com os telefones dos dois empregos: Cassino da Urca, 26-5550, ramal 24, e Rádio Nacional, 43-8850). Na própria carta de Otelo veio a resposta do secretário de Gilberto de Andrade, o policial Agnaldo Amado: "A rádio está impedida por determinação superior de atendê-lo".

A partir de 13 de julho de 1942, era a voz de Grande Otelo que estava nos cinemas do Rio e de São Paulo, com a estréia da versão brasileira do desenho animado *Dumbo* (de Walt Disney), que contava também com as vozes de Almirante, Jararaca e Ratinho, Sônia Barreto, João de Barro e outros. As nove canções são cantadas por Paulo Tapajós, Dorival Caymmi e Nuno Roland. Enquanto isso, o Cassino da Urca estreava o espetáculo *Toque de Sentido*, uma "revista patriótica" de Paulo Magalhães. O maior entusiasmo de Otelo pelo o espetáculo, porém, era devido ao seu samba "Desperta, Brasil", cantado por Linda Batista. Grande Otelo estava tomado pelo sentimento de patriotismo e de revolta com os ataques de submarinos alemães contra navios da Marinha Mercante brasileira, que resultaram na morte de muitos civis. Os estudantes estavam na rua exigindo do governo a participação de soldados brasileiros na guerra contra a Alemanha e a Itália, enquanto no teatro e nos cassinos eram apresentados espetáculos exaltando nossos soldados. Otelo dizia que a letra de "Desperta, Brasil" era uma espécie de contestação à frase do nosso hino, "deitado eternamente em berço esplêndido". Por isso, escreveu:

"Desperta, Brasil
Raiou o seu alvorecer
Desperta, Brasil
Queremos lutar
Queremos vencer
Pequenino eu sei que sou
Mas sou brasileiro também
Desperta, meu Brasil
Você não pode perder pra ninguém".

"Desperta, Brasil" foi bem recebido pelos cronistas da noite carioca, mas o espetáculo de Paulo Magalhães, não. "Dirão que é um show patriótico. É verdade. Mas o patriotismo está muito barato", escreveu o comentarista do *Correio da Noite*. A atuação de Grande Otelo foi criticada pelo mesmo cronista por causa do texto, que considerou muito fraco. Mas Grão Duque, do *Diário Carioca*, não escondeu a sua admiração: "Grande Otelo é uma das maiores senão a maior figura do *music-hall* indígena".

Ia tudo muito bem até que o ator teve um atrito sério com Joaquim Rolla, que resultou numa suspensão de trinta dias e algumas notas dos jornais. O *Correio da Noite*, de 28 de julho, perguntou: "Você viu Grande Otelo no palco da Urca ontem?". E o próprio jornalista respondeu: "Não viu nem podia ver. Por quê? Ele estava pendurado no teto. Foi suspenso por trinta dias". O cronista do *Diário Carioca*, por sua vez, destacou na edição do dia 29: "Lamentamos o sucedido, mas achamos que o excelente ator foi mesmo indelicado ao rasgar o boletim que lhe fazia uma observação. Pena que a vaidade comece a prejudicá-lo". A punição sobrou para a parceira Horacina Correia, também afastada do show. Os dois foram substituídos pela dupla Alvarenga e Ranchinho.

No terceiro depoimento ao MIS do Rio de Janeiro, Otelo referiu-se a uma de suas desavenças no Cassino da Urca, provavelmente a que resultou na sua suspensão:

"Tive uma discussão com Joaquim Rolla, porque ele ouvia muito os amigos que se sentavam perto dele. Ele mandou uma crítica que não gostei. Saí do palco, fui à mesa dele e disse: 'Escuta aqui, o senhor não sabe o que é um ator, o que é um artista'. Ele, desesperado, gritou: 'Prendam este negrinho!'. Isso virou manchete de jornal. No dia seguinte, dois policiais foram à minha casa e me levaram para o distrito policial, na Praça Mauá. Aí, entrou a cabeça: telefonei para o jornal *A Noite* e disse: 'Tem dois policiais aqui na minha porta e querem me levar para o distrito. Ontem, tive uma discussão com Joaquim Rolla.' Ele mandava em todo mundo, até nos ministros. Cheguei ao distrito e, quinze minutos depois, a reportagem policial do jornal telefonou: 'Grande Otelo está aí?' O delegado Brandão Filho disse que sim: 'Este negrinho é sempre a mesma coisa', mas em tom de brincadeira. O repórter falou com Joaquim Rolla e este, temendo a repercussão, já que o cassino tinha título precário, mandou me liberar. Quer dizer: sempre usei a inteligência para me livrar das complicações em que eu mesmo me metia".

No depoimento de Grande Otelo ao Serviço Nacional de Teatro, em fevereiro de 1975, o diretor e autor de espetáculos e compositor Chianca de Garcia, um dos entrevistadores, deu a sua versão sobre o incidente:

> "Eu estava dirigindo uma companhia com Oscarito e Beatriz Costa, no Teatro República, quando fui chamado por Joaquim Rolla e levado pelo Luís Peixoto para o Cassino da Urca. Joaquim Rolla tinha mania de muita disciplina. Comecei a ensaiar de manhã e, à tarde, recebi uma ordem para colocar na tabela que o sr. Sebastião Prata, vulgo Grande Otelo, estava suspenso por seis meses. Li, deixei de lado e, à noite, escrevendo meu relatório à administração, uma prática burocrática do Cassino da Urca, disse que não poderiam suspender você porque o castigo deveria ser aplicado antes da minha entrada e que, portanto, como novo diretor, eu não admitia tal prática. Inclusive, ameacei me demitir. Contei isso a você, que ficou surpreendido, rindo com aquele sorriso que só você sabe fazer. No dia seguinte, à noite, fui à mesa do Rolla, durante o show, o que era obrigatório, e ele só fez um comentário sobre o comportamento das meninas. Depois do show, me disse: 'Olha, o que você fez foi muito bem feito. Eu faria o mesmo na sua situação. Mas tenha cuidado da próxima vez'".

Otelo tinha algumas razões para andar chateado com Joaquim Rolla. Ganhava menos que Linda Batista e estava preso ao Cassino da Urca por um contrato em que constava, entre outras exigências, a de destinar à casa 50% dos proventos de qualquer contrato internacional que assinasse. Por isso, não aceitou um convite feito por Carmen Miranda para tentar a vida em Hollywood e com um emprego certo, no estúdios de Walt Disney, emprestando sua voz aos personagens de desenhos animados. Naquela oportunidade, consultou amigos entendidos em negociações desse gênero e ficou sabendo que, caso aceitasse o convite de Carmen, teria de pagar imposto de renda nos Estados Unidos e no Brasil, sobrando quase nada para ele. No Cassino da Urca, a suspensão de um mês (somada a uma multa de 500 mil-réis) foi mantida, mas não foi o suficiente para neutralizar o espírito bélico que o dominava de vez em quando. Em seu depoimento para o livro *Grande Otelo em preto e branco*, Herivelto Martins falou das reações do amigo:

> "Numa fase, suspenso do cassino, arranjou uma briga com Russo do Pandeiro, que não era fácil, por causa de mulher. Chegou-se para mim e disse: 'Vou arrebentar a cara dele. Eu sou macho, eu faço, eu...'. Alguém falou que Russo estava num bar perto dali. Eu lhe disse: 'Não vá, Otelo, ele vai quebrar a sua cara.' Valente, decidido, ele foi. Momentos depois, todo machucado, voltou dizendo: 'Pronto, já quebrou.' Nada nem ninguém é capaz de destruí-lo. Nem ele mesmo consegue".

Numa ficha das suas atividades profissionais emitida ainda no primeiro governo Vargas, e que o ator guardou a vida inteira, foram registradas quatro punições recebidas, sendo as duas primeiras sem muita clareza sobre os responsáveis pelos atos punitivos. O primeiro registro informa que foi suspenso dez dias pela Divisão, sem esclarecer que divisão, pois não era segredo para ninguém que o Departamento de Imprensa e Propaganda metia-se em tudo o que era atividade artística. A segunda é ainda mais enigmática: "20 dias pela E". As duas últimas não deixam qualquer dúvida: trinta dias de suspensão e multa de 500 mil-réis pelo Cassino da Urca. Ele também guardou o seu registro no DIP, de número 528. O registro indicava que ele morava no bairro do Catumbi, na Rua General Galvão, número 14, e que sua identidade, emitida pelo Instituto Félix Pacheco, tinha o número 577.944.

Fora do Cassino da Urca, continuava em plena atividade em vários programas da Rádio Nacional, em eventuais shows na sede do C. R. Flamengo e em programas de outras emissoras, como ocorreu no aniversário do cantor Arnaldo Amaral, comemorado num grandioso programa na Rádio Clube. No dia 31 de agosto, Otelo recebeu o chamado bilhete azul da Rádio Nacional assinado pelo próprio diretor geral da emissora, Gilberto de Andrade: "Tendo terminado hoje o prazo do contrato assinado por V. S. com esta emissora, sirvo-me da presente para comunicar-lhe que resolvi abrir mão da opção em favor da Rádio Nacional constante da cláusula primeira do referido contrato".

Nem sempre, porém, as notícias eram ruins. Na edição de agosto da revista *Cena Muda*, uma nota sobre a dublagem brasileira para o filme *Dumbo*, exibido também em Portugal e suas colônias, dizia que era muito boa, destacando a atuação de Grande Otelo fazendo a voz de Jim Crow, "aquele pássaro malandro, incorrigível e petulante, que traz sempre um charutão enorme pendurado no bico. Nem mesmo no original Jim Crow foi tão divertido e pitoresco. Walt Disney, quando aqui esteve, inspirou-se em Grande Otelo para outros personagens, que, certamente, hão de aparecer em desenhos futuros".

Depois de participar de um espetáculo no Teatro Municipal, denominado *A Tarde do Cinema Nacional*, em benefício das vítimas dos bombardeios alemães contra os nossos navios da Marinha Mercante, Otelo era a figura principal de um novo show do Cassino Icaraí, "Coquetel 1942", escrito por Jaime Redondo, Vicente Paiva e M. Lanthos, em que se apresentava ao lado de sua antiga parceira e namorada, Alda Santos. Também atuavam, entre outros, Jararaca e Ratinho, Heleninha Costa e o extraordinário multinstrumentista Garoto. Grande Otelo foi muito elogiado pelos cronistas da noite, mas o comentarista Joe, do *Correio da Noite*, não gostou muito da atuação de Alda Santos, que "anda exagerando nos gestos". E aproveitou para sugerir melhor aproveitamento de um novo nome da música brasileira:

> "De São Paulo, mandaram para o Icaraí uma cantora de sambas. Chama-se Marlene. Tem personalidade, canta direito e pode fazer grande sucesso, inclusive na Urca. Faz-se mister que se vista melhor e que seja maquiada de uma forma mais coerente com os seus traços fisionômicos".

Depois do Icaraí, Otelo pegava a lancha e ia para a Urca, onde estreara também um novo show, *Vem, Alvorada!*, mais uma apoteose patriótica promovida por Joaquim Rolla. O número de maior sucesso do show era a interpretação de Grande Otelo para a marchinha carnavalesca

"Aurora" (Roberto Martins e Mário Lago), grande sucesso do carnaval de 1941. Ele apresentava uma versão bem pessoal da música como se ela estivesse sendo cantada na América do Norte, na Rússia, na Itália etc. Era tanto trabalho que, segundo o cronista Grão Duque, do *Diário Carioca*, Otelo não podia atender os convites para se exibir nos Estados Unidos porque "os cassinos não deixam". A informação provavelmente era verdadeira, pois o artista se queixou várias vezes de ter sido convidado por Carmen Miranda para fazer a voz do Zé Carioca, mas Joaquim Rolla não abria mão dos 50% dos seus rendimentos lá fora. Por indicação de Aloísio de Oliveira, Zé Carioca acabou falando com a voz de José Patrocínio de Oliveira, Zezinho, integrante do Bando da Lua. O trabalho nos cassinos impedia também que ele se apresentasse no teatro, como reclamou numa entrevista ao *Correio da Noite* o importante empresário teatral e proprietário de teatros Domingos Segreto, ao justificar a transformação de salas de teatro em cinemas: "Artistas como Mesquitinha, Grande Otelo, Pinto Filho e outros não querem mais trabalhar em teatro".

Apesar de tanto trabalho, não abria mão da festa. O que imaginava ser o seu 27º aniversário, dia 18 de outubro, foi comemorado com uma grande farra na Taberna da Glória, que só acabou quando o sol apareceu. Vinte dias depois, ele estava às cinco horas da manhã no Palácio Guanabara numa grande homenagem a Getúlio Vargas pela passagem do quinto aniversário do Estado Novo. O ditador foi acordado pela banda musical da Aeronáutica e ouviu depois Grande Otelo cantando "Desperta, Brasil", sendo seguido por novos números musicais apresentados por Sílvio Caldas, Jararaca e Ratinho, e Alvarenga e Ranchinho, num desfile de exaltação ao regime, que terminou com um discurso do presidente do Sindicato dos Músicos, maestro Romeu Silva. Ao jornal *O Globo*, numa matéria ilustrada por uma foto em que aparecia sorridente ao lado de Otelo, Getúlio confessou que teve "um despertar feliz".

O ano de 1942 terminou com o nosso herói fazendo dois programas em que era a figura principal, na Rádio Transmissora (PRE-3): *Grande Otelo* e *Cidadão João Ninguém*; e participando de vários outros programas da emissora. Trabalhar em rádio, na década de 1940, era a ambição de qualquer artista, pois quem estivesse fora dele — mesmo atuando em teatro ou cinema — corria o risco de ser esquecido pelo público. Artista mesmo era aquele que aparecia no rádio. Mais ou menos o que ocorreria com a relação artista-televisão décadas depois. A Transmissora fora criada pela gravadora Victor, em janeiro de 1936, com um elenco respeitável, do qual faziam parte cantores como Orlando Silva, Sílvio Caldas

Prendam este negrinho!

e Gastão Formenti e uma orquestra que reunia nomes como os de Romeu Gipshmann, Radamés Gnattali, Pixinguinha, Iberê Gomes Grosso, Célio Nogueira e outros do primeiríssimo time da música brasileira.

O carnaval de 1943 se aproximava e Grande Otelo perdeu a oportunidade de aparecer como um dos autores de um dos maiores sucessos do ano, o samba "Laurindo". Herivelto Martins já estava com o samba quase todo pronto, mas pediu a Grande Otelo um verso que tivesse uma rima para tamborim. "Deixei Otelo em casa, na Rua Itapiru, e fui trabalhar na Rádio Nacional. Quanto voltei, ele não tinha feito nada. O máximo que encontrou foi a palavra chinfrim", narrou Herivelto no livro *Herivelto Martins: uma escola de samba.*

Mas, em 1943, deveria haver carnaval ou não? Afinal, dias antes da festa, dois dos nossos navios — o *Brasilóide* e o *Afonso Pena* — tinham sido bombardeados em águas brasileiras. Esta era a questão apresentada pelos jornais, levando os leitores a escreverem cartas todos os dias, uns contrários ao carnaval pelo momento de tristeza e outros favoráveis, achando que, mais do que nunca, o povo precisava de divertimento. O *Jornal do Brasil,* por exemplo, achava que "festejar o carnaval na situação em que nos encontramos seria leviandade, senão verdadeira inconsciência". Acabou havendo, digamos, meio carnaval. Tendo em vista a decisão do prefeito Henrique Dodsworth de apoiar apenas o que chamava de "carnaval popular", foram cancelados o desfile das grandes sociedades e o baile do Teatro Municipal.

O Cassino da Urca não abriu mão de explorar o tema no seu show de verão, *Carnaval em Revista*, mas, por via das dúvidas, teve o cuidado de incluir várias músicas de cunho patriótico e com letras desmoralizando as figuras de Hitler e Mussolini. Grande Otelo atuou sem a parceira Alda Santos. *A Manhã* entusiasmou-se com a sua atuação: "Uma das figuras mais emocionantes de *Carnaval em Revista* é Grande Otelo. O notável astro *colored* tem confirmado 100% o seu cartaz de *broadcaster* de primeira linha e de folião sem adjetivos. Dançando o frevo e cantando canções carnavalescas, é a nota de grande destaque nesta rapsódia musical de Gaó, aparecendo como uma figura típica do carnaval carioca".

Antes do carnaval, como sempre, o cinema nacional abasteceu os cinemas das capitais com filmes carnavalescos. Grande Otelo estava em *Samba em Berlim* [teria sido o filme o responsável pelo nome colocado na abominável mistura de cachaça com Coca-Cola?], que, até pouco antes da estréia, tinha o título de *Palhaços*. No filme, ele era o porteiro de uma pensão, onde também trabalhava a personagem de Derci Gonçalves.

Linda Batista atuava como substituta de uma veterana porta-bandeira, detalhe que, para João Carlos Rodrigues, em seu livro *O negro brasileiro e o cinema*, marcava o início do "branqueamento" das escolas de samba. A crítica não manifestou a menor simpatia pelo filme, e o crítico do jornal *A Noite*, que assinava com as iniciais C. K., acusou os diretores brasileiros de teimarem "em inutilizar esse artista" (Grande Otelo).

A partir de 1º de março de 1943, por um decreto de Getúlio Vargas, os cassinos de todo o Brasil foram obrigados a fechar, todos os anos, durante dois meses, a partir do início da Quaresma, os salões de jogos, podendo continuar apresentando shows, mas proibidos de demitir qualquer funcionário do setor de jogo. Os proprietários dos cassinos enviaram um memorial ao presidente alertando para os prejuízos causados pela medida e pressionaram insistentemente ministros e autoridades governamentais visando a revogação do decreto. O máximo que conseguiram foi fracionar o recesso, programando-o para períodos de quinze, vinte dias nos demais meses do ano.

Uma boa surpresa para Joaquim Rolla foi perceber que o público continuou a prestigiar os seus espetáculos, mesmo sem a jogatina. Um público formado por cariocas e turistas, como Grande Otelo teve oportunidade de comprovar na noite de 13 de março, quando, ao entrar no camarim para mudar de roupa, encontrou um bilhete assinado por Afrânio, que certamente o deixou muito emocionado. Dizia o bilhete:

> "Sebastiãozinho, ao chegar ao palco, repare, na primeira mesa à sua esquerda, uma velha, a sua mãe (branca), dona Augusta de Freitas, que veio aqui só para vê-lo e apreciar seu trabalho. Certamente, terá muita satisfação em cumprimentá-lo, mormente com a auréola que você vem tendo em seu favor e com o nome de artista número um, que é tido hoje".

A mensagem terminava citando nomes de pessoas que, tudo indica, conheceram o artista em Uberlândia: "O sr. Olímpio está também na terra (com Joaninha, Mariinha e Teresinha, aqui dentro)". Do encontro, restou o bilhete que Otelo guardaria pela vida inteira. O ator nunca mencionou o episódio publicamente.

Procurando estreitar cada vez mais suas relações com as figuras de destaque do Estado Novo, Joaquim Rolla colocava o Cassino da Urca inteiramente à disposição daqueles que desejassem usar o espaço para qualquer iniciativa de interesse do governo, principalmente se o pretexto fosse o apoio aos soldados brasileiros em vias de embarcar para a Itália. Na tarde de 20 de março, abriu a casa para Adalgisa Néri, escritora, poeta, jornalista e mulher de Lourival Fontes, o poderoso manda-chuva do DIP, para que ela promovesse *A Cantina do Combatente*, que visava angariar recursos para os pracinhas. Independentemente dos vínculos matrimoniais, o prestígio de Adalgisa era muito grande entre os intelectuais, o suficiente, por exemplo, para levar ao Cassino da Urca escritores da importância de José Lins do Rego, Murilo Mendes, Viana Moog e Graciliano Ramos, este, com toda certeza, entrando pela primeira e última vez num cassino.

Não seria exagero imaginar que a presença de Grande Otelo no palco contribuía decisivamente para o êxito dessas casas. Era uma figura muito popular, sendo até personagem de cartuns dos jornais, como mostrou o desenho de Escabeches, publicado na primeira página do *Diário da Noite*, em que o ator dizia para Hitler: "Pois é, meu caro Fuehrer, vejo o seu futuro como um espelho, isto é, tudo preto". Os salões de jogos foram reabertos nos primeiros dias de maio com a estréia de um novo espetáculo denominado *Como Se Faz uma Baiana*, um título e um tema para Grande Otelo "dar a receita mágica", segundo a propaganda, um grande show sobre a Bahia, com seus "pregões populares, as comidas gostosas, as puras igrejas, as festas alegres e muita pimenta. Tudo isso misturado pela graça do Senhor do Bonfim". A estréia, com a casa cheia, contou com a presença de ilustres personagens do cinema internacional, o diretor John Ford, que promovia a estréia no Brasil do seu clássico *As Vinhas da Ira*, o ator Cantinflas e o presidente da RKO, Phill Reisman.

No primeiro semestre de 1943, os jornais andaram publicando também notas sobre as atividades futuras de Otelo no cinema. Ademar Gonzaga, o grande comandante da Cinédia, anunciou a realização do filme *Alma do Morro*, tendo o ator como protagonista. Pouco depois, a revista *Cena Muda* informou que a Atlântida faria vários filmes de curta-metragem e que o primeiro deles focalizaria Grande Otelo. Certo mesmo era que, em 1943, ele seria definitivamente consagrado como um grande astro do cinema brasileiro.

9.
O *MOLEQUE TIÃO*

Trabalho não faltava: Cassino da Urca, participação, mesmo sem contrato, no programa *Coisas do Arco da Velha*, na Rádio Nacional, e cinema. Primeiramente, o convite de Ademar Gonzaga para participar do filme *Caminho do Céu* (o mesmo que, antes, se chamava *Alma do Morro*), dirigido por Mílton Rodrigues, com um elenco liderado por Celso Guimarães e Sara Nobre e com a participação da bailarina Eros Volúsia, que, além de dançar ao som de músicas de Ari Barroso, estreava como atriz num pequeno papel.

Mesmo atuando em *Caminho do Céu*, Grande Otelo não podia recusar o convite para filmar, na mesma época, *Moleque Tião*, a primeira produção em longa-metragem da Atlântida e que acabaria sendo um dos únicos filmes, em toda a sua vida de artista, em que desempenhou o papel principal, embora tivesse participado com destaque em vários outros. Em seu depoimento ao Arquivo da Cidade do Rio de Janeiro, em 1985, não se queixou de nunca mais ter sido escalado como protagonista, considerando que nem mesmo em *Macunaíma* foi o artista principal, papel entregue ao Macunaíma branco, o ator Paulo José. "Gosto de ser escada. Fui escada de Oscarito com muita satisfação", disse ele. *Moleque Tião* foi bem recebido por alguns críticos da época e rendeu a Otelo o reconhecimento definitivo de que se tratava realmente de um ator. Uma pena que tenham desaparecido todas as cópias do filme, mais uma conseqüência da tragédia da memória nacional.

O roteiro de *Moleque Tião* foi baseado na entrevista de Otelo aos jornalistas Samuel Wainer e Joel Silveira, da revista *Diretrizes*, como informou o diretor do filme, José Carlos Burle, um dos roteiristas, ao lado de Alinor Azevedo e Nelson Schultz. A história tinha quase tudo a ver com a biografia do ator, já que falava de um negrinho do interior, fascinado pela idéia de ser artista e que, tendo lido num jornal a notícia de que uma companhia negra de revista obtinha grande sucesso no Rio, partiu para a cidade pegando carona nos mais variados meios de transporte. Chegando ao Rio, arranjou um emprego de entregador de marmitas e hospedou-se numa pensão ocupada por artistas fracassados. Pela mão de um maestro e pianista de grande talento (o personagem Orlando, interpretado por Custódio Mesquita), tentou ingressar na vida artística, mas acabou internado num orfanato, de onde foi retirado por uma senhora bondosa, que o adotou. Até que conseguiu apresentar-se num cassino, onde fez sucesso e foi visto pela própria mãe, que veio do interior especialmente para o espetáculo. Outro roteirista do filme, Alinor Azevedo, em depoimento ao MIS do Rio, confirmou que a idéia do filme nasceu com a reportagem de *Diretrizes*, mas foi muito importante também a atuação do ator no filme *João Ninguém*.

Grande Otelo assegurava que também participou da elaboração do roteiro. A cena da retirada do Moleque Tião do orfanato foi introduzida no filme por ele, numa homenagem ao casal Maria Eugênia e Antônio Queiroz, como afirmou em aparte a Alinor durante o depoimento deste ao Serviço Nacional de Teatro (SNT), do qual foi um dos entrevistadores. "Uma das cenas do filme reflete exatamente o que aconteceu no Juizado de Menores quando fui adotado", disse ele. Sem afirmar ter sido ele o autor da cena, gostava muito de citar a frase de consolo do Moleque Tião para o personagem Zé Laranja, que acabara de ver o pai morrer num atropelamento: "Que é que tem ficar sem pai? Pai, às vezes, atrapalha". Qualquer psicanalista de botequim associaria imediatamente a frase à realidade vivida por Otelo, que nem sequer conheceu o pai.

As filmagens começaram no dia 19 de maio, com a presença do cineasta John Ford e do seu cinegrafista, Gregg Tollan. Segundo o *Diário da Noite*, a chegada dos americanos provocou um *frisson* no estúdio da Atlântida e que apenas uma pessoa "parecia um gelo" diante das visitas: Grande Otelo. "Dir-se-ia que a preocupação com a filmagem o fizera insensível às maiores personalidades", opinou o jornal. Como o tratamento dispensado a Orson Welles fora exatamente o mesmo, a conclusão mais fácil seria a de que ele tinha horror às manifestações de deslumbramento, mesmo se tratando de duas das mais importantes figuras do cinema mundial em todos os tempos. Concluindo a nota, o *Diário da Noite* informou que o ator assim respondeu ao cumprimento de John Ford: "Please, Mister Ford. Mi querer is you seja very feliz under the South America. Sea and come back for see *Moleque Tião* avec moi". Ford respondeu com uma gargalhada.

Otelo colaborou com o roteiro e também com a produção, recorrendo ao irmão Francisco para convidar alguns meninos do programa *Hora*

A expressão marota de Grande Otelo logo tornou-se uma marca registrada, intensamente explorada por ele próprio e seus diretores.

do Guri. Na cena em que o Moleque Tião trabalha como entregador de marmitas de comida e pára para ver um jogo de baralho de meninos, alguns dos jogadores eram artistas do programa, entre os quais os futuros locutores Gerdal dos Santos e Orlando Batista, e o próprio Francisco. Na cena, o Moleque Tião perde o emprego porque distrai-se com a jogatina e não vê um cachorro devorando a comida que deveria distribuir.

Além da filmagem e do trabalho noturno, havia outros compromissos para Otelo, como participar de um show no dia 16 de junho, no próprio cassino, para 300 oficiais e praças da Marinha dos Estados Unidos; de outro no dia 20 numa festa junina no Automóvel Clube para a venda de bônus de guerra; de mais um no Quitandinha no dia 24; e de, no dia 3 de julho, estar em Natal com artistas da Urca e da Rádio Tupi numa apresentação para soldados brasileiros e americanos, que se repetiria no

O *Moleque Tião*   107 dia 4 em Belém. O apresentador dos shows foi Ari Barroso e a viagem foi feita num "possante quadrimotor da Cruzeiro do Sul". Voltou para o Rio em seguida para ensaiar um novo espetáculo no Cassino da Urca, *Os Três Ébrios*, título modificado para *OK, América*, em que ele interpretava um preto velho que bebia para esquecer. Era o "ébrio do povo", contracenando com Luís Otávio, o ébrio grã-fino, que só bebia champanhe, e o bailarino John Bux, bebedor de uísque, além da bailarina Eros Volúsia. Grande Otelo cantou durante todos os ensaios "Terra Seca", de Ari Barroso, música que aprendera com o próprio autor numa rápida viagem a Belo Horizonte durante a fase em que a jogatina estava proibida. Mas Ari Barroso — o primeiro compositor brasileiro dotado da absoluta convicção de que compor música é uma atividade profissional — surpreendeu Joaquim Rolla e o próprio Otelo com a exigência de um pagamento de 20 contos de réis pela utilização da obra ainda inédita (Ari queria que fosse gravada por Sílvio Caldas, mas quem gravou "Terra Seca", em setembro, foi o conjunto Quatro Ases e Um Coringa). Como o compositor não abria mão da exigência, Grande Otelo escreveu uma letra e entregou para Herivelto Martins fazer a melodia. O resultado foi uma música que entrou no lugar de "Terra Seca", para irritação de Ari Barroso, presente ao cassino na primeira noite de apresentação de *OK América*, disposto a exigir uma indenização da casa pela utilização indevida de sua obra. Contava Otelo às gargalhadas que, terminado o espetáculo, Ari dirigiu-se enfurecido:

— Você viu a sacanagem que o Herivelto fez comigo?

A estréia de *Moleque Tião* ocorreu no cinema Vitória, no Rio de Janeiro, no dia 16 de setembro. Vinicius de Moraes, que fazia crítica de cinema para o jornal *A Manhã*, escreveu sobre Grande Otelo antes de ver o filme. Na crônica, contou que quando Orson Welles filmava as cenas de morro do seu documentário sobre o Brasil, conversou com ele sobre Otelo e ouviu dele a afirmação de que se tratava "não do maior ator brasileiro, mas do maior ator da América Latina". Acrescentou:

> "Um dia, me explicou longamente o temperamento artístico desse pretinho genuíno, que nem os sofisticados sambas pseudopatrióticos nem o contato diário com os piores autores de cassinos conseguiam estragar. Dizia-me haver nele um trágico de primeira qualidade e lamentava não poder exercitá-lo melhor nesse sentido".

Livremente inspirado na vida do próprio Otelo, *Moleque Tião* foi a primeira produção da Atlântida Cinematográfica, fundada em 1941. A ousadia de fazer de um ator negro, que ainda não era um astro popular, o protagonista deu certo, e o filme tornou-se um grande sucesso da companhia, que mais tarde se tornaria conhecida sobretudo pelas chanchadas. Infelizmente, nenhuma cópia do filme sobreviveu.

E completou:

"Ainda não vi *Moleque Tião*. Tenho certeza de antemão que seu trabalho deve ser bom. Otelo tem essa naturalidade rara de grande ator, e o que me espanta é ser tão modesto. Trata-se de uma peça rara. Eu, pessoalmente, tenho com Grande Otelo relações que não chegam a ser de amizade, mas confesso que muito me alegraria se soubesse que ele gostaria que fôssemos amigos. É uma pessoa especialmente rica como criatura humana, de um formidável patético e com uma extraordinária capacidade de ternura, que se esconde sob essa ironia e verve. Uma 'boa praça', como diz Rubem Braga. Por falar em praça, como é possível deixar de querer-lhe bem, ele que deu, com Herivelto Martins, o grande e triste samba do Rio, cujas notas cantam como gemidos para o coração da cidade: 'Vão acabar com a Praça Onze'".

Se nem toda crítica recebeu *Moleque Tião* com entusiasmo, Mário Nunes, do *Jornal do Brasil*, destacou o desempenho do protagonista: "Grande Otelo é, de há muito, o mais natural dos que entre nós têm tentado o cinema. Sem exagero, pode-se dizer que nada deixa a desejar e que é grande mesmo nos momentos de emoção contida, não a que se derrama em espetaculares dramaticidades, que são as mais fáceis de mimar". A crítica da *Cena Muda*, sem assinatura, depois de espinafrar o trabalho do diretor José Carlos Burle, fez uma ressalva:

> "Em *Moleque Tião* há um ponto alto e cometeríamos uma grande injustiça se não citássemos esse real valor da primeira película da Atlântida. Referimo-nos a Grande Otelo, o pivô da história e a alma de todo o celulóide. Grande Otelo, repetimos, é um grande ator. O filme ganha interesse e vivacidade quando ele aparece em cena. Um outro diretor, de maiores recursos, teria sabido aproveitá-lo melhor. *Moleque Tião* merece ser visto principalmente para apreciar a interpretação acertada, vigorosa e excelente de Grande Otelo".

Outro crítico da *Cena Muda*, Jaime Faria Rocha, gostou do filme ("bom cinema", escreveu) e chamou a atenção para "cenas notáveis, como aquele desastre do vendedor de laranjas". Elogiou além de Grande Otelo, repetindo a já batida comparação com Mickey Rooney, Custódio Mesquita ("bem natural"), Hebe Guimarães ("se pecou foi pela sobriedade"), Sara Nobre ("muito bem"), só não gostando muito de Teixeira Pinto, que considerava "impecável ator de teatro", mas que, no filme, pareceu "um tanto deslocado". E concluiu: *"Moleque Tião* nos dá a melhor das amostras deste 1943". Já o *Diário de Notícias*, numa crítica assinada por L., não poupou nem ele: "Até Grande Otelo, possuidor de inegável personalidade, desaparece sem relevo, inexpressivo, naquelas cenas de baixíssimo estilo".

Em São Paulo, onde o filme estreou no início de outubro, as opiniões foram divergentes. O crítico do *Diário da Noite*, Batista da Costa, confessou: "Estou entusiasmado com a fita. Antes dela, o braço pendurado no lugar dos ouvidos, a boca no meio da testa e outras monstruosidades, mas *Moleque Tião* não é monstro nenhum, é fita no duro, com cenário, direção e todos os demais ingredientes". Depois de várias considerações, encerrou abordando o trabalho de Grande Otelo:

> "O danado não manca uma vez. Está muito acima de tudo quanto tem aparecido até hoje nos celulóides brasileiros. Ele empacota todo mundo. Moleque espantoso! É um fenômeno que nem a popularidade nem o cinema nem nada conseguiram tirar-lhe a espontaneidade do falar, do andar, de tudo que faz. Otelo está acima do diretor e da própria fita. A turma da Atlântida começa bem".

Já a *Folha da Noite*, numa crítica sem assinatura, chamou a atenção para as insistentes comparações de Grande Otelo com Mickey Rooney:

> "Gostei da comparação e pus-me a reparar como ele sabe tirar também farto partido das caretas e da gesticulação extravagante, como o famoso Mickey. Depois de algum tempo, entretanto, cheguei a uma conclusão que parecerá arrojada demais a todos os fãs de Mickey Rooney, mas que é absolutamente sincera: o nosso negrinho é ainda maior do que Mickey, que tem um cinema a apresentá-lo. Um cinema que é o melhor e o mais rico do mundo. Um cinema com argumentos, diretores, cenógrafos, música e fotógrafos. Grande Otelo nada tem. Nem cinema. Mesmo assim, é Grande Otelo a conduzir-nos durante hora e meia dentro de gargalhadas sadias, sem nada a auxiliá-lo. Só ele".

Para concluir, a opinião de Vinicius de Moraes, que, quando viu o filme, não gostou. É verdade que aprovou a participação de Grande Otelo, mas alertando que "o ator não deveria nunca 'fazer' o filme, sobrepondo-se a ele no final das contas como seu valor predominante" e afirmando em seguida que o "filme é seu, do princípio até o fim". Quanto à direção de José Carlos Burle, admirou seu esforço "para conseguir uma naturalidade menos teatral nos artistas, a sua honestidade em não disfarçar os ambientes com grã-finarias inúteis", mas sentenciou: "Sua direção é fraca". Fez restrições à fotografia de Edgar Brasil, embora reconhecendo que ele era "um grande homem de câmera". E concluiu espina-

O Moleque Tião

frando a música de Custódio Mesquita e, de quebra, Carmen Miranda e Ari Barroso, este, por sinal, seu futuro parceiro musical e amigo:

"Coisa imperdoável, no entanto, são os números de música empregados e o modo como são, numa total ausência de movimento e vida. Com exceção de uma ou duas peças, trata-se de uma música sem o menor interesse (gênero cassino-turístico-patriótico, miseravelmente influenciado pelo tipo de orquestração americana), que se põe a celebrar num ritmo entre o samba e o fox as belezas naturais do Brasil, desde o Oiapoque ao Chuí e vice-versa, música em má hora lançada no mercado interamericano por Carmen Miranda e Walt Disney, que desta culpa se lavarão, e graças aos ofícios do sr. Ari Barroso, que não é um compositor de talento, e sabe melhor do que ninguém o que é e o que não é bom em matéria de música popular brasileira. Sim, desde a famigerada 'Aquarela do Brasil', isso tudo está ajudando a matar a boa música popular entre nós, e eu aproveito a ocasião para contra tudo isso lançar o meu mais veemente protesto".

Com *Moleque Tião*, Grande Otelo sentia-se quase realizado como artista de cinema e do teatro de revista, mas vivia reclamando que todas as suas experiências no rádio foram decepcionantes porque nunca lhe deram um programa que utilizasse todo o seu potencial de artista radiofônico. Em quase todas as entrevistas, manifestava a sua contrariedade por tanta frustração. Até que, pelo jeito, chegou o grande dia, como informou o *Diário da Noite* de 20 de outubro, numa nota em que não esclarece o que o artista iria fazer:

"Afinal de contas, não era possível um artista com tanto talento viver eternamente incompreendido. Grande Otelo tem razão de sobra para ser um revoltado. Ninguém aceita a sua idéia, ninguém o deixa representar o que ele quer, o que de fato sente. Até que enfim chegou o seu dia. A Rádio Educadora satisfez a sua vontade e ele aparecerá quinta-feira, às 21h30, no 'Teatro de Variedades'. A revista musical que apresentará Grande Otelo intitula-se *Um, Dois, Três* e, ao seu lado, aparecerão Marion, Hedel Ruiz, Duarte de Morais, Germana e Zuleica. A orquestra é de Napoleão Tavares. Grande Otelo será apresentado de maneira inédita, do modo que ele sempre sonhou. A produção é de Anselmo Domingues."

Renovado seu contrato com o Cassino da Urca até 3 de novembro de 1947, Otelo obteve uns dias de folga para uma nova temporada, ao lado de Linda Batista, em Belo Horizonte, na Rádio Guarani e na casa de espetáculos da Pampulha, onde estreou no dia 6 de novembro. A *Folha de Minas* gostou da apresentação e registrou que, "juntos, a Rainha do Rádio e o famoso humorista *colored* formam a dupla mais perfeita e mais querida dos nossos palcos. Foram tantos os aplausos que os famosos astros tiveram de voltar ao palco inúmeras vezes, repetindo vários números do seu riquíssimo repertório". O *Estado de Minas* gostou principalmente das imitações de Grande Otelo: "A sua imitação de Pedro Vargas é alguma coisa de notável. Carlos Gardel também foi revivido com felicidade. Mas o número de maior êxito foi inegavelmente 'Maria Bonita', uma das suas melhores criações". Grande sucesso também na Rádio Guarani, onde, segundo o *Diário da Tarde*, havia "filas imensas na porta" e muita gente não conseguiu entrar. "Estrepitosas e demoradas gargalhadas e calorosos aplausos assinalaram o comportamento dos espectadores ante as diabruras do gozadíssimo Grande Otelo", acrescentou. O *Estado de Minas* também acompanhou o programa, através do seu colunista de rádio, Edie:

> "Esse Grande Otelo que a Rádio Guarani está apresentando é um verdadeiro demônio. E os ouvintes não deixaram de se manifestar. Um telefonou para a rádio: 'Acabei de descobrir a televisão no meu rádio! Vi esse endiabrado negrinho tal como é no cinema'. O que significa isso? Que Grande Otelo é mesmo alguma coisa de atordoante e incompreensível".

Uma das novidades na volta ao Rio foi a sua contratação pela Rádio Tupi para ser o apresentador do programa de carnaval. Outra foi a gravação, no dia 23 de novembro, pelo Trio de Ouro, do belíssimo samba "Bom Dia, Avenida", que nasceu numa tarde em que ele e Herivelto Martins seguiam pela Avenida Rio Branco em direção à Praça Mauá e passaram pela Avenida Presidente Vargas ainda em obras.

— Temos de fazer um samba sobre esse cruzamento — disse Otelo a Herivelto e tudo indica que encerrou ali mesmo a sua contribuição, pois, no dia seguinte, o parceiro já estava com o samba pronto.

O Moleque Tião

Na segunda parte, o samba sugere o que pode ter sido a primeira proposta para que o desfile das escolas de samba passasse a ser feito na Avenida Presidente Vargas, como, de fato, ocorreria durante quase quarenta anos:

"A União das Escolas de Samba
Respeitosamente
Faz o seu apelo
Três e duzentos de selo
Requereu e quer saber
Se quem viu a Praça Onze acabar
Tem direito à avenida
Em primeiro lugar
Bem se vê que é depois de inaugurar".

Outro samba da dupla Herivelto-Otelo de novembro de 1943 foi "Mangueira, Não", que tinha uma primeira parte assim:

"Podem acabar com o Estácio
O velho Estácio de Sá
Derrubem todos os morros
Derrubem meu barracão
Silenciar a Mangueira, não".

Se os dois compositores, sinceros torcedores da Mangueira, pensavam que agradariam aos mangueirenses com este samba, cometeram um grave equívoco. O compositor Cartola, a voz mais autorizada do morro, reagiu imediatamente com um samba:

"Silenciar a Mangueira, não
Disse alguém
Uma andorinha só não faz verão
Também devemos ter adversários
Como Osvaldo Cruz
Diz o provérbio:
Da discussão é que nasce a luz
Outra escola que não poderia acabar
É o velho Estácio de Sá".

A sucursal brasileira da Metro Goldwyn Mayer pegou uma carona na popularidade de Grande Otelo para fazer propaganda do seu filme *Uma Cabana no Céu*, com o elenco formado por negros (entre os quais, Ethel Waters e Lena Horne, além da orquestra de Duke Ellington). Convidou o ator para ver o filme em seu escritório e saiu distribuindo notas pelos jornais a dizer que Otelo adorou *Uma Cabana no Céu*. O filme estreou no dia 2 de dezembro no Metro Passeio e, dias depois, quem estava estreando era Otelo, no espetáculo carnavalesco do Cassino da Urca, que inicialmente tinha o nome de *Show de Carnaval* e passou depois a se chamar *Yes, Carnaval*.

Em seu livro *Minhas duas estrelas*, que tem como protagonistas os seus pais, a cantora Dalva de Oliveira e o compositor Herivelto Martins, o cantor Peri Ribeiro lembrou da convivência com Grande Otelo nessa época, quando ambos moravam na Urca, bairro em que o ator passou a morar depois que começou a ganhar um bom dinheiro, apesar das suas extravagâncias. A propósito, segundo Peri, "Otelo tinha preferência por louras enormes, e várias fizeram dele 'gato e sapato'. O dinheiro que gastava com elas daria para construir um cassino, diziam os amigos".

Em seguida, o cantor descreveu algumas recordações do ator:

> "Com o passar do tempo, os problemas de Otelo já não comoviam as pessoas, ninguém parava mais para ouvir as suas histórias. Foi aí que comecei a receber insistentes convites dele para andarmos de bicicleta pela Urca. Eu ia sentado no quadro, ouvindo as lamúrias dele sobre a vida, os problemas com as mulheres. Eu devia ter no máximo sete anos e me tornara confidente de Otelo. [...] Foi ele quem me presenteou com a primeira camisa do Botafogo, num momento de angústia, tentando garantir ouvinte para o coração do botafoguense Telinho — este era outro apelido carinhoso de Otelo [Peri cometeu um engano sobre a preferência clubística do amigo, um torcedor fanático do Flamengo]. [...] Ele me acordava à noite e íamos com meus pais e minhas tias Lila e Margarida pescar nos paredões da Urca. Otelo enchia a cara. Na volta da pescaria, naquelas madrugadas, cantávamos nosso hino de pescadores:

> 'Nós somos pescadores
> Que vamos pescar
> Cocoroca!'

O Moleque Tião

Vez por outra, lá estávamos nós, cantando o hino com as varas de pescar nas costas. As cocorocas eram muitas vezes fritas por minha mãe para acompanhar a cervejinha. Telinho não saía lá de casa. Minha mãe dizia que ele era seu 'filho preto'".

Aquela foi uma fase em que trabalho não faltava (além do programa de carnaval na Rádio Tupi, fazia também outros programas na emissora) para Grande Otelo, que nunca abriu mão de sua vida boêmia. Continuava freqüentando a gafieira Elite, era visto todas as tardes no Café Nice (onde o compositor Erastótenes Frazão o apelidou de Samburiqui) e, quase sempre, terminava as noites na Taberna da Glória.

Naquela época, eram tantos os programas que fazia na Rádio Tupi que justificava plenamente sua escalação no time oficial de locutores e cantores da emissora. Novos programas foram lançados no início de 1944: o *Ria se Quiser*, em que atuava ao lado de Silvino Neto e Manezinho Araújo, o *Mil e Uma Gargalhadas*, em que ele, Sílvio Silva, Héber de Bôscoli e Radamés Celestino passavam o tempo todo ridicularizando a Alemanha, a Itália e o Japão, inimigos do Brasil na guerra, e o programa *Alô, Brasil*.

Mas o artista famoso era mesmo o ator de cinema. Naquele janeiro, os cinemas do Rio e de São Paulo lançavam a comédia *Tristezas Não Pagam Dívidas*, da Atlântida (direção, história e direção de Rui Costa), mais um filme de carnaval e que, segundo historiadores do cinema brasileiro, foi a primeira produção que teve Oscarito e Grande Otelo aparecendo em dupla, embora a propaganda chamasse mais atenção para a dupla formada pelo casal Oscarito e Ítala Ferreira. Para muitos, foi também o primeiro filme com todas as características do que se convencionou chamar de chanchada. A crítica carioca e paulistana espinafrou a película, mas abrindo exceção para o trabalho de Oscarito e Grande Otelo, este muito elogiado pela sua atuação na cena da gafieira (os críticos não sabiam que, na gafieira, ele estava em casa). Na cena, escrita por Alinor de Azevedo com ajuda do ator (que foi, inclusive, responsável pelo convite ao cantor Blecaute para fazer o papel de *crooner* da gafieira), Otelo era o mestre-sala da casa, função de quem zelava pela disciplina. Ele percorria o salão a fiscalizar atentamente o comportamento dos casais até que vê um homem muito alto dançando sozinho. Folheia o livrinho que traz na mão com o regulamento da gafieira e parte enfurecido em direção ao homem só para descobrir que, na verdade, ele estava dançando com uma mulher muito baixinha, quase anã.

Para concorrer com *Tristezas Não Pagam Dívidas*, a Cinédia lançou na mesma época *Berlim na Batucada*, dirigido por Luís de Barros, com uma pequena participação de Grande Otelo cantando um samba que nunca foi gravado em disco, "Graças a Deus", cuja letra estimulava o alistamento militar. Herivelto Martins, o autor do argumento, pretendeu fazer uma espécie de retribuição aos Estados Unidos pela Política da Boa Vizinhança. Delorges Caminha representava um empresário americano que procurava talentos brasileiros para levar para o seu país. *Berlim na Batucada* foi outro filme brasileiro a ser contemplado com os piores adjetivos pela chamada crítica especializada.

Mas seriam aqueles filmes obras realmente desprezíveis? O crítico e historiador Alex Viany acha que não. Durante um dos depoimentos de Otelo ao MIS, ele disse:

> "Depois de estudar profundamente, creio que foi a chanchada que resolveu o problema do personagem e do diálogo no cinema brasileiro, além do público. Até então, havia uma lenda de que a língua brasileira não se prestava para diálogos cinematográficos. Realmente, os pretensos 'filmes sérios' eram tão chatos, tão abomináveis, que os diálogos eram insuportáveis. O público repelia violentamente, e foi a chanchada que deu aquela fluência popular e conseguiu uma comunicação direta com o público".

Em fevereiro de 1944, Joaquim Rolla deu mais um passo para consolidar a posição de capitalista mais poderoso entre os proprietários de cassinos, inaugurando o do Hotel Quitandinha, em Petrópolis, no estado do Rio de Janeiro. Era dono também dos cassinos de Poços de Caldas, da Pampulha e de Araxá, do pavilhão de São Cristóvão, que abrigava feiras e exposições, de vários hotéis de Petrópolis e fazendas em Minas Gerais. Na inauguração do Quitandinha, ofereceu um banquete para 2 mil convidados e um espetáculo, que recebeu o nome de *Vogue 44*, que contou com a participação de uma das cantoras mais famosas em todo o mundo, a peruana Yma Sumac, e apresentou Grande Otelo ao lado de um grande elenco. O problema foi que o jantar demorou a sair e o show só começou às 2h30 da madrugada, quando mais da metade dos freqüentadores resolvera dormir e boa parte dos que permaneceram estava devidamente abalada pelo consumo de bebidas alcoólicas.

O Moleque Tião

Grande Otelo em show para soldados brasileiros e norte-americanos, durante temporada no Nordeste, em 1944.

10.
O FIM DOS CASSINOS

Passado o carnaval de 1944, o Cassino da Urca fechou os seus salões de jogo, como determinava o decreto do presidente Vargas, e reabriu
no dia 14 de abril com o show *A Canção da Jangada*, com Grande Otelo,
as irmãs Linda e Dircinha Batista, Marlene, Nelson Gonçalves e outros.
A primeira crítica foi de Joe, responsável pela coluna "Cassinos e Show"
do *Correio da Noite*, que não gostou da nova produção, mas elogiou a
atuação de Grande Otelo. Este, por sinal, trabalhava quatro dias na Urca
e no Cassino Icaraí e se apresentava às sextas-feiras, sábados e domingos
no Cassino Quitandinha, ao lado de Linda Batista e Jararaca e Ratinho.
A amizade entre Linda e Otelo era tão firme que ela contemplou o
amigo, em abril, com a gravação de duas músicas feitas por Otelo sem a
participação de qualquer parceiro na autoria. Eram um samba, "Os Direitos São Iguais", e uma marcha, "São João do Barro Preto". Ele continuava também na Rádio Tupi, onde acabara de estrear um novo programa, *Sem Compromisso*. De vez em quando, surgiam rumores de uma
temporada nos Estados Unidos. Ao voltar de Los Angeles, onde contribuiu com suas composições para os desenhos de Walt Disney e fez novas músicas para o filme *Brasil*, Ari Barroso alertou Otelo, Linda Batista, Russo do Pandeiro e Benedito Lacerda e seu conjunto para arruma-
rem as malas, pois o empresário Lee Shubert (o mesmo que levou Carmen
Miranda) precisaria deles para o show *Uma Noite no Brasil*, que seria
montado na Broadway. Depois dessa revelação à revista *Carioca*, nunca
mais se falou no assunto. Em julho, foi a vez do argentino Eduardo Morera, dirigente do estúdio cinematográfico San Miguel, em Buenos Aires,
informar ao *Correio da Noite* que estava interessado na contratação de
Grande Otelo para participar do filme *Rosa da América*. O problema era
a Atlântida, que tinha o artista sob contrato e não concordava com a
cessão de Otelo. Morera, porém, estava esperançoso: "Se chegarmos a
um acordo, dentro de pouco tempo estará rodando o filme, que, como
todas as nossas produções, tem um fundo de intenso panamericanismo".

Mais trabalhos extras. Em julho, Otelo apresentou-se no Teatro Carlos Gomes, num espetáculo promovido por Maria Amorim e Pedro Celestino, com cenas da opereta *Eva*, de Franz Lehar, e, no dia seguinte, na sede do Botafogo, ao lado de Marília Batista, Namorados da Lua e Joel e Gaúcho. Também em julho, estreou novo espetáculo no Cassino da Urca, *Paris, Je T'Aime*, em que fazia uma imitação da vedete Mistinguett. E o trabalho extra não parava: no início de agosto, foram dois dias no Teatro Recreio, com Francisco Alves, Dircinha Batista, Trio de Ouro e outros.

No dia 9 de agosto, uma péssima notícia: viajando de trem de Buenos Aires para São Paulo, Jardel Jércolis sofreu um colapso cardíaco e morreu quando o trem passava pela cidade gaúcha de Cruz Alta. Para Otelo, foi um grande golpe.

Mas a vida segue e o show continua no Cassino da Urca, em Icaraí, no Quitandinha, no Tênis Clube de Petrópolis... E no Teatro João Caetano, dia 15 de setembro, acontece um evento a que Grande Otelo não podia faltar, pois se tratava de uma grande homenagem ao veterano cenógrafo e empresário Jaime Silva, o responsável pelos melhores momentos da Companhia Negra de Revistas. O espetáculo contou com a participação de representantes do teatro e do cinema (Bibi Ferreira, Maria Amorim, Pedro Celestino e outros) e do circo (a família Olimecha).

A missão seguinte, encomendada pela United Service Organization (USO), foi uma série de apresentações com todo o elenco do Cassino da Urca para soldados brasileiros e americanos no Norte e no Nordeste, de Salvador a Belém, incluindo Fernando de Noronha. A USO nomeou no anúncio todos os artistas aos quais agradecia, sendo o primeiro deles Grande Otelo, que, na volta ao Rio, encontrou dois compromissos imperdíveis, além do trabalho rotineiro: uma apresentação para os jogadores do Flamengo, que iriam enfrentar o Vasco na decisão do campeonato carioca de 1944, e a gravação na Odeon, como cantor, de um disco para o carnaval de 1945, com o samba de sua exclusiva autoria "Botafogo", no lado A, e "Já Tenho Compromisso" (Carvalhinho e Romeu Gentil), no lado B. O disco foi lançado em janeiro, mas, no carnaval, os foliões preferiram cantar outras músicas.

Chegaram aos pracinhas brasileiros na Itália rumores de que Otelo e outros artistas do Cassino da Urca teriam embarcado — ou estariam para embarcar — para fazer uma apresentação por lá. Pelo menos foi o que mandou dizer o correspondente na guerra do jornal *A Noite*, Henry

No quadro de aproximação entre Brasil e Estados Unidos, durante a Segunda Guerra Mundial, a United Service Organization realizou uma série de apresentações com o elenco do Cassino da Urca — no qual Otelo era figura de destaque — para as tropas norte-americanas, estacionadas em território brasileiro.

W. Bagley. Segundo ele, "os homens da Força Expedicionária Brasileira souberam que alguns dos seus artistas favoritos estão para chegar. São eles Linda Batista, Madeleine Rosay, Grande Otelo, Emilinha Borba e outros". Mandou dizer também que "a notícia produziu muito entusiasmo" e que "se houver facilidades de transportes, os artistas poderão fazer um show por noite, visitando as unidades na frente de combate, nos hospitais militares, nos acampamentos e nos comandos". Segundo o correspondente Bagley, o major Reinaldo Saldanha da Gama e seu ajudante de ordens, capitão Alcides Boiteux Piazza, do serviço especial, "estão trabalhando para conseguir o maior número possível de veículos, palcos desmontáveis e alto-falantes". Mas a viagem, infelizmente, não foi realizada.

Ano novo, nova rádio. Em janeiro de 1946, contratado pela Rádio Globo, Grande Otelo estreou com o programa *O Rio É Assim*. O ano começou com o lançamento do filme de carnaval da Atlântida, *Segura*

Esta Mulher, dirigido por Watson Macedo, com muitos números musicais e Grande Otelo interpretando um falso detetive. Em fevereiro, a Atlântida ofereceu a ele, novo contrato, que estabeleceu a remuneração mensal de 1.700 cruzeiros. No mesmo mês, gravou um disco com números humorísticos, lançado em abril. De um lado, "Avec Vous, Madame" (Vicente Paiva e Luís Peixoto) e, do outro, sua versão gaiata do tango argentino "Mano a Mano" (Carlos Gardel e Razzano).

Foi em abril, no dia 30, que o novo presidente do país, general Eurico Gaspar Dutra, decretou o fechamento de todos os cassinos, "considerando que a tradição moral, jurídica e religiosa do povo brasileiro é contrária à exploração dos jogos de azar". Por que fechar os cassinos e deixar tanta gente desempregada? Alguns achavam que o governo cedeu à pressão da igreja católica e dos jornais mais ligados a ela, em campanha contra o jogo havia alguns anos. Outros interpretavam como uma manifestação do presidente Dutra de que não devia nada ao Estado Novo, regime que estimulou a abertura de cassinos em todo o Brasil, do qual o general Dutra foi um dos principais colaboradores, o que lhe rendeu o apoio de Getúlio Vargas nas eleições de 1945, fator decisivo para sua vitória. Mas o que prevaleceu na época foi a versão de que o presidente da República obedeceu apenas a uma ordem da sua mulher, Carmela Dutra, mais conhecida pelo apelido doméstico de dona Santinha.

A cobertura dos jornais no dia seguinte à proibição não escondia sua opinião favorável à medida governamental. O *Diário de Notícias* chegou ao ponto de ir aos cassinos para saber como os servidores desempregados receberam a decisão e colheu somente opiniões favoráveis. Tais servidores foram "interrompidos por funcionários mais destacados, que os afastavam da curiosidade do repórter, conduzindo-os para o interior do cassino, ao mesmo tempo em que dirigiam insultos aos jornais que combatem esse vício". Informou também que "havia uma classe de pessoal, que não se conformava com a notícia: certas mulheres que viviam nos salões de jogos, influenciando as pessoas a aumentar as paradas até que as vítimas se vissem sem um níquel para a condução".

Os jornais registraram a repercussão na Câmara Federal. A Associação Brasileira de Imprensa também se manifestou. Os membros do Conselho Deliberativo, reunidos para reeleger Herbert Moses presidente da instituição no triênio 1946-48, aproveitaram a ocasião para enviar um telegrama ao presidente da República congratulando-se com a proibição do jogo. No *Jornal do Brasil*, Barbosa Lima Sobrinho escreveu um artigo de aprovação à decisão governamental, no qual afirmou, entre outras coisas, que "não haverá defesa da família num meio aberto à influência dos cassinos. O dilema é simples e fatal: ou a família ou o cassino".

Os contratos com a Atlântida e a Rádio Globo salvaram Grande Otelo do desemprego, mas ele saiu em busca dos seus direitos — inutilmente, é verdade — na Junta de Conciliação e Julgamento do Ministério do Trabalho. Seu argumento foi o de que seu emprego nada tinha a ver com o jogo e, por isso, não poderia ser demitido sem justa causa.

Sem o trabalho no cassino, a solução seria a volta ao teatro, como deduziu Chianca de Garcia, que reuniu vários artistas da Urca (entre eles, Grande Otelo, Alvarenga e Ranchinho, Lurdinha Bittencourt e Trio de Ouro) na peça *Sonho Carioca*, que estreou em fins de junho no Teatro Carlos Gomes. Foi um sucesso (mais de cem apresentações; os anúncios diziam que era "a revista que deu novos rumos ao teatro musicado no Brasil"), apesar do comportamento de Grande Otelo, faltando ao espetáculo de estréia e à matinê do dia seguinte, o que levou o elenco a comunicar a Chianca de Garcia que não queria mais a participação dele na revista teatral. Otelo conseguiu algumas apresentações avulsas de outros espetáculos no interior de São Paulo e, na capital, reencontrou Chianca de Garcia, que lá estava para a temporada paulista de *Sonho Carioca*, no Teatro Santana, e que o convidou para atuar outra vez na peça, mas ele faltou novamente à primeira matinê. Dessa vez, não foi necessária a intervenção do elenco. Chianca de Garcia encarregou-se de demiti-lo.

A demissão, porém, não abalou a amizade entre o diretor e Grande Otelo, que reconhecia ter merecido a punição (na verdade, ele não gostava dos textos que lhe foram entregues). Em abril de 1947, os dois já estavam juntos na revista teatral *Um Milhão de Mulheres* no Teatro Carlos Gomes, em que Otelo nos quadros cômicos tinha a companhia de Colé, que, pouco depois, seria substituído por Badu. O novo espetáculo de Chianca de Garcia, um dos grandes sucessos do ano, também com mais de cem representações, tinha a vedete Virgínia Lane como estrela, ao lado da bailarina Eva Lanthos, da atriz Celeste Aída e de outros atores, cantores, bailarinos e coristas. Grande Otelo era o personagem principal do quadro que Chianca considerava o mais importante, uma teatralização do poema "Negra fulô", de Jorge de Lima, mas o grande sucesso era mesmo o quadro denominado A Violeteira, com o ator, mais uma vez, vestido de mulher.

Naquela altura, Otelo brilhava nas telas brasileiras com a sua participação no filme *Este Mundo É Um Pandeiro*, dirigido por Watson Ma-

Grande Otelo em foto de estúdio. Para ele, o cinema gradualmente se converte numa excelente opção de trabalho: na década de 30 ele participa de 4 filmes; na década seguinte, de 21; e nos anos 1950, de 23 películas.

cedo, que Sérgio Augusto — autor de um importante livro sobre as chanchadas, que levou o nome do filme — afirmou ser "a primeira protochanchada brasileira". No livro, ele reproduz a fórmula do gênero, segundo um dos seus principais diretores, Carlos Manga: 1) mocinho e mocinha se metem em apuros; 2) cômico tenta proteger os dois; 3) vilão leva vantagem; 4) vilão perde a vantagem e é vencido. Foi, aliás, em 1947 que a Atlântida passou a ser comandada pelo exibidor Luís Severiano Ribeiro, através da compra da maioria das ações pela União Cinematográfica Brasil, de sua propriedade.

Graças provavelmente ao trabalho de Abdias Nascimento, fundador, em 1944, do Teatro Experimental do Negro (TEN), a questão racial foi levada também para a música popular (por meio, por exemplo, da música "Algodão", de Custódio Mesquita e Davi Nasser, gravada em junho de 1944, e da Orquestra Afro-Brasileira, do maestro Abigail Moura) e, mais tarde, para o cinema. Grande Otelo não era exatamente um militante da luta contra o racismo, mas não deixava de participar dos grandes eventos do Teatro Experimental do Negro, como ocorreu em junho de 1944, quando o TEN e a Orquestra Afro-Brasileira homenagearam a cantora americana Dorothy Maynor, na Casa do Estudante do Brasil, com uma série de apresentações de artistas negros — Heitor dos Prazeres, entre eles.

Em setembro de 1947, os cinemas exibiam o filme *Luz dos Meus Olhos*, um dramalhão de José Carlos Burle, com Grande Otelo fazendo o papel de melhor amigo de um compositor cego (Celso Guimarães), apaixonado pela personagem vivida por Cacilda Becker. No filme, Sílvio Caldas foi o intérprete da valsa "Luz dos Meus Olhos", de autoria do próprio Burle, que seria gravada quatro anos depois por Jorge Goulart.

Foi um período em que Otelo parecia muito bem comportado, pelo menos em sua vida profissional. Tal mudança era fácil de entender, pois acabara de assumir um compromisso sério com uma namorada muito bonita chamada Lúcia Maria, uma empregada doméstica, que, de tão bela, ganhou dele o apelido de Gilda, a personagem vivida no cinema por Rita Hayworth. Depois de uma noite em que dançou com ela na gafieira Elite, levou-a para o seu apartamento na Urca, onde a moça passou a morar, levando com ela seu filho Elmar, de três anos, a quem Otelo botou o apelido de Chuvisco. Dedicou-se tanto ao trabalho que aceitou até fazer parte de um show na sede do maior rival do seu Flamengo, o Clube de Regatas Vasco da Gama, que comemorava o encerramento invicto do primeiro turno do campeonato carioca.

O fim dos cassinos

Otelo terminou o ano de 1947 atuando no espetáculo *Samba, Brasil*, de Nestor Tangerini e J. Maia, no Teatro Carlos Gomes. Concluída a temporada de *Samba, Brasil*, já era contratado para a revista teatral carnavalesca *Só Pra Chatear*, de J. Maia, apresentada no mesmo Teatro Carlos Gomes a partir do início de janeiro e que marcou a volta de Araci Cortes aos palcos cariocas.

Só Pra Chatear foi até o fim de janeiro de 1948. Terminada a temporada, porém, o público ainda tinha contato com Otelo, presente na nova produção carnavalesca da Atlântida, *É com Esse Que Eu Vou*, outro filme de José Carlos Burle. Em fins de fevereiro, apresentou-se em várias capitais nordestinas ao lado da dupla Zé e Zilda e da cantora Dilu Melo. Em Maceió, escapou de ser agredido por chefes de família inconformados com o que consideravam uma apresentação imoral num clube da cidade, e que era apenas a repetição de uma cena do filme. A apresentação foi tão mal recebida que a platéia retirou-se e deixou o salão quase vazio, permanecendo apenas aqueles que se dirigiram ao palco para tomar satisfação, mas foram contidos por diretores do clube.

Na volta, encontrou a esposa triste por causa de uma humilhação sofrida no Instituto Brasil-América, onde pretendia matricular o filho. É que foi solicitada a sua certidão de casamento e acabou identificada como "companheira" de Grande Otelo e não como esposa. Depois de ouvir todo o relato de Lúcia Maria, reagiu com firmeza:

— Você será a esposa de Grande Otelo.

De fato, em fins de abril ocorreu o casamento, comemorado com uma recepção no apartamento em que moravam na Urca, com a presença de vários amigos dele. Lúcia, de 23 anos de idade, passou a chamar-se Lúcia Maria Pinheiro Prata.

11.
TRAGÉDIA NA URCA

Ao mesmo tempo que aguardava o lançamento de uma nova revista teatral, Grande Otelo participava, todas as segundas-feiras, no Teatro Carlos Gomes, do *Show com Cheque*, uma iniciativa da dupla Amaral Gurgel e Carlos Medina, que consistia na apresentação de uma pequena peça teatral, seguida de atos variados com atores e cantores. O título da série de apresentações devia-se ao fato de, durante os shows, a platéia ser sorteada com brindes e também com cheques. No dia 13 de maio, o ator foi uma das atrações, ao lado de Ari Barroso e outros, do baile comemorativo do aniversário da Abolição de Escravatura, nos salões do Botafogo de Futebol e Regatas, promovido pelo Teatro Experimental do Negro. Durante o baile, foi eleita a Boneca de Piche de 1948, que recebeu um troféu de bronze executado pelo escultor Bruno Giorgio. Outro trabalho que Otelo executava com grande prazer era a apresentação bem humorada dos shows do Trio de Ouro nas casas das famílias ricas (uma dessas famílias foi a do jornalista Roberto Marinho).

Era também presença constante nos principais programas da rádio Globo, principalmente no famoso *Trem da Alegria*, apresentado por Héber de Bôscoli, Iara Sales e Lamartine Babo, todos muito magros, auto-denominando-se, por isso, o Trio de Osso, a réplica raquítica do Trio de Ouro, de Herivelto Martins. O programa trocou de emissora algumas vezes e tinha como uma das suas características a audácia das frases publicitárias. A Cedofeita, loja instalada na Praça Tiradentes e um dos seus principais patrocinadores, por exemplo, era "a menor sapataria do Rio e a que mais caro vende".

A partir de junho, a vida profissional de Otelo tomava novos rumos, com a estréia da "revista de bolso" *Fiu Fiu*, de Geisa Bôscoli, no Teatrinho Jardel, nova casa de espetáculos com apenas 200 lugares, instalada na Avenida Nossa Senhora de Copacabana esquina com Rua Bolívar. Mudou também de emissora ao ser contratado pela Rádio Guanabara, que iniciava um período de renovação com pretensões de disputar a audiência com as rádios Tupi e Mayrink Veiga e até de conquistar ouvintes cativos da Rádio Nacional, líder absoluta de audiência. Pertencente até então aos irmãos Alberto e Otávio Manes, a Guanabara foi comprada por Jorge Bhering de Matos, um dos grandes empresários do Rio de Janeiro, proprietário de várias indústrias. Depois de contratar profissionais experientes como Grande Otelo e Ataulfo Alves, instituiu um regime de concursos para jovens artistas. A experiência revelou, por exemplo, o futuro milionário — então, camelô de rua — Sílvio Santos, primeiro colocado no concurso para locutores. Outro candidato a locutor aprovado foi um jovem de dezessete anos, chamado Francisco Anísio, que ficaria famoso como Chico Anísio. Para locutora, ninguém poderia superar uma mocinha de 18 anos, Fernanda Montenegro. O contrato de Grande Otelo iria até 30 de julho de 1949, mas, em dezembro de 1948, foi rescindido a pedido dele.

A revista *Fiu Fiu* seguiu numa carreira vitoriosa. Grande Otelo, como sempre, chamou a atenção dos comentaristas, sendo que o do *Correio da Manhã* não gostou de "uma propagandazinha inexplicável do ex-ditador", referindo-se a um texto em que Otelo falava do seu político predileto, Getúlio Vargas. Foi tal o sucesso que o mesmo elenco e Geisa Bôscoli transferiram várias vezes o fim da temporada e a estréia do novo espetáculo, *Saia Comprida*, em que Grande Otelo interpretava o "funcionário Barnabé", um servidor público preguiçoso, e um médico cirurgião. *Saia Comprida* foi até o dia 23 de setembro, entrando em seu lugar *Miss Brasil*, espetáculo que rendeu um castigo a Otelo: por ter faltado à segunda apresentação, foi punido com uma semana de suspensão, tempo, aliás, necessário para faturar um cachê em Recife, apresentando-se no Teatro Isabel, a convite da Rádio Clube pernambucana.

Ao voltar de Recife, seu primeiro compromisso seria comparecer à festa de aniversário do menino Daniel, filho de Juan Daniel, evento assim descrito pelo próprio Daniel Filho no livro *Antes que me esqueçam*:

"Meu aniversário de onze anos vinha chegando. Queria dar uma festa, mas não sabia como. Afinal, meus amigos conheciam tudo que é tipo de festa. Descobri, porém, que tinha um triunfo importante: meus pais eram artistas, amigos de artistas. Amigos, por exemplo, de Grande Otelo. Pronto: Grande Otelo viria à minha festa. No dia, foi aquela agonia, todo mundo perguntando se Grande Otelo viria mesmo. E nada dele chegar. Eu cada vez mais nervoso, mais desesperado. Lá pelas tantas, ele chegou. Entrou pela porta da cozinha. Não deixaram Grande Otelo entrar pela frente do prédio, porque era preto. O porteiro também era preto, mas barrou. Levei um bom tempo para entender o que tinha acontecido. Grande Otelo fez um número que contava sozinho um filme e, contando, fazia vários papéis. A garotada rolava de rir. A festa foi um sucesso".

No início de outubro, Otelo fazia companhia a Silva Filho, Juan Daniel, Glória Catan e a outros artistas do elenco da revista *Miss Brasil*. O grande sucesso dele na peça era um quadro em que representava ninguém menos que Getúlio Vargas, mas queimado pelo sol da sua fazenda em São Borja, onde descansava e preparava sua volta ao poder em eleições livres realizadas em 1950. Otelo interpretava uma paródia do poema "Meus oito anos", de Casemiro de Abreu, cujo título foi modificado para "Meus quinze anos" e fazia referência, é claro, aos quinze anos que Getúlio governou o Brasil. A temporada de *Miss Brasil* terminou no dia 24 de outubro, mas os artistas do Teatrinho Jardel não ficaram sem trabalhar: ensaiavam de dia o novo espetáculo, *O Petróleo É Nosso*, e à noite as bilheterias funcionavam para atender o público que queria ver *O Melhor de Três*, uma montagem com o que era tido como o melhor das revistas *Fiu Fiu*, *Saia Comprida* e *Miss Brasil*. *O Petróleo É Nosso* estreou somente no dia 10 de novembro e marcou o fim da longa temporada de Otelo no Teatrinho Jardel.

Um novo contrato com a Atlântida, no dia 20 de dezembro, estabeleceu que até 31 de dezembro de 1949 Grande Otelo receberia um salário mensal de 3 mil cruzeiros, mais 12 mil por cada filme que participasse. Somente com o aluguel do apartamento 103 do edifício Serro Azul, na Avenida São Sebastião, 99, na Urca, Otelo gastava 2.700 cruzeiros por mês. Era necessário filmar muito e, já em janeiro de 1949, estreava nos cinemas a comédia *O Caçula do Barulho*, dirigido por Marcos Freda, o primeiro da Atlântida com Anselmo Duarte no papel de galã, e logo depois, em fevereiro, a produtora lançava também *E o Mundo Se Diverte*, sob a direção de Watson Macedo, com a dupla Oscarito e Otelo. A propaganda do filme chamava a atenção para Eliana Macedo, "uma nova e bonita estrelinha, que é a revelação da temporada".

Outro filme muito importante, de 1949, com a participação de Otelo, foi *Também Somos Irmãos*, da Atlântida, dirigido por José Carlos Burle e com argumento e roteiro de Alinor Azevedo, que seria eleito pela

Em 1949, ano trágico para Grande Otelo, o ator apareceu nas telas em vários longa-metragens, entre eles *E o mundo se diverte*, em que contracena com Eliana Macedo, que estrelaria, a seu lado, outros filmes da Atlântida na década de 50.

Associação Brasileira de Críticos Cinematográficos o melhor filme brasileiro do ano. Contava com a participação de Agnaldo Camargo, recrutado no Teatro Experimental do Negro, Vera Nunes, Jorge Dória, Ruth de Souza e Agnaldo Rayol, este com dez anos de idade e já cantando. O filme mostra o drama de quatro filhos adotivos de um homem muito rico, dois brancos (Vera e Rayol) e dois negros (Otelo e Camargo). A vida dos irmãos negros é muito mais dura. Após humilhações constantes, rompe-se a ligação familiar e começam os apuros para eles. O personagem de Otelo foge de casa e envolve-se no mundo do crime. O personagem de Camargo, por sua vez, é banido da família mas mesmo assim, a muito custo, consegue se formar advogado, o que não o impede de quase acabar na cadeia. *Também Somos Irmãos* foi uma obra, que denunciava o

Com a amiga de longa data Ruth de Souza, que começou sua carreira no Teatro Experimental do Negro, Otelo estrelou em 1949, o drama *Também somos irmãos*, premiado pela Associação Brasileira de Críticos Cinematográficos como o "melhor filme brasileiro do ano".

racismo existente no Brasil, "um filme de surpreendente coragem para a época", como assinalou João Carlos Rodrigues em seu livro *O negro brasileiro e o cinema*. Mas o público não o prestigiou, e a decepção é assim explicada por José Carlos Burle: "Os brancos se sentiam inconfortavelmente atingidos pela denúncia e os negros não se encontravam suficientemente politizados para alcançar a mensagem".

A volta ao teatro ocorreria somente em agosto, quando Walter Pinto o convidou para ser um dos principais nomes da revista *Está com Tudo e Não Está Prosa*, de Freire Júnior e do próprio Walter, no Teatro Recreio, montada com grande estardalhaço, inclusive com a importação de moças bonitas da Europa. Contava Grande Otelo que, ao conversar com o famoso empresário teatral, perguntou:

— Na sua companhia, qual o nome que vai aparecer, o seu ou o meu?

Tal pergunta fazia sentido, pois a propaganda de todos os espetáculos produzidos por Walter Pinto projetava muito mais o nome dele (e a fotografia também, sempre sorridente) do que o nome dos artistas.

A resposta do empresário, tudo indica, agradou ao artista, pois, de fato, ao lado do nome dele na propaganda apareciam também os nomes dos artistas. *Está com Tudo e Não Está Prosa*, embora não tenha sido recordista de público, rendeu o suficiente para permanecer dois meses em cartaz. Otelo comportou-se bem, sem faltar a nenhum espetáculo, e cuidava de equipar sua casa recorrendo a um fornecedor chamado Sineas Armando, que enviou uma correspondência de Hollywood, datada de 6 de outubro de 1949, dando informações sobre as encomendas feitas. Comunicou que não poderia mandar a máquina de gravar em fio de arame, pedida por Otelo, no dia 15 de outubro, pois só teria um avião da FAB no dia 10 de novembro. Justificou a utilização do avião militar lembrando um "famigerado decreto" do governo brasileiro proibindo importações desse tipo. Concluiu a carta informando que a encomenda feita por Edu da Gaita custava 50 dólares, mas que tentaria encontrar mais barato em outro fornecedor. Dias depois, em outra carta, Sineas contou que esteve na casa de Carmen Miranda e que ela considerava Grande Otelo "um dos maiores cômicos do teatro brasileiro, um artista completo. Convivo há dez anos com Carmen e jamais a vi falar de um artista, principalmente brasileiro, do jeito que ela se refere a você". O interesse dele em comprar um gravador nos Estados Unidos, que possivelmente não se vendia no Brasil, se devia a uma das suas manias prediletas, que era manipular aparelhos eletrônicos. Seu filho Carlos Sebastião, em depoimento para este livro, disse que ele se isolava da família para consertar os aparelhos elétricos de casa.

Grande Otelo passou a noite de 19 para 20 de novembro, sexta-feira para sábado, fora de casa, aonde chegou quando já passava das sete horas da manhã, inteiramente bêbado. Segundo disse a Lúcia Maria, estava bebendo com amigos. Fosse qual fosse a desculpa, ela não parecia mais disposta a aceitar as farras do marido, até porque as últimas brigas do casal haviam sido em conseqüência dos ciúmes de Otelo, que não permitia sequer que ela saísse sozinha. Foi uma discussão pesada, mas ele estava com muito sono e tratou de ir para a cama.

Eram cerca de dez horas da manhã quando a empregada, Maria José Pereira, viu Lúcia Maria, nervosa, com uma pistola da marca Joha, calibre 6/35, na mão. Tirou a arma da mão dela, advertindo-a para o perigo que corria e escondeu-a numa gaveta da casa. Saiu para fazer compras e, na volta, Lúcia Maria, parecendo mais calma, pediu a arma para guardá-la no lugar apropriado, no que foi atendida. Pouco depois, Maria ouviu vários estampidos vindos do quarto de Chuvisco, correu para lá e viu, horrorizada, muito sangue espalhado pelo quarto, o menino, de seis anos, morto com um tiro na testa, e Lúcia Maria, desmaiada, com um tiro na cabeça. A empregada correu para o quarto de Grande Otelo aos gritos e teve muita dificuldade em acordá-lo. Comunicou-se imediatamente com uma vizinha de apartamento, Nina Fortes, que cuidou de acordar o artista, enquanto Maria dirigia-se ao porteiro, Edmil Gomes Ferrão, pedindo ajuda.

Edmil procurou logo um policial morador na vizinhança, detetive Soares, e, quando voltou ao apartamento, Otelo estava acordado e desesperado. Mal acordou, correu para a casa de Herivelto Martins, enquanto o detetive telefonava para o Hospital Miguel Couto e para o comissário Raimundo Nonato Filho, do 3º Distrito Policial. Quando a ambulância e a polícia chegaram, Lúcia Maria já estava morta. Deixou um bilhete, que poder ser interpretado como uma denúncia contra a sociedade machista da época em que a mulher, para defender sua reputação, temia separar-se do marido:

"Ninguém tem nada com isso, a não ser o Otelo, que vive me amofinando por tudo. Eu não agüento mais. Não posso ir à praia, não posso visitar uma amiga, não posso sair, enfim, não posso fazer nada, e acho que isso é demais. Por isso, quero morrer e vou levar meu filho. Peço que me perdoem por tudo. Separar-me não posso, senão vão dizer que eu não presto. É sempre assim".

O comissário Nonato mostrou o bilhete a Grande Otelo, que reconheceu a letra:

— A letra é dela. A assinatura também.

Já cercado de amigos, entre os quais a vedete Mara Rúbia, o ator comentou:

— Vejam que coisa. Logo agora que eu estava ganhando bem, trabalhando com entusiasmo, fazendo tudo para dar conforto em casa. Agora, quem não presta sou eu. Lúcia Maria me apareceu com um garoto de três anos dizendo que era meu. 'Está bem minha filha, se é meu, vamos educá-lo. Filho meu vai ser doutor. Vamos nos casar.' A casa era pequena, queria um apartamento maior. Dei-lhe um apartamento maior. As despesas têm sido grandes. Ando doente, magro, trabalhando a poder de injeções. Tenho feito o possível para viver em harmonia. No final das contas, quem não presta sou eu. Agora — completou — estou arruinado. Todos conhecem a minha história e vão me acusar. Este é o meu destino. Se, de hoje em diante, fracassar como artista ou se o público me repudiar, vou tratar de arrumar a vida.

Queixou-se que Lúcia Maria não aceitava a sua vida de artista.

— O artista não pode ter relógio. Cheguei de manhã em casa porque passara o resto da noite, depois do trabalho no Teatro Recreio, conversando com velhos amigos com quem reencontrei depois de muitos anos. Ela discutiu comigo e depois se acalmou e fui dormir.

Os corpos foram levados para a capela Santa Teresinha, no Campo de Santana, para o velório. Mas todo o elenco de *Está com Tudo e Não Está Prosa* surpreendeu-se na matinê de sábado quando viu Grande Otelo chegar e dirigir-se ao camarim para mudar de roupa. O *Diário de Notícias* comparou a atitude do ator à do palhaço, "que vendo o filho morto, dirigiu-se ao picadeiro para representar o seu papel, fazendo rir a platéia com o coração retalhado pela dor". Dispensado por Walter Pinto da sessão noturna, provavelmente por vê-lo na pior interpretação da temporada, chegando a chorar em cena, Otelo voltou para a capela Santa Teresinha para acompanhar o velório, àquela altura com a presença de muitos artistas e de uma multidão na porta.

O drama de Otelo levou o grande romancista José Lins do Rego, então colaborador do *O Globo*, a escrever uma crônica lembrando que não se tratava "daquela dor da tragédia" nem do teatro clássico de Shakespeare. "Tratava-se do nosso Otelo, o artista fruto do nosso teatro de revista, o negro das caretas e dos gestos grotescos, o cantor da Praça Onze, o pobre rapaz arrebatado pelo choque de uma tragédia." Depois de acentuar que, "às vezes, o noticiário de imprensa se regala com suas loucuras aguçadas e vapores de bebedeiras", confessou: "Mas gosto do seu Otelo, gosto do seu palhaço, do seu negrinho, que arranca gargalhadas e provoca hilaridade a granel". Em seguida, manifestou a sua solidariedade ao artista:

"Mas a dor cruenta entrou pela casa do artista do povo e
foi feri-lo no coração, que ele tem como qualquer homem do
mundo. Vi a cara do desgraçado rapaz pelas colunas de todos

os jornais. Vi a cara que é uma fonte de riso transformada numa cara de sofrimento, de amargura, de desespero. E li o noticiário impiedoso e quase chorei, e uma repulsa geral pelos homens atiçou-me na alma a vergonha de ser de uma sociedade de sádicos, de doentes de espírito. Caro Otelo, estou contigo. Mal te conheço, no entanto, te conheço o bastante para te mandar um abraço de homem, que te sabe vítima do destino sem entranhas. Sei que és boêmio, que tens tua cabeça virada, mas quantos não são como tu, meu desgraçado negro! Quantos te poderão atirar a primeira pedra? Ontem à noite, a força de um contrato te levou ao palco para fazer os outros rirem. E dizem que não suportaste a dor. E a tua máscara se rasgou em público. E o público que queria gozar o cômico arrasado pela dor, muito terá sofrido, apesar do sadismo monstruoso. O pranto de Otelo abafou a sala, encheu o teatro, rompeu a rua, correu para o apartamento vazio, onde o seu Chuvisco, coitado, era uma sombra de menino morto".

O enterro foi realizado no início da tarde de domingo, no cemitério São João Batista. Otelo estava abatido e chorava muito, sem parar de perguntar: "Por quê? Por que ela fez isso? Por quê?". O diretor Watson Macedo, que acompanhou o enterro ao lado da jovem atriz Eliana Macedo, sua sobrinha, tem uma versão sobre o comportamento profissional de Grande Otelo naquelas circunstâncias, pois, segundo revelaria ao jornal *O Globo*, em outubro de 1975, cabia a ele conduzir o ator para o estúdio da Atlântida para dar continuidade às filmagens de *Carnaval no Fogo*. Eis o seu depoimento:

"Em fins de 1949, Otelo sofreu um dos maiores baques de sua vida, com a perda da mulher, que se suicidou matando o filho Chuvisco. Estávamos filmando *Carnaval no Fogo* e fui com Grande Otelo ao cemitério. De lá, direto para o estúdio. O filme tinha data marcada e as filmagens não poderiam ter atraso. Surpreendentemente, contestando todos aqueles que o chamam de irresponsável, Otelo fez o melhor trabalho de sua carreira, a Julieta de peruca loura e vestido da época. Foi o melhor trabalho cômico de Otelo. O homem que caía em prantos nos intervalos da filmagem era o oposto do ator que entrava em cena, sem a menor marca da tragédia no rosto".

Tragédia na Urca

Grande Otelo e Oscarito (1906-1970), pseudônimo do espanhol Oscar Lorenzo Jacinto de la Imaculada Concepción Teresa Dias, conheceram-se no início da década de 30 e chegaram a atuar juntos na companhia teatral de Jardel Jércolis, mas só muitos anos depois passariam a formar efetivamente uma dupla cômica. Aqui os dois aparecem em três fotogramas de *Carnaval no Fogo* (1950), dirigidos por Watson Macedo numa das cenas mais hilariantes e de maior repercussão do cinema brasileiro: aquela em que os dois cômicos, travestidos como Julieta (Otelo) e Romeu (Oscarito), parodiam a célebre "cena do balcão" da tragédia de Shakespeare.

Mas, para Otelo, a história não foi bem assim. Pelo menos foi o que deixou claro numa de suas últimas entrevistas, concedida ao jornalista João Luís de Albuquerque para a revista *Interview* e publicada logo após a sua morte. A filmagem não teria ocorrido em seguida ao enterro, mas durante uma rápida temporada da companhia de Walter Pinto em São Paulo, poucos dias depois da tragédia:

"No domingo à noite, depois do espetáculo, peguei um 'corujão' para filmar na segunda de manhã. Filmar durante o dia e a noite e voltar na terça para São Paulo. Então, para agüentar tudo aquilo, bebi umas cachaças e ainda tomei Pervitin. Botei o relógio para despertar e fui dormir. De manhã, saí escabreado e fui para o estúdio. Só que, antes, tomei outra cachacinha".

E informou que a cena foi repetida "umas três ou quatro vezes".

Oscarito era o Romeu e Grande Otelo, Julieta. E o público lotou os cinemas brasileiros para ver, às gargalhadas, a versão em chanchada do texto de Shakespeare. Grande Otelo disse ao jornalista Sérgio Augusto que conseguiu ver a cena do balcão somente 25 anos depois, quando Carlos Manga lançou o filme *Assim Era a Atlântida*, com trechos dos filmes da produtora.

Produtor de espetáculos musicais e teatrais, o gaúcho Carlos Machado (1908-1992) conheceu seu apogeu entre 1946, data da proibição do jogo no Brasil, e a transferência da Capital Federal do Rio de Janeiro para Brasília, no início dos anos 60. Durante esse período, seu nome virou referência maior do teatro de revistas no Brasil, tornando-se manchete em várias revistas internacionais, invariavelmente acompanhado da alcunha de "O Rei da Noite".

12.
CARLOS MACHADO

Dois dias depois do enterro de Lúcia Maria e Chuvisco, o *Diário de Notícias* desmentiu um boato que se espalhava pela cidade, segundo o qual Grande Otelo teria cometido suicídio atirando-se do alto do edifício em que morava na Urca. O jornal entrou em contato com o 3º Distrito Policial, que desmentiu a boataria e informou que "o popular ator negro encontra-se profundamente sentido com a tragédia que aniquilou seu lar, sem demonstrar fraqueza ou qualquer sintoma de anormalidade em seu estado psíquico".

Os boatos foram provavelmente provocados pela ausência do artista no Teatro Recreio durante toda a semana que se seguiu ao enterro. Mas, ao voltar para a matinê de domingo, providenciou um texto que foi impresso e distribuído a todos os espectadores de *Está com Tudo e Não Está Prosa*:

> "Amigo fã, boa tarde.
> Saúde.
> Eu vou indo mais ou menos. Depois de longo e tenebroso inverno, como ave que volta ao ninho antigo, também voltei. Voltei com tudo. A sincera maneira de trabalho que você reconhece e também um pouco mais de senso de responsabilidade.
> Foi duro, velho! Mas não culpo ninguém. O problema foi criado por mim. Quem deve resolver sou eu. De fato, já está resolvido. Achei a boa vontade desse moço e amigo que é Walter Pinto. Ele me ofereceu a melhor das oportunidades no teatro. Tanto na parte artística como na parte monetária.
> Conto agora com você para firmar de vez uma situação que você mesmo foi quem deu.
> Com meus sinceros agradecimentos, sempre às ordens.
> Grande Otelo, 1949".

Em quase todos os depoimentos, confessou que os meses seguintes foram de altíssimo consumo de bebidas alcoólicas. Bebia grandes quantidades com uma freqüência ainda não experimentada, mas a verdade é que realizou vários trabalhos importantes em 1950, inclusive no Teatro Folclórico Brasileiro. Embora fora do palco, seu contrato com Walter Pinto foi preservado, o que lhe garantiu um salário mensal e as condições para manifestar a sua solidariedade aos esforços da garotada do Teatro Folclórico, atuando durante duas semanas sem cobrar nada pelo trabalho. Ele atendeu ao convite do jovem ator Haroldo Costa, que, apesar da idade, assumia uma espécie de liderança do grupo e participou de três quadros do espetáculo denominado *Rapsódia de Ébano*, que estreou no início de março no Teatro Ginástico, no Rio de Janeiro. Na peça, Otelo fez o papel de escravo num quadro que focalizava a cidade de Ouro Preto em 1830, foi também um moleque de rua, dançou capoeira na homenagem a Salvador e interpretou um político nas cenas sobre Recife.

Rapsódia de Ébano permaneceu no Ginástico até o dia 19 de março e o grupo do Teatro Folclórico Brasileiro, já sem Grande Otelo, fez depois uma longa viagem pela América Latina e se transformou na famosa Brasiliana, companhia de teatro e dança que se apresentaria em vários continentes. Otelo, por sua vez, obteve de Walter Pinto autorização para assinar contrato com a empresa de Juan Daniel, com a qual fez vários espetáculos a partir de 22 de março, dia da estréia da peça *Tô de Olho*, de Maria Daniel e Jorge Murad, com Juan Daniel, Mary e Alba, Badu, Zaquia Jorge e várias *girls*. *Tô de Olho* e os espetáculos seguintes foram montados no Follies, um novo teatro instalado na esquina das avenidas Nossa Senhora de Copacabana e Rainha Elizabeth.

Como o teatro era pequeno, a solução encontrada pelo casal Daniel para obter alguma rentabilidade foi a realização de duas sessões diárias. *Tô de Olho* teve uma carreira curta. No dia 8 de abril, sábado de Aleluia, estreava no mesmo teatro a revista *Boa Noite, Rio*, de Alberto Flores, com Grande Otelo, Badu, Mary e Alba, Zaquia Jorge, quase o mesmo elenco do espetáculo anterior, com um número muito pequeno de artistas, se comparado com as grandes revistas dos teatros Recreio e Carlos Gomes. É que o Teatro Follies tinha pouco mais de 200 lugares e o palco era diminuto. O novo sucesso do empresário Juan Daniel, serviu também para projetar Copacabana como um novo e importante centro teatral do Rio de Janeiro. Pelo menos, foi o que registrou o *Correio da Manhã*, numa nota em que chamou a atenção para o bairro, "fervilhante de teatros vitoriosos" e mostrou por quê: o Teatro Copacabana apresentava *Amanhã, se Não Chover*, de Henrique Pongetti, com Tônia Carrero, Paulo Autran, Vera Nunes e outros; no Teatro Jardel, *O Soro Chegou*, revista de Geisa Bôscoli, com Alvarenga e Ranchinho, Jane Grey, Cláudio Nonelli e outros; no Teatro de Bolso, *Adolescência*, tradução e adaptação de Magalhães Júnior e Renato Alvim, com Ziembinsky, Neli Rodrigues e outros; e, no Follies, *Boa Noite, Rio*.

Este último ganhou uma crítica de Agnelo Machado, na edição de 25 de maio do *Correio da Manhã*, que não deve ter deixado Juan Daniel nada satisfeito. Agnelo não perdoou e escreveu que *Boa Noite, Rio* era "infelizmente, muito fraco" e saudou o final de carreira da peça, afirmando, entre outras coisas, que nos últimos dias, ela deveria chamar-se *Já Vou Tarde*. Reconheceu que o palco do Teatro Follies "proíbe realizações desse gênero" e colocou Otelo como uma vítima do texto ruim que recebeu.

Grande Otelo mantinha seu vínculo com o rádio graças à cantora Marlene, que o convidou para dividir com ela um quadro do *Programa Manuel Barcelos*, um dos mais ouvidos da Rádio Nacional, em que os dois cantavam paródias de músicas conhecidas. A produção do quadro foi entregue a alguns dos melhores redatores de programas da emissora, entre eles Fernando Lobo, Haroldo Barbosa e Meira Guimarães. Tudo deveria correr bem para o ator se ele não faltasse tanto aos ensaios, deixando Marlene sempre apreensiva quando ia apresentar o quadro ao vivo, como eram todos os programas de auditório da Nacional. Ela acabara de ser eleita Rainha do Rádio, derrotando a popularíssima Emilinha Borba, e não poderia correr o risco de cometer erros diante do microfone. Até então, ele faltava a um ensaio, mas, no dia seguinte, comparecia ao segundo, aprendia a sua parte e o quadro ia para o ar. Com seu prestígio de Rainha do Rádio, Marlene o salvava sempre das ameaças de demissão vindas da direção da emissora e do próprio Manuel Barcelos. Houve, porém, uma semana em que, por razões internas, foi programado apenas um ensaio e, ainda assim, Otelo faltou. Marlene não agüentou e ela própria se encarregou de pedir a demissão do ator. Ensaiou a música sozinha e, no dia do programa, quinta-feira, Grande Otelo apareceu e dividiu o quadro com a cantora arrancando aplausos e gargalhadas no que seria a sua melhor atuação no programa. A própria Marlene teve que fazer força para não cair na gargalhada com o programa no ar. É que, sem ela saber, Otelo esteve na noite de quarta-feira na Rádio Nacional, aprendeu a letra com Haroldo Barbosa e a música com o maestro Chiquinho, e ensaiou tanto a parte que lhe cabia que pôde improvisar o tempo todo, não só divertindo a cantora como obrigando-a a admirá-lo ainda mais.

Seu vínculo com Juan Daniel e o Teatro Follies teve de acabar em outubro, pois no dia 26 daquele mês Walter Pinto estrearia aquele que foi, provavelmente, o seu mais luxuoso espetáculo, *Muié Macho, Sim Sinhô*, no Teatro Carlos Gomes, comemorando os 25 anos de fundação da Empresa de Teatro Pinto Ltda. A peça de Freire Júnior, Luís Iglesias e Walter Pinto, reunia um elenco capaz de provocar inveja a qualquer outro produtor de revistas teatrais: Grande Otelo, Oscarito, Virgínia Lane, Dalva de Oliveira, Pedro Dias, Joana D'Arc e vários outros nomes, além de modelos, *girls*, *boys* e 26 bailarinas do Balé do Teatro Cólon, de Buenos Aires (incluindo a primeira bailarina, Graziela Mendez), todos se apresentando em um palco giratório. A presença de Dalva de Oliveira ficava por conta do faro de Walter Pinto para escalar atrações que levariam público ao teatro. Naquele momento, a cantora começava a obter grande êxito com as gravações de músicas cujas letras eram interpretadas como recados hostis ao ex-marido Herivelto Martins, depois de ruidosa separação. Se Dalva tivesse o mesmo faro que Walter Pinto, talvez não aceitasse um compromisso que a prenderia todas as noites no teatro. Pelo menos três músicas gravadas em 1950 — "Tudo Acabado" (J. Piedade e Osvaldo Martins), lançada em maio; "Que Será?" (Marino Pinto e Mário Rossi), lançada em julho, e "Errei, Sim" (Ataulfo Alves), lançada em setembro — já estavam entre os discos mais vendidos do ano e, em 1951, ocupariam os três primeiros lugares das paradas de sucesso, fazendo de Dalva de Oliveira a cantora de rádio mais popular do país. Dalva superou inclusive uma estranha estatística do mercado fonográfico: desde a partida de Carmen Miranda para os Estados Unidos, nenhuma cantora conseguira atingir a liderança na vendagem de discos.

Muié Macho, Sim Sinhô foi um dos maiores sucessos — senão o maior — da carreira de produtor de Walter Pinto. Entre os quadros (eram 21, em dois atos) que mais agradavam ao público estavam o que Oscarito e Grande Otelo representavam duas empregadas domésticas, o que Pedro Dias (mais uma vez) imitava Getúlio Vargas (às vésperas de voltar ao poder) e o que Virgínia Lane representava uma uva do Rio Grande do Sul e convocava a platéia para saborear o suco da fruta.

Mas Grande Otelo não "emplacou" 1951. Walter Pinto perdeu a paciência e, no início de janeiro, puniu-o com uma suspensão que se prolongou até o último dia do espetáculo, tantas faltas cometeu. Nas entrevistas em que se referiu a essa fase, contava que fez apresentações no interior de São Paulo, Mato Grosso e, em pleno inverno, em Curitiba, onde os diretores da companhia teatral em que atuava sob contrato chegaram a chamar a polícia para obrigá-lo a trabalhar. Ele alegava que, com tanto frio, era impossível subir ao palco.

As pazes com o trabalho começaram pelo cinema. Em 1951, Otelo atuou em três filmes que a Atlântida lançaria no ano seguinte, *Carnaval Atlântida*, *Três Vagabundos* e *Barnabé, Tu És Meu*, todos dirigidos por José Carlos Burle (em 1952, também estaria nas telas com um dos filmes mais importantes da sua carreira, *Amei um Bicheiro*). No teatro, coube à atriz e empresária Mary Lincoln a iniciativa de trazê-lo de volta como uma das atrações da revista teatral *Boa até a Última Gota*, escrita por Freire Júnior com supervisão de Walter Pinto, que fora convencido por Mary a dar mais um crédito de confiança a Grande Otelo. Depois de vários adiamentos, o espetáculo, que contava também com Silva Filho, Palmerim, Joana D'Arc e outros, estreou no dia 30 de novembro no João Caetano. Mas a peça foi um fracasso e no dia 22 de dezembro foi retirada de cartaz.

Otelo, porém, correspondeu à confiança de Mary Lincoln e não só cumpriu com todas as obrigações como foi o único nome do espetáculo a ganhar elogios na imprensa por sua atuação. Por isso, foi chamado para dividir com Válter D'Ávila, Linda Batista, Carmem Rodrigues e um grande número de *girls* e *boys* o palco do Teatro Carlos Gomes no espetáculo *Branco, Tu És Meu*, de Humberto Cunha e Roberto Font, com produção de Miguel Khair. Saía do teatro depois das dez da noite e corria para a boate Monte Carlo, na Gávea, a fim de atuar no show *Zona Sul*, de Carlos Machado. Os dois colegas do Cassino da Urca reencontraram-se naquele início de 1952, mas dessa vez Machado não "regia" orquestra alguma. Comandava, isto sim, uma das mais belas casas noturnas do Rio de Janeiro, que ele mesmo montara, lá no alto, na mansão onde até 1948 residia o banqueiro Antônio José Pereira das Neves, um dos proprietários do Banco Indústria e Comércio. A Monte Carlo foi a primeira tentativa bem sucedida de promover a ressurreição dos espetáculos noturnos no Rio de Janeiro, duramente atingidos pelo fechamento dos cassinos. Também começou na boate a estreita relação profissional de Carlos Machado com Grande Otelo, que duraria quase quinze anos e dezenas de espetáculos. O show *Zona Sul* obteve grande sucesso e só acabou com a chegada do carnaval (era um espetáculo carnavalesco).

Branco, Tu És Meu encerrou a carreira no dia 17 de fevereiro, às vésperas do carnaval, mas o produtor e os autores acharam que, com algumas modificações, o espetáculo agüentaria pelo menos mais três semanas de apresentações em março. No Monte Carlo, porém, o carnaval marcou o fim da temporada de *Zona Sul*; Carlos Machado, entretanto, já estava com outro espetáculo pronto, *Burleque*, mais uma vez com Grande Otelo e Mary Gonçalves à frente, que estreou no início de março. Como a boate Night and Day exibia um show de Ari Barroso e o Acapulco também apresentava *Café Concerto Número 10* com boa receptividade do público, tudo indicava uma espécie de renascimento da noite carioca depois do fechamento dos cassinos.

A nova revista musical do empresário Miguel Khair ganhou o título de *Ponto e Banca* e tinha como principais atrações Grande Otelo, Virgínia Lane (intérprete do maior sucesso do carnaval de 1952, a marcha "Sassaricando", de Luís Antônio, Zé Mário e Oldemar Magalhães), Válter Dávila e Violeta Ferraz. O espetáculo começou mal, com uma crítica arrasadora de Pascoal Carlos Magno no *Correio da Manhã*, para quem o texto não apresentava qualquer novidade, as músicas eram repetitivas, a montagem "já vista, batida, repetida" e, além disso, havia um grande "desperdício de material humano". E perguntava: "Não estão em *Ponto e Banca* Válter D'Ávila, Grande Otelo e Spina?". Ele mesmo respondia: "Estão. Então, devia ser um riso de não acabar nunca. E não é, a não ser quando a grosseria invade o palco. Três cômicos que teriam público em qualquer parte do mundo, fazendo uma força imensa para animar cortinas e quadros".

Nos arquivos deixados por Grande Otelo, há uma carta sem dia e mês, mas de 1952, endereçada a Antônio Maria, agradecendo "as gargalhadas que você me deu no Monte Carlo" e lembrando do tempo em que eles se conheceram em Fortaleza, onde Maria dirigia uma emissora de rádio que apresentaria, dali a alguns dias, o cantor Sílvio Caldas, de quem Otelo revelou ser um "fã sincero e renitente", merecedor de um elogio surpreendente para quem conhece o sentimento de um torcedor de futebol: "Gosto mais do Sílvio Caldas do que do Flamengo". Mas não deixou de brindar o grande cronista com uma piada sobre a sua gordura: "Muito obrigado e um abraço difícil, dada a circunferência".

No Monte Carlo, estreou em agosto o show, produzido por Carlos Machado, *A Filha de Tirolesa*, de Silveira Sampaio, ao lado do narrador de corridas de cavalo Teófilo de Vasconcelos, e de "mais de vinte lindas mulheres". A participação de Tirolesa, a famosa égua ganhadora do Grande Prêmio Brasil, e de Teófilo dava idéia de que se tratava de um show sobre corridas de cavalo, e a propaganda esclarecia que o espetáculo contava a história "de um potro, que se desenvolve em balé". O potro era Grande Otelo. Além do Monte Carlo, onde o espetáculo começava à 1h30 da madrugada (às 22 horas, Edu da Gaita era a atração do show), Otelo estreou no Teatro República, no dia 15 de agosto, a revista teatral *Barnabé*, de Paulo Magalhães, ao lado de Genésio Arruda, Celeste Aída, Carmem Rodrigues e Ildefonso Norat. Naquele mesmo agosto, Carlos Machado encerrou a carreira de *A Filha da Tirolesa* e promoveu a volta do seu show de 1951 *Paris C'Est Comme Ça*, acrescentando apenas a participação de Otelo, que repetia um dos seus números de maior sucesso no Cassino da Urca, a imitação de Josephine Baker. Poucos dias depois, Machado mudou o título do show para *Pigalle et Son Grand Marche d'Amour*, título que não resistiu muito: foi mudado para *L'Amour Toujour L'Amour*. A cantora Linda Batista, que escrevia na *Última Hora* a coluna De Noite e Dia, elogiou muito o trabalho de Grande Otelo, lembrando que a própria Josephine Baker "ficou entusiasmada com ele". De fato, Josephine esteve no Monte Carlo e foi para o palco dividir com seu imitador vários números, inclusive "Boneca de Piche", cuja letra havia esquecido quase toda. Por falar na *Última Hora*, a edição paulista do jornal publicou no dia 29 de agosto uma longa reportagem sobre Otelo, pela passagem dos 25 anos de carreira teatral, iniciada, segundo a data escolhida pelo repórter Ariosto Pinto, no dia 29 de agosto de 1927, no Cine-Teatro Avenida. Pela reportagem, ficamos sabendo que Francisco Bernardo Filho, o irmão mais novo, desistira da carreira artística, pois, ao citá-lo, Otelo disse que a profissão dele era auxiliar de escritório. O repórter ficou impressionado por ele ainda não ter casa própria e por só querer falar de Euclides da Cunha, Maritain, Balzac, Tolstói, José do Patrocínio e outros. Informou que, na estante, viu livros em inglês, francês, espanhol e italiano.

E os espetáculos iam mudando. Em setembro, Silveira Sampaio e Acioli Neto escreveram mais um show, intitulado *O Terceiro Homem*. Grande Otelo tinha no show um longo monólogo em que se passava por ladrão profissional e exigia, entre outras coisas, um sindicato para a classe. Dizia também que, ao se aposentar, pretendia ingressar na polícia. Essa parte acabou cortada pela censura.

Otelo encontrou ainda tempo para atuar em três filmes da Atlântida, em todos eles fazendo papéis de destaque. É verdade que andou faltando algumas noites ao trabalho, desiludido com uma namorada que o abandonara. No dia 30 de agosto, o colunista Braga Filho revelou no

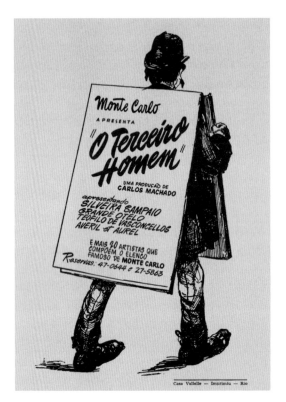

A boate Monte Carlo, de Carlos Machado, foi uma tentativa bem-sucedida de reeditar o brilho dos espetáculos noturnos do Rio de Janeiro, duramente atingidos pelo fechamento dos cassinos. Na platéia encontravam-se estadistas, políticos, diplomatas e milionários, enquanto por seu palco passaram grandes atores, músicos e dançarinos.

jornal *A Manhã* que Carlos Machado temia paralisar o show *L'Amour Toujour L'Amour* "com as permanentes crises de romantismo do temperamental excêntrico" [sic]. O mesmo Braga Filho voltaria ao assunto no dia 11 de outubro, revelando que, "devido a ocorrências de ordem amorosa", Otelo "fez paralisar durante 24 horas a filmagem de uma película da Atlântida, deixando 45 pessoas à sua espera e ocasionando um prejuízo de mais de 150 cruzeiros". O filme, apresentado no ano seguinte, era *Dupla do Barulho*, que promovia a estréia de Carlos Manga como diretor e em que efetivamente Otelo e Oscarito formavam um par. Manga, que fora levado para a Atlântida pelo galã Cyll Farney (começou como ajudante de carpintaria e de almoxarifado, foi contra-regra, assistente de direção e de números musicais), escreveu no livro *Grande Otelo em preto e branco* que queria "dar a Otelo o lugar que merecia porque o branco Oscarito já conquistara o seu". Pelo seu depoimento, as indisciplinas do nosso herói não afetaram suas relações com ele. Lembrou que "Otelo abandonou o filme no meio, deixando-me mal", mas aprendeu "que essa é uma atitude normal dos gênios", completando que não gostaria de ser um "diretor medíocre falando mal dos gênios". A história do filme realmente tinha alguma coisa a ver com a realidade vivida pelos dois cômicos. Na trama, eles formavam a dupla Tonico e Tião e, a certa altura, o personagem de Otelo queria uma resposta para uma pergunta que o atormentava: "Por que não é Tião e Tonico? Estou cansado de ser escada".

Em 1952, atuou em dois filmes dirigidos por José Carlos Burle: *Carnaval Atlântida*, com Oscarito, Cyll Farney, Eliana e vários outros nomes do cinema e do rádio, além da famosa vedete mexicana Maria Antonieta Pons, e *Três Vagabundos*, com a turma de sempre das chanchadas da Atlântida. Ele, Oscarito e Cyll Farney eram os vagabundos e José Lewgoy um cientista louco que queria trocar o cérebro do mendigo Oscarito pelo cérebro do banqueiro Renato Restier e que conseguiu criar dois personagens na figura de Otelo, um bom, o Rapadura, e um mau, o Milk-Shake. Nesse filme, ele conseguiu manter um caco que gostava muito de lembrar: na cena final, Cyll Farney joga o cigarro no chão, ele recolhe a guimba e dirigi-se a Oscarito: "Uma vez vagabundo, sempre vagabundo".

Mas seu melhor desempenho no cinema em 1952 foi, sem dúvida, em *Amei um Bicheiro*, dirigido por Jorge Ileli e Paulo Wanderley, com um elenco que tinha, como sempre, Cyll Farney, Eliana e José Lewgoy, além de Wilson Grey, Jece Valadão, Wilson Viana e Renato Murce, entre muitos outros. Otelo fez o papel de auxiliar de bicheiro, exercendo uma função que tinha o nome de entregador de lista. Se o seu drama amoroso prejudicou o trabalho em outros momentos, nesse filme pelo menos ajudou exatamente na cena tantas vezes destacada pela crítica e que mostrava a morte do seu personagem por intoxicação de gás quando fugia da polícia. Em seu depoimento ao Serviço Nacional de Teatro, em 1975, ele falou da cena:

> "Eu tinha uma namorada, que fugiu exatamente no dia da filmagem daquela cena. Fui para o estúdio depois de uma cachaça e estava com uma dor de cotovelo tremenda. A polícia dava uma batida, eu corria para dentro da caixa do marcador de gás, mas deixando uma frestinha para respirar. Um policial sentiu o cheiro do gás, fechou a porta e eu morria lá dentro. Contado assim não parece nada, mas Amleto Dayce fez uma fotografia muito boa e, como eu estava muito magoado, caiu uma lágrima na hora exata. Acho que foi essa lágrima que impressionou todo mundo".

Carlos Machado

O samba "No Tabuleiro da Baiana", composto por Ari Barroso em 1936, renderia a Otelo centenas de apresentações; aqui ele apresenta o número ao lado de Eliana Macedo, no filme *Carnaval Atlântida* (1953), dirigido por José Carlos Burle.

A cena predileta de Otelo, porém, não era essa, mas outra bem mais simples: era uma em que, depois de conversar com Cyll Farney, despedia-se dizendo apenas: "Lembranças a Laura!" (personagem de Eliana que estava doente). "Gostava muito da Eliana. Ali, entrou o personagem, entrou Otelo, entrou tudo naquela frase 'lembranças a Eliana'", disse ele no depoimento. A propósito, sobre as relações dele com os colegas de trabalho, o depoimento de Cyll Farney para o livro *Grande Otelo em preto e branco* é um bom subsídio:

> "Quando cheguei na Atlântida, jovem, cheio de medo das câmeras e do diretor, Otelo me chamou num canto para aconselhar-me. Aceitou-me como novato, criticava e me ensinava, dando-me força. Certa vez me perguntou se eu via os filmes americanos. Claro que via. Sugeriu-me que fizéssemos os diálogos em inglês e depois em português para entonarmos melhor".

Para Cyll, Otelo era um sentimental. "Apaixonava-se por todas as mocinhas do filme." Contou que, durante as filmagens de *Amei um Bicheiro*, o elenco aguardou várias horas a chegada dele, até que Jesus Narvais, o técnico de som, sugeriu que fossem buscá-lo em casa. Na época, Otelo morava na Rua de Santana, esquina de Avenida Presidente Vargas, num prédio que os cariocas chamavam de Edifício Balança Mas Não Cai. "Primeiro andar, subimos, entramos pela escada externa e de lá deparamos com Grande Otelo na cama, nu e com uma arma ao lado. Depois do chuveiro frio e do café conseguimos levá-lo para as filmagens."

A Atlântida, que estava certa de que os tempos iriam mudar para melhor, com a assinatura por Getúlio Vargas do decreto estabelecendo a exibição de, no mínimo, um filme brasileiro para cada oito estrangeiros que fossem exibidos — a lei do "oito por um" — foi surpreendida, no início de novembro, por um incêndio que destruiu inteiramente seu estúdio, no Centro do Rio. A empresa já havia enfrentado um incêndio antes, mas o segundo foi de proporções bem maiores, causando um prejuízo incalculável, com a destruição de máquinas, equipamentos e de boa parte da memória do cinema brasileiro, pois estavam lá arquivadas as únicas cópias de muitos filmes, inclusive de *Moleque Tião*. Pouca coisa pôde ser feita para reduzir o estrago, porque o incêndio ocorreu às três horas da madrugada, matando o único vigia, o português Moisés Pinto, de 76 anos.

Carlos Machado

Em 1953, estrearia *A Dupla do Barulho*, filme dirigido por Carlos Manga, que consagraria em definitivo a dupla de comediantes Oscarito e Grande Otelo.

13.
GRANDE OTELO, JORNALISTA

Pelo menos para efeito externo, os dirigentes da Atlântida não pareciam abatidos, tanto que anunciaram, já no dia 4 de novembro, o próximo filme, com Grande Otelo, Oscarito, Maria Antonieta Pons e outros. Nome do filme: *Pegando Fogo*. Mas a capacidade da empresa de rir com a própria desgraça não chegava a tanto. Se algum filme foi de fato feito naqueles dias em que a Atlântida aceitou o oferecimento da Cinédia para utilizar o seu estúdio, o título era outro, pois os filmes da empresa exibidos em 1953 foram *Carnaval em Caxias*, *A Dupla do Barulho* e *É pra Casar?*. Em 1954, também nenhum filme tinha fogo ou coisa parecida no título.

Para Otelo, a novidade naquele fim de 1952 foi atuar na primeira tentativa de Carlos Machado de levar para o teatro uma coletânea de quadros apresentados na boate. No dia 3 de dezembro, estreou de *Folias de Monte Carlo*, no Teatrinho Jardel, um espetáculo no formato das revistas teatrais, com textos de Paulo Soledade e Nei Machado.

Encerrada a temporada de *Folias de Monte Carlo*, teve início, em curta temporada, a reapresentação de *O Terceiro Homem*, apresentado de madrugada, porque, às nove e meia da noite, Grande Otelo dividia com João Villaret, grande nome do teatro português, na boate Casablanca, o show *Como É Diferente o Amor em Portugal*, também de autoria de Acioli Neto.

Naquele 1953, Otelo botou para fora uma vontade antiga de escrever. Nos muitos papéis que guardou pela vida toda, há poesias, letras de sambas, cartas não enviadas e crônicas, escritas à mão ou na máquina de escrever. Eis, por exemplo, uma crônica abordando, já no título, um tema que viria a ser discutido muitos anos depois, "O negro e a publicidade":

"Estranho à primeira vista o título. Acontece que lendo um volume de *Seleções do Reader's Digest*, uma idéia antiga tirou-me violentamente da cama e fez com que eu resolvesse escrever o que escrevo. Se você não leu, procure ler o livro *Fronteiras perdidas*, de W. L. White. É muito interessante.

Li o resumo em *Seleções* e gostei. Depois, resolvi ler os anúncios dos diversos produtos americanos. Formidáveis como sempre, pecando só num ponto que há muitos anos me chama a atenção, não só em *Seleções* como em todos jornais e revistas de qualquer parte do mundo. As figuras de homens, mulheres e crianças são todas brancas. Por quê? Não me lembro de ter visto num anúncio de geladeira, perfume, aviação, interiores de casa, móveis etc., figuras negras. Qual o motivo, meu Deus? Só me lembro de ter visto anunciando sabão uma gorda negra ou nos anúncios de pasta de graxa, vagões de estrada de ferro com negros encarregados de botar os banquinhos para os brancos subirem, automóveis com motoristas negros. Nunca passageiros de avião, bicicleta ou seja lá o que for de confortável.

Será que o negro não tem direito a ter uma casa, comprar bons móveis? Os garotos negros, os homens negros e as mulheres negras querem tudo quanto os brancos querem, senhores anunciantes! Se às vezes não compram ou não usam é porque não foram influenciados pelos anúncios, que poderiam ter negros sorridentes com seu charuto ou cigarros Hollywood ou Continental. Nunca se viu no Brasil uma senhora negra abrindo uma geladeira, tomando um refrigerante ou vestida com um belo maiô e também um senhor negro com seus filhos dentro de um belo automóvel.

O negro nos anúncios, além de uma providência de fundo social, poderia até despertar a atenção pelo pitoresco, pois seria algo nunca visto. O negro, quando veste uma boa roupa (não falo do privilegiado) ou vai para o meio dos seus ou torna-se arrogante, cheio de si, como se tivesse feito uma grande coisa. Por quê? Porque não estão acostumados com a idéia de que podem usar boas roupas. Muitos deles gostariam de usar o que está nos jornais e revistas usados por figuras brancas.

Não é direito, minha gente. Acostumemos os nossos negros a serem bem vestidos nas revistas. Mostremos os garotos negros saindo das escolas, jogando futebol, graças ao Toddy, ou bebês negros reclamando talco Johnson, e estaremos ajudando também a democracia na aproximação dos povos, sem recorrer a doutrinas terroristas. Viva a Light, que botou a figura de um negrinho nos anúncios de racionamento. É verdade que de uma maneira discutível, mas não chegou a ofender ninguém. E é sempre um negrinho".

Como havia demonstrado a *Última Hora* de São Paulo, Otelo era leitor de grandes autores. Também a carta a Antônio Maria revelava o bom gosto do leitor de jornais. Em maio de 1953, quem seria contemplada com uma carta era Elsie Lessa, que havia escrito uma crônica sobre as relações entre as patroas e as empregadas domésticas que ele não gostou. Na carta, Otelo confessou-se "fã literário" de Elsie, mas não concordou com os comentários da cronista sobre a falta de preparo das empregadas domésticas para exercerem sua profissão e que a maioria não sabe sequer falar no telefone. Grande Otelo defendeu-as lembrando da falta de oportunidade oferecida a grande parte da população. "A gente sabe que o branco luta muito neste país para instruir-se. Imagine o grosso dessa legião de servidoras humildes contra quem a senhora ergue a clava, digo, a pena, ou melhor, a máquina de escrever", acentuou, acrescentando a título de explicação histórica para entender a situação do seus irmãos de cor: "Na minha opinião, a culpa desse negócio é do 13 de maio. Abriram a porteira e soltaram o gado sem boiadeiro. Deu nisso". E despediu-se com ironia e bom humor: "Meu abraço sincero de admirador obediente, que sabe até atender ao telefone".

Naquele mesmo mês de maio, Otelo tomou uma providência que iria repetir várias vezes, em alguns casos para sair de situações muito complicadas: internou-se no Sanatório de Botafogo "para descansar o corpo e o cérebro", segundo informou a revista *Noite Ilustrada*. Curiosamente dois meses depois ele seria convidado para escrever na revista.

O primeiro trabalho dele em *Noite Ilustrada* foi uma reportagem que estava muito longe de ser um bom exemplo de jornalismo: fazendo o papel de João Ninguém, o personagem do samba de Noel Rosa que "não era velho nem moço e comia bastante no almoço para se esquecer do jantar", Otelo descrevia detalhes do cotidiano do Rio e era fotografado contemplando o objeto de sua descrição. A primeira foto era dele olhando para um jovem casal. Segundo o repórter, "o casal de namorados no Campo de Santana troca juras de amor e faz planos para o futuro, sem perceber que ali bem perto está João Ninguém enlevado com a cena e dizendo: 'Nem tudo está perdido'". Esteve também no Cais do Porto, "a porta da esperança por onde entram os provincianos, os turistas e os imigrantes", e conclui descrevendo o próprio João Ninguém, que "não paga imposto de renda, nem se preocupa com a guerra na Coréia".

Fosse por indecisão da editoria ou porque não encontrara o melhor jeito de iniciar a nova profissão, Otelo passou quase um mês sem ter o nome da revista. Enquanto isso, atuava com grande sucesso no show *Cherchez la Femme*, no Monte Carlo, que estava recebendo o reforço do travesti Ivana, um gaúcho já conhecido como costureiro dos *socialites* carioca. Naqueles dias, saiu a crítica de Pedro Lima com restrições ao filme *Dupla do Barulho* ("decepcionou os admiradores das chanchadas cinematográficas"), mas com elogios à direção de Carlos Manga e à atuação de Grande Otelo, "o melhor do filme". Também naqueles dias foi lançada uma cachaça com o nome do ator, o que lhe garantia uma receita de 10 cruzeiros por cada dúzia de garrafas vendidas.

Ainda em agosto, Otelo foi um dos participantes do grupo de homens negros que acompanhou os restos mortais da Princesa Isabel da Praça Mauá até a Catedral Metropolitana e, dias depois, aparecia na redação do *Correio da Manhã* em "companhia da bela Mariani Fergunsen, apontada pela polícia paulista como o cérebro de uma quadrilha que iria assaltar a agência do Banco do Brasil, na cidade de Mafra, no Paraná". O jornal não revelou o que ele fazia ao lado da mulher e muito menos o nível das relações dos dois, mas registrou que ele "enxugava as lágrimas dela".

Dois dias depois, a companheira dele foi a atriz dos filmes da Atlântida, Coralina, com quem se dava muito bem (foi ela que o levou, pela primeira vez, ao Vermelhinho, um bar do Centro do Rio, freqüentado por artistas e intelectuais e que passou a ser uma espécie de segundo lar de Otelo). Os dois foram ao Maracanã assistir ao Fla-Flu — ele, torcedor do Flamengo, ela, do Fluminense — e viram o time dele perder a invencibilidade no campeonato carioca. Naquele domingo à noite, ele e outros artistas tomaram uma atitude muito elogiada pelos cronistas da noite carioca, mas, sem dúvida, extremamente mal recebida pelos funcionários de bares, restaurantes e boates: Otelo, Sílvio Caldas, Norma Tamar e outros artistas substituíram os garçons da boate Casablanca, que estavam em greve. Resultado: não funcionaram apenas as boates Night and Day e Béguin — a Monte Carlo contou com o trabalho de 60% dos empregados. O jornal *A Noite* chegou a publicar uma foto de Sílvio Caldas e Grande Otelo, vestidos de cozinheiros, na cozinha da boate, onde ensaiavam o espetáculo *Feitiço da Vila*, um show em torno da obra de Noel Rosa. Sílvio e Elisete Cardoso foram os principais intérpretes e, para Otelo, que andava bebendo muito, Machado reservou um papel secundário, o de "um negrinho vendedor de amendoim na festa da Penha".

Na edição de 15 de setembro, *Noite Ilustrada* publicou mais uma reportagem de Grande Otelo, uma entrevista com o travesti Ivana. Nas fotos, o ator aparecia como manequim do costureiro. Mas na edição de 10 de outubro, ocorreu, o que pode ser considerado de fato, a estréia dele como jornalista, já que, a partir daquela data, passou a assinar como colunista, a seção denominada "Madrugada". Naquela edição, apresentou-se:

> "Pronto. Há coisas que ficam assim brincando no ar e, de repente, acontecem. Aconteceu hoje no jornalismo brasileiro a coluna de Grande Otelo. E agora? Agora, danou-se. Lá vou eu, senhores artistas, cronistas, literatos, homens e opiniões do Brasil, o papai tá em todas as bocas, sem compromisso. O que for escrito aconteceu ou vai acontecer dentro das nossas fronteiras e, de vez em quando, nas fronteiras dos outros também".

Sua coluna voltou a ser publicada na edição de 25 de outubro com uma notícia do seu grande amigo e jornalista José Gomes Talarico, que mais tarde seria eleito deputado pelo Rio de Janeiro, sendo cassado e preso pelo regime militar instaurado em 1964. A notícia, publicada em 1953, revelava um fato nada estranho aos grandes centros do Brasil nos anos seguintes: "José Gomes Talarico, aquele rapaz da sala de imprensa do Ministério do Trabalho, está a pé. Roubaram-lhe o carro, coitado". Noticiou em outras ocasiões a inauguração da TV Paulista, bem como a mudança de Alinor de Azevedo para São Paulo ("já entregou à Vera Cruz um argumento, *A Voz do Violão*, que será dirigido por Fernando de Barros, e agora cogita cenarizar conto de Mário de Andrade") e espinafrou a censura:

> "Sem que eu estivesse lá, o Recreio ficou em polvorosa. Walter Pinto, parece, encontrou da parte dos censores cariocas a mesma energia dos catões de São Paulo. O rapaz, vítima de complexos criados por uma organização que reflete um cérebro confuso, ficou sem chance de defesa como sempre. A lei do dr. Getúlio precisa ser revista".

Satisfeito com a atuação de Otelo em *Feitiço da Vila*, Carlos Machado promoveu na Casablanca uma festa para comemorar o aniversário do ator, que contou com a presença de todo o elenco do espetáculo, jornalistas e amigos, entre eles Dorival Caymmi e o locutor César Ladeira.

Na coluna de 27 de outubro, falou do seu aniversário: "Dia 18, foi aniversário do papai aqui. Fiz 31 anos de complicações. Se algum crime cometi neste curto espaço de tempo, foi sinceramente o crime de viver. *Mea culpa, mea culpa, mea máxima culpa*". Informou também que o casal César Ladeira e Renata Fronzi convidara-o para fazer uma temporada em São Paulo, em agosto de 1954. Em outra nota, homenageou sua bela colega de trabalho: "Alô, Mara Abrantes! Você já reparou que não há nenhuma vedete negra no Brasil? Pois é, menina, este é o seu lugar no *show business*. Juízo, Boneca de Piche". E, voltando a falar dele, revelou que "Zilco Robeiro ofereceu ao papai aqui 20 mil cruzeiros para uma temporada com o fenômeno Virgínia Lane. Estou contente, pois o câmbio melhorou. Em julho, ele havia oferecido 12 mil cruzeiros".

Às vésperas da realização do I Festival de Cinema, promovido pelo Departamento de Turismo do então Distrito Federal, Otelo escreveu sobre sua atividade no cinema:

> "Antigamente, era difícil a gente levantar cedo para ganhar 80 cruzeiros por filmagem. Depois, o negócio do cinema melhorou e a gente passou a ganhar em dois meses de trabalho 10 mil cruzeiros. Foi quando apareceu a Atlântida e o cinema progrediu mais. Ganho 30 mil cruzeiros por filme e 3 mil por mês. O diabo é que a vida subiu pra burro e o negócio ainda não está bom. Será que o Festival de Cinema, organizado pelo Departamento de Turismo, vai me dar uma mãozinha?".

Na mesma edição, escreveu que estava de contrato assinado com a empresa de Juan Daniel. Mais uma vez, deixou o leitor (e o Imposto de Renda) sabendo dos seus rendimentos: "Negócio bom, 750 cruzeiros por dia, inclusive às segundas-feiras. Estou melhorando".

O contrato com a empresa de Juan Daniel previa sua participação no espetáculo *O Que É Que o Biquíni Tem?*, de Paulo Orlando e Gilberto Flores, em que atuaria ao lado de um elenco enorme e caro, reunindo nomes como os de Luz Del Fuego, Válter D'Ávila, Rose Rondelli, George Green, Diana Morel e Dorinha Duval, e que marcaria a estréia teatral do ator Daniel Filho, com apenas dezesseis anos de idade. Antes disso porém, Grande Otelo teve alguns compromissos relacionados com o festival de cinema. O primeiro deles foi um grande show na Quinta da Boa Vista, com participação dos astros do cinema brasileiro (Vanja Orico e José Lewgoy, entre outros) e do rádio (Ângela Maria, Ivon Curi, Rogéria, Blecaute e Risadinha). Blecaute chegou atrasado, em cima da hora em que ele e Otelo teriam que apresentar um diálogo já ensaiado. O ator não perdoou o atraso do cantor. No momento em que contracenavam, Blecaute gaguejou, deu a "deixa" e Otelo entrou: "Além de preto, gago. Além de gago, atrasado". O outro compromisso foi visitar o presidente Getúlio Vargas, no Palácio do Catete, integrando uma delegação de profissionais do cinema. Diante do ídolo político, o ator não se conteve:

— Presidente, o senhor é o amigo número um do cinema nacional — elogio que inspirou Getúlio a fazer uma graça:

— Sou, de fato, amigo. E não é fita.

O encontro foi assim narrado pelo jornalista Grande Otelo em *Noite Ilustrada*, numa crônica que, na época, foi um dos raros textos favoráveis ao presidente da República, alvo da violenta campanha oposicionista, comandada pela União Democrática Nacional e pelo jornalista Carlos Lacerda, que meses depois, levaria Getúlio ao suicídio:

"O papai aqui foi também ao ato inaugural do I Festival de Cinema do Distrito Federal, realizado no Catete. Foi gente à beça. Demos conta ao doutor Getúlio dos nossos projetos, sonhos e desenganos. Depois, o presidente chamou Oscarito, que já tinha ido embora por causa da matinê no Glória. Então, não sei se o presidente ou o doutor Pessoa [diretor do Departamento de Turismo da prefeitura carioca] chamou o papai aqui. Fui lá onde estava aquele a quem aprendi a querer bem, dê no que der, haja o que houver, e recebi daquelas mãos, que assinaram em 1951 um decreto dando liberdade de espírito à minha raça, um presente, um simples charuto. Recebi aquele charuto como quem recebe uma condecoração e como tal considerarei enquanto vida tiver. Agora, fico pensando que nunca voltei de mãos vazias quando fui ao dr. Getúlio Vargas. Quando o benefício não vem para as mãos, vem para o espírito ou para o coração. Getúlio Vargas há de ser sempre o símbolo do imbu acolhedor, protegendo o viajor cansado das largas caminhadas. Guardei seu charuto, presidente. Só disporei dele em prol de algo que seja muito maior do que eu. Seu charuto, presidente

Getúlio Vargas, representa para mim a lei trabalhista do deputado Getúlio Vargas, a lei da obrigatoriedade do cinema nacional, Volta Redonda e outras tantas realizações desse coração bom e patriota, que é o seu. Obrigado, presidente, pelo charuto que me deu. E que Deus faça Vossa Excelência o negrinho do pastoreio, milagroso, para encontrar na campina do Brasil imenso a paz e a confiança perdidas".

Na revista *Noite Ilustrada*, Otelo continuava dando notícias da sua carreira e publicando notas sobre vários artistas de modo geral e, em particular, sobre Mara Abrantes, a quem queria sempre agradar. Numa delas, informou que ela estava cotada para o elenco de *O Que É Que o Biquíni Tem?*, com um recado em inglês: "*Take a show, baby Mara*". De vez em quando, falava de outras beldades: "Papai aqui é muito vivo e descobriu duas Marylin Monroe no Brasil: Mara Rúbia e Helena Martins".

A comissão julgadora do Festival de Cinema, que deu a *Amei um Bicheiro* o prêmio de melhor filme, escolheu José Lewgoy como o melhor ator. Otelo estava convencido de que seria o vencedor e até fazia planos para o prêmio de 50 mil cruzeiros que iria receber. Mas a comissão julgadora deu-lhe, como consolação, uma menção honrosa. Desabafou na coluna "Madrugada", escrevendo uma nota assinada por Bastião Prata (deixando claro, portanto, o caráter pessoal do texto) em que lembrou que sempre foi prejudicado por ser negro. O texto, intitulado "O 13 de maio não valeu", foi o seguinte:

"A variedade das humanas opiniões, na sua complexidade, cria no menos avisado mortal um estado de apatia, produzindo às vezes amargos frutos. Sinto-me assim. Contam-me que oito homens julgaram meu trabalho em confronto com o de um colega e o trabalho do colega foi considerado melhor. Tenho minhas convicções. De maneira que não sentirei tão violentamente a derrota nessa lide artística. Fui batido num terreno igual com armas iguais. Sinto apenas a inutilidade da dedicação. Foram anos de lutas, abstinência, má alimentação, desconforto para que se lembrassem de que eu tinha direito a um prêmio. Quando se lembraram disso, distribuíram o prêmio a outro. Sempre foi assim. Jardel, falecido, me pagava 450 mil-réis por mês. A Urca nunca passou dos oito contos mensais. No cinema, não ganho mais de 30 mil cruzeiros por filme. Já ga-

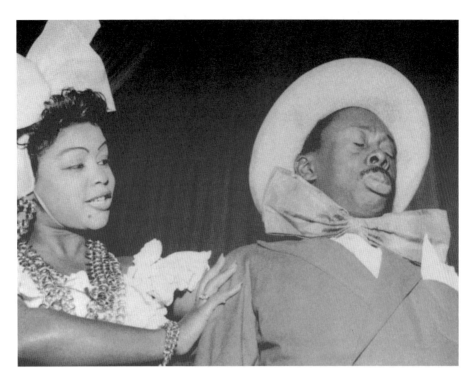

Com a bela parceira Mara Abrantes, ao lado de quem Otelo atuaria muitas vezes nos espetáculos de Carlos Machado.

nhei muito menos. Não faz mal. Sofro o destino dos pioneiros, talvez nem isso. Sou quem tem o maior *score* de filmes realizados até agora no Brasil e não me deram nada. Nem uma medalha. Só o dr. Getúlio me deu um charuto".

O Que É Que o Biquíni Tem? fez sua estréia carioca no Teatro Recreio em 13 de novembro sem Luz Del Fuego, que não teve atendidas por Juan Daniel as suas exigências de caráter financeiro. Outro desfalque da peça foi provocado pelo juiz de menores, que não permitiu a participação de Daniel Filho. O colunista Grande Otelo estranhou a decisão do magistrado porque Daniel estreara em São Paulo sem qualquer problema, mas, no Rio, o meritíssimo determinara que o jovem ator não poderia sequer entrar nos bastidores do Teatro Recreio. "Acho que o juiz não quer que Daniel Filho saiba o que é que o biquíni tem", escreveu Otelo, que, em outra nota, lembrou ao leitor que estava trabalhando ao mesmo tempo em cinema, boate, televisão e teatro.

Ele realmente estava trabalhando com dedicação e assiduidade, o que levou Nei Machado a escrever em sua coluna "Carrossel da Madrugada", no *Diário da Noite*: "de alguns meses para cá, Grande Otelo está 100% legal. Que Deus o conserve assim". Talvez a boa fase tenha levado artistas e jornalistas, liderados por Ari Barroso, a surpreendê-lo com uma homenagem no Clube da Chave, a casa noturna da moda, freqüentada por artistas e jornalistas. Os proprietários da casa também eram artistas, sendo que o compositor Humberto Teixeira era o sócio majoritário. Na verdade, tratava-se de uma manifestação de desagravo por causa da decisão da comissão julgadora do Festival de Cinema. O discurso principal ficou por conta de Ari Barroso, que traçou uma pequena biografia do homenageado chamando a atenção para as dificuldades que ele encontrou, todas vencidas pelo talento e por tantas outras virtudes. Grande Otelo respondeu com um discurso em que, humildemente, acentuou que Ari Barroso quis poupá-lo dos muitos erros que cometeu na vida e passou a citar vários dos seus pecados "com tanta franqueza que muitos dos presentes choraram", como escreveu um colunista da *Última Hora*. Depois do discurso, resolveu fazer um show que lhe rendeu muitos aplausos. Em sua coluna, Otelo não se esqueceu de abordar a noite vivida no Clube da Chave:

> "Humberto Teixeira, o homem de mais boa vontade, falou e disse que aquela era minha noite. Uma porção de homens resolveu parar para espiar pra mim. Ora, não sou parada de 7 de setembro nem desfile de escola de samba, de maneira que fiquei sem graça como o diabo. Não adiantou nada porque os moços desfilaram cantando e dizendo coisas em minha homenagem. Marlene aproveitou para trabalhar as músicas do carnaval dela (a moça não dorme de touca), veio um senhor lá das minhas Minas Gerais e falou e disse que eu tinha feito bonito, depois foi Ari Barroso, todo Flamengo 2 x 1, e falou que eu era moleque flor. Fui lá e disse que não era moleque flor, abri meu coração, mostrei a todo mundo minha alma nua e cheia de gratidão. Contei a Companhia Negra de Revistas, contei o coração de Jesus, as mãos do dr. Zizinho e da dona Filhinha Queiroz, contei Jardel Jércolis, a Urca e falei de Carlos Machado, que foi me buscar no Sanatório Botafogo para o *Feitiço da Vila* e pedi um crédito de confiança ao Brasil. Concederam-me o crédito com lágrimas de comoção nos olhos e foi com lágrimas

de comoção na cara preta que até agora agradeço. E agradeço assim: obrigado, Clube da Chave, obrigado, Brasil! Mas não sou, infelizmente, moleque flor".

No *Correio da Manhã*, Pascoal Carlos Magno achou ótima a ausência de Luz Del Fuego na peça *O Que É Que o Biquíni Tem?*: "Essa senhora", escreveu, "não dança, não canta nem representa, mas virou uma 'atração' à custa da mais espalhafatosa publicidade, exibindo-se nua ou coisa parecida, enrolada em cobras". Pascoal chamou a atenção para a ignorância de Silva Filho, substituto de Daniel Filho, que "não sabia sequer uma linha do texto que lhe coube". E percebeu que Daniel, nas coxias, servia-lhe de "ponto" e que algumas vezes chegou a invadir o palco, "dizendo alto o que sabia de cor e salteado". Mas elogiou Grande Otelo, "esplêndido sempre".

A fase realmente era muito boa. No início de dezembro, estreou na boate Casablanca um dos maiores sucessos de Carlos Machado, o show *Esta Vida É um Carnaval*, no qual Otelo, que voltava a trabalhar com Déo Maia, interpretava o papel de Zé Boa Fé, personagem que percorria a cidade tentando projetar um samba do Pai Januário (Ataulfo Alves), do Morro do Querosene, e visitava as emissoras de rádio, o Cassino da Urca, o Café Nice, a Lapa e as escolas de samba. O espetáculo contava com sambistas do Império Serrano, as belas vedetes de sempre e, imagine-se, o cantor João Gilberto, que aparecia em cinco dos 18 quadros do show, fazendo os papéis de um compositor que freqüentava o Café Nice, um fuzileiro naval na Lapa, um folião na rua, um escravo (pintado de preto) preso na senzala e, no número de encerramento, aparecia fantasiado de arlequim. Os cronistas dos espetáculos noturnos saudaram o show com grande entusiasmo. Luís Alípio de Barros escreveu na *Última Hora*:

> "Através de Grande Otelo, estrela fulgurante de *Esta Vida É um Carnaval*, somos guiados numa viagem deliciosa e emocionante pelos caminhos da música pura desta cidade musical. O negrinho nos apresenta com seu talento e sua espontaneidade e versatilidade o carnaval de 1939 até os dias que passam. E tudo é muito bem dosado, tudo segue num crescendo, mostrando inicialmente os vários aspectos do carnaval do Rio nestes últimos quinze anos: os espetáculos da Urca, o carnaval da vitória, o desfile dos préstitos, Juju e Balangandãs, a Lapa de todos os pecados, das sátiras aos compositores do antigo Café

Nice às dificuldades para a gravação de músicas e aos programas de calouros, para depois explodir numa loucura de ritmo e de coreografia com a apresentação de uma batucada e de uma escola de samba".

Encerrada a carreira de O *Que É Que o Biquíni Tem?*, Juan e Mary Daniel trataram de providenciar outra peça, *Rei Momo de Touca*, também de Alberto Flores e Paulo Orlando, que estreou no Teatro Recreio em pleno Natal, dia 25 de dezembro de 1953. O novo espetáculo, que apresentava as músicas do carnaval de 1954, reunia novamente, entre outros, Grande Otelo, Déo Maia, Válter D'Ávila, Dorinha Duval e Mara Abrantes.

Na última edição de 1953 da revista *Noite Ilustrada*, Otelo deu uma nota curiosa sobre os shows da noite carioca:

"O Rio não é uma grande cidade. Reuniram-se César Ladeira (que está com 24 de pressão), Renata Fronzi, Haroldo Barbosa e fizeram um *big show* para o Monte Carlo, com a supervisão de Carlos Machado. Este, por sua vez, fez um show com Acioli Neto pro Casablanca. Muito bem. O público resolveu ir só ao show do Casablanca. Está faltando público no Monte Carlo. E agora, Machado?".

O Monte Carlo começava a morrer (a casa seria fechada em fevereiro de 1954) e o Casablanca se afirmava com o grande sucesso da noite do Rio de Janeiro.

14.
O FUNCIONÁRIO PÚBLICO

O show *Cherchez la Femme* não suportou a falta de público e encerrou a carreira às vésperas do Natal de 1953, levando o jornalista Grande Otelo a responsabilizar, mais uma vez, o sucesso do Casablanca pelo fracasso do show do Monte Carlo. "Me faz lembrar a história do circo lá na cidade de Sobradinho, em Minas, que só encheu na primeira noite, porque não tinha mais gente na cidade", escreveu em janeiro de 1954. Na verdade, o Monte Carlo vivia o drama da decadência porque tudo lá era muito caro, o acesso era difícil e o Casablanca, com um palco que era quase o dobro do existente no Monte Carlo, dispunha de muito mais recursos para espetáculos. Em conseqüência, a casa fecharia dali a dois meses.

A boa fase se estendeu também ao compositor Grande Otelo, co-autor de um dos melhores sambas lançados para o carnaval de 1954, "Couro de Gato", que fez em parceria com Rubens Silva e Popó. A música fora recusada por Moreira da Silva, o que provocou sérios abalos nas relações entre os dois, mas Otelo deve ter percebido, depois, que a solução encontrada — gravação com Jorge Goulart — foi muito melhor, pois, além de ser um cantor de sucesso, Goulart era uma das principais atrações da Rádio Nacional. E não deu outra: "Couro de Gato" foi uma das músicas mais cantadas no carnaval, disputando a liderança daquele ano com o antológico samba "A fonte secou" (Monsueto, Tufy Lauar e Marcleo). Desconhecemos a participação dele na composição da música, mas, se foi um dos autores — ou o autor da letra — merece um elogio, pois os versos pintam uma crônica tão carnavalesca quanto carioca:

> "Aquele gato
> Que não me deixava dormir
> Aquele gato
> Agora me faz sorrir
> Às vezes saía bem da minha pedrada
> Pulava e dava risada

Fugia zombando de mim
Aquele gato não é mais gato
Hoje é tamborim".

Otelo continuou acumulando o trabalho no Casablanca com o de teatro. Depois de *Rei Momo de Touca*, que não resistiu até o carnaval, passou a atuar em *Eu Quero É Rebolar*, de J. Maia e Max Nunes, apresentada no Teatro Carlos Gomes, com Pedro Dias, Costinha, Celeste Aída, Anilza Leone, Carmem Rodrigues e várias vedetes, além do Trio de Ouro de Herivelto Martins, acompanhado da escola de samba. Também continuou a escrever na revista *Noite Ilustrada* e, na edição de 2 de fevereiro de 1954, deu a notícia que deve ter surpreendido muita gente que o considerava um artista que só queria saber da boemia e das farras: "O papai aqui deverá ser nomeado assistente técnico do Serviço de Recreação do Ministério do Trabalho. Tá bom, não tá?". O emprego foi obtido pelo jornalista José Gomes Talarico, filiado ao Partido Trabalhista Brasileiro e amigo pessoal do ministro do Trabalho, João Goulart, e do próprio presidente Getúlio Vargas, que resolveu socorrer amigos artistas desejosos de um cargo público e levou-os para o Ministério do Trabalho. Ao lado de Otelo, estavam Herivelto Martins e os cantores Ciro Monteiro e Onéssimo Gomes. Na edição da semana seguinte, Otelo citou Talarico, por um motivo que nada tinha a ver com o emprego: "Meus amigos Marino Pinto, Zé Gomes Talarico, Zé do Pato (do Vermelhinho) e outros foram ver o São Paulo Quatrocentão. Voltaram aborrecidos, contando que não viram nada, a não ser quatro ou cinco foguetinhos no Parque D. Pedro e uma porção de paulista andando na rua, com a cara de paulista quatrocentão. Os jornais contaram que dr. Getúlio foi vaiado no hipódromo, junto com Lucas Garcez e Jânio Quadros. Diabo! O dr. Getúlio precisa escolher melhor as companhias".

A nomeação para o serviço público foi formalizada no dia 17 de fevereiro de 1954 e, cheio de orgulho, Otelo transcreveu a portaria em sua coluna:

"O ministro do Trabalho, Indústria e Comércio, na qualidade de presidente da Comissão do Imposto Sindical, resolve admitir Sebastião Bernardes de Souza Prata na função de assessor técnico referência 27 da Tabela Numérica de Mensalistas da Divisão Geral da Secretaria de Imposto Sindical. Assinado, João Goulart".

Uma boa notícia para quem sonhava com um emprego que garantisse um salário mensal e oferecesse segurança para ele e sua família, pois estava noivo de Olga Vasconcelos de Souza, de vinte anos, filha de Aníbal Vasconcelos e Balduína de Souza e adotada como filha por José Gomes Talarico e sua mulher Vilma. Foi um noivado até certo ponto solene, com o pedido formal da mão da moça a Talarico e com a presença de amigos. O próprio Otelo (assinando Bastião Prata) se encarregou de espalhar a notícia em sua coluna "Madrugada", na *Noite Ilustrada*:

> "Um homem volta à estaca zero. Há festa no ar e festa no meu coração. Senti que a vida resolveu me dar um sorriso. Vou sorrir pra vida também. Depois de tanto tempo, olhando o tempo, vou entrar dentro do tempo e caminhar com o tempo. Aconteceu sábado, dia 20 de janeiro. Chamei Herivelto Martins, Rubens 'Couro de Gato' Silva, apareceu aquele maravilhoso arquiteto de Belo Horizonte, o Gusmão, e assumi o compromisso de desposar a senhorita Olga Vasconcelos de Souza, filha de criação de Zé Gomes. Foi uma cerimônia simples, que marcou o princípio de minha segunda viagem no tempo dentro da vida. Tenho fé em Deus que tudo há de sair bem. Ela é um brotinho de olhos claros e abertos para o mundo. Hei de dar-lhe o mundo que sonho para mim. Sem grandes problemas nem complexidades. Um mundo que só pode ser criado com o que nós pretendemos os dois levar para dentro do lar: amor. Tenho para mim que o amor é a única coisa que constrói, nós construiremos, sim, o nosso mundo com o nosso amor para o nosso amor".

A tarefa seguinte foi resistir ao assédio da *Revista do Rádio*, que queria apresentar os noivos aos leitores. Uma das seções mais importantes da revista, "Mexericos da Candinha", já havia abordado o noivado, mas manifestando total falta de confiança na intenção de Grande Otelo de casar. Ele respondeu em sua coluna: "Alô, Candinha, um boêmio pode casar, sim, querida. Desde que se case com a ternura. Chama-se Olga a minha ternura, sabe, Candinha?". Depois, o noivo desculpou-se com a publicação:

> "A *Revista do Rádio* teve a gentileza de me oferecer uma grande reportagem sobre o meu noivado. Fico muito grato, mas minha noiva não gostou da idéia. Gosto da moça e, em vista das

O funcionário público

165

ponderações que ela me fez, não insisti. Mas qualquer hora dessa publico a fotografia dela aqui na seção".

Naquele mês de abril, Otelo dava sinal de que pretendia participar, de forma organizada, da luta pela valorização dos negros no Brasil, liderando a criação do Centro Cívico Lima Barreto (o nome de José do Patrocínio foi muito cotado, mas prevaleceu o do escritor Lima Barreto). Pelo jeito, a intenção era evitar radicalizações, como indicava a própria definição do Centro contida no estatuto: "associação recreativa, cultural, de finalidades filantrópicas com o objetivo de consagrar elementos realmente trabalhadores, sem distinção de cor, credo político ou religioso". Grande Otelo presidiu a assembléia de instalação do Centro Cívico, realizada na sala na Rua Evaristo da Veiga, 16, sala 707, e foi eleito presidente provisório. Publicou uma nota sobre a nova instituição e, depois, nunca mais se falou dela.

Na revista, ele diversificava cada vez mais os temas das notas publicadas, mas não abandonava as notícias de interesse pessoal, como aquela em que revelou a contrariedade pela demissão do irmão dos quadros da empresa produtora do Ron Merino. "Os homens da estranja, parece, já fizeram o mercado e não precisam mais dos pequeninos." Não deixava de fazer revelações sobre a vida particular dos artistas ("Contaram aqui pro papai que a Ruth de Souza está apaixonada pelo desenhista Lan, aquele moço louro da revista *Flan*"), fazia denúncias contra os preconceitos ("E dá-se a mesma situação de alguns anos atrás com o casal Procópio Ferreira-Aída Isquierdo, por causa da então menina Bibi Ferreira. Só que agora é com o casal Alberto Perez e Iris Delmar. Depois do enxoval pronto etc., a menina foi recusada no Sacre Coeur, sob a alegação de que é filha de artistas. Até quando nós artistas teremos de viver à sombra de preconceitos *demodés*?"), contava novidades do show no Casablanca ("Errol Flynn foi ver o show, pegou o apito do Russo do Pandeiro e participou do carnaval"), tomava parte em campanhas ("O papai aqui e Déo Maia vamos à televisão hipotecar solidariedade à campanha da medalha pro Ari Barroso. O velho é chato, arengueiro, talvez até malcriado, mas como o coração tem razões que a própria razão desconhece, nós vamos lá porque gostamos um bocado do conterrâneo"), encantou-se com o talento de um excelente cantor chegado do Nordeste ("Jackson do Pandeiro é um azougue milagroso de graça e elasticidade nos movimentos. Como gostei! O cabra é danado mesmo. Faz coisas que a gente fica parado, sem falar nada. Depois, vem a Almira da comadre Sebastiana. Aí é que tudo fica danado"), registrou o seu deslumbramento com um músico de quinze anos de idade ("Baden Powell, bomba de hidrogênio de violão na mão, explodindo no Clube da Chave") e, em julho, utilizou duas palavras que se tornaram nome de um tipo de música popular brasileira ("Fernando Lobo está com uma bossa nova nesse negócio de escrever shows"). A coluna durou até julho e terminou sem qualquer explicação.

Grande Otelo pensava seriamente em casamento, pois, no dia 10 de junho de 1954, assinou o contrato do apartamento 201, da Rua Otávio Correia, 208, na Urca, pelo qual iria pagar o aluguel de 4.800 cruzeiros mensais. O apartamento pertencia à empresária Márcia Costa Lenz César e o fiador foi um dos seus grandes amigos entre os membros da família do ministro Osvaldo Aranha, o empresário Luís de Freitas Vale Aranha. Trabalhava, cuidava do apartamento e se divertia, como ocorreu na festa junina do Retiro dos Artistas, dia 16 de junho, em que atuou como sacristão do casamento caipira de Oscarito com Derci Gonçalves, celebrado pelo "padre" Colé.

O êxito de *Esta Vida É um Carnaval* fez Carlos Machado levar, em maio, o show para uma temporada no Teatrinho Jardel. Ataulfo Alves e outros artistas não acompanharam a novidade, o que obrigou Carlos Machado a fazer várias mudanças no elenco. O cronista de teatro do *Correio da Manhã* comparou o show do Jardel com o que Machado montou naqueles dias no Casablanca, *Satã Dirige o Espetáculo*, afirmando que este "ganharia mais se tivesse uma pitada da graça dita, o que está sobrando em *Esta Vida É um Carnaval*". Grande Otelo convenceu Carlos Machado a convidar a cantora Alaíde Costa, de 18 anos, para participar do show do Jardel (a jovem, que havia participado da assembléia de instalação do Centro Cívico Lima Barreto, mereceu várias notas de elogio na seção "Madrugada"), mas, às vésperas da estréia, Alaíde desistiu. Otelo não gostou, como revelou na nota publicada em 22 de junho: "Alaíde Costa assumiu dois compromissos ao mesmo tempo. Um para viajar com Renato Murce, outro para estrear no Teatrinho Jardel. Na hora H, depois de anunciada pela imprensa no Jardel, resolveu viajar com Renato Murce. Juízo, moça".

Em agosto de 1954, Otelo experimentou a alegria de ver gravada, pela RCA Victor, a única música da parceria com Herivelto Martins que (confessava) contribuiu com letra e música, o samba "Vida Vazia". E gravada por uma grande cantora, Dircinha Batista. Ele contava que escreveu a letra baseado num poema em francês, que ouvira declamado por

Margarida Lopes de Almeida. "Graças à educação recebida no Liceu Coração de Jesus, entendo qualquer coisa falada em francês", jactava-se. Ele aproveitou o próprio tema da poesia, que falava de um amor que foi embora antes do café da manhã:

> "Minha vida era cheia de alegria
> Ficou vazia na manhã daquele dia
> Em que você, sem esperar o café,
> Foi-se embora batendo a porta
> Só para acordar o bebé".

Além de escrever a segunda parte, Herivelto criou também uma fala romântica, que, na gravação, foi entregue ao radiator Floriano Faissal. A alegria de Otelo só não foi completa porque, treze dias depois da gravação (o disco sairia em outubro), acordou com a notícia do suicídio do presidente Getúlio Vargas.

O que muita gente duvidava aconteceu no dia 20 de setembro de 1954, uma segunda-feira: Grande Otelo casou com a noiva Olga. O chamado ato civil ocorreu na manhã daquele dia com o juiz Paulo Faria da Cunha, da 5ª Circunscrição, e o religioso na igreja do Sagrado Coração de Jesus, com a presença de dezenas de amigos e companheiros de atividades artísticas, como Oscarito, Blecaute, Déo Maia, Mara Rúbia, Ciro Monteiro e Herivelto Martins, o padrinho. Dias depois, Otelo estava na boate Casablanca ensaiando mais um grande sucesso de Carlos Machado, *Este Rio Moleque*, um show escrito por Pedro Bloch e Fernando Lobo e com um grande elenco liderado por Grande Otelo. O espetáculo estreou em novembro. Um dos momentos inesquecíveis do show ocorreu em dezembro, quando ninguém menos do que Carmen Miranda, em sua última estada no Brasil, apareceu no Casablanca.

Sem o Monte Carlo, o empresário Carlos Machado recuperava seu poderio na noite carioca associando-se ao pianista austríaco Sacha Rubin, que tocava no Vogue, para abrir, às vésperas do Natal, o Sacha's, uma casa de oitenta lugares, no bairro do Leme, que seria mais um local de encontro do pessoal da alta sociedade com artistas e intelectuais. A música era tocada a noite toda pelo próprio Sacha, pelo saxofonista Cipó e pelos cantores Carmem Déa e Murilinho de Almeida (meses depois, incorporou-se ao grupo o cantor Paulo Marquês). O que chamou atenção na iniciativa de Machado, mais do que abrir uma nova boate, foi tirar Sacha Rubin da elegantíssima boate Vogue, onde tocava desde 1950. Mas o pianista, que brindava os clientes com a música favorita de cada um — pois conhecia quase todos eles, assim como as suas preferências musicais — andava aborrecido com os proprietários do Vogue, e Carlos Machado tirou o melhor proveito disso.

Para Grande Otelo, 1954 foi um ano de casamento e de trabalho nas casas noturnas, nos teatros e no cinema (participou dos filmes *Malandros em Quarta Dimensão*, de Luís de Barros, e *Matar ou Correr*, de Carlos Manga, o último a apresentar a dupla Grande Otelo e Oscarito). Foi um período tranqüilo, que culminou com a notícia que lhe deu Olga, em plena festa de fim de ano, de que estava grávida.

Duas semanas depois de assinar, por indicação de Chico Anísio, contrato com a Rádio Mayrink Veiga, no dia 18 de janeiro de 1955, Grande Otelo realizou um dos seus sonhos, comprando o primeiro automóvel, um veículo da marca Woolseley, de quatro portas, fabricado em 1948. Em depoimento ao livro *Grande Otelo em preto e branco*, Chico Anísio contou que, ao recomendar à direção da Rádio Mayrink Veiga a contratação de Otelo, o radialista Luís Vassalo o advertiu de que ele, inevitavelmente, faltaria ao trabalho. "Não acreditei. Faltou! Mas o grande trunfo é pedir perdão, e Otelo já nasceu perdoado."

O filme de 1955 foi *Paixão nas Selvas*, uma co-produção da Atlântida com a Astra, da Alemanha. O diretor foi o alemão Franz Eichhorn e, no elenco, figuravam artistas dos dois países. Entre os brasileiros, além de Grande Otelo, estavam Vanja Orico, Cyll Farney, Gilberto Martinho e Wilson Grey. As coisas corriam bem com o espetáculo *Este Rio Moleque*, de casas cheias todas as noites. No dia 5 de agosto, porém, uma notícia o deixou muito triste: morrera Carmen Miranda nos Estados Unidos. A informação ainda não havia sido divulgada pelo rádio nem pela televisão, mas ele ficou sabendo ao pegar um táxi que acabara de transportar Cecília, irmã de Carmen. Vida que segue. Na noite de 13 de agosto, preparava-se para entrar em cena no Casablanca, quando chegou a notícia do nascimento de seu filho Carlos Sebastião Vasconcelos Prata. Ele dizia que poucas vezes atuou com tanta emoção como naquela noite. O nome da criança foi escolhido pelo pai, que queria ao mesmo tempo um filho com o seu nome e homenagear Carlos Machado. Depois de crescido, o menino ficou com a cara do pai, muito parecido mesmo.

Uma semana depois do nascimento de Carlos Sebastião, ocorreu a maior tragédia de todos os tempos na noite carioca: um incêndio destruiu o Hotel Vogue, na Rua Princesa Isabel, em Copacabana, acabando de vez com a boate de mesmo nome. Artistas da casa e funcionários, hospeda-

O funcionário público

No filme *Malandros em Quarta Dimensão* (1954), dirigido por Luís de Barros, Grande Otelo atuou ao lado dos colegas Jaime Costa (1897-1967), que estreou profissionalmente como cantor de teatro musicado na década de 20 e se tornou ator importante da comédia nacional de costumes; e Colé, pseudônimo de Petrônio Rosa Santana (1919-2000), que aperfeiçoou no teatro de revista dos anos 40 o tipo malandro e mulherengo que levaria mais tarde para o cinema e a televisão.

dos no hotel, em desespero por causa do fogo e da fumaça, atiraram-se das janelas acima do 6º andar (o prédio tinha doze andares), pois as escadas Magirus do Corpo de Bombeiros não chegavam até lá, para desespero também de centenas de pessoas que se aglomeravam nas ruas pedindo calma às vítimas. Entre os que morreram nessa circunstância, estavam o cantor americano Warren Hayes, o jornalista Raul Martins (divulgador da boate), o francês André Pierre, proprietário do restaurante Bistrô e o casal *socialite* Valdemar Schiller. Por sorte, Elisete Cardoso, que cantava todas as noites no Vogue e normalmente passava a semana inteira no hotel, decidira naquela ocasião dormir em casa.

Dois meses depois, outra importante casa noturna carioca, o Casablanca, fechava as portas. É que a prefeitura, proprietária do prédio, recusou-se a renovar o contrato de arrendamento com Carlos Machado. Naquela altura, Machado comandava mais duas casas noturnas do Rio de Janeiro, além do Sacha's. Eram elas as boates Beguin, no Hotel Glória, e Arpège, no Leme. A primeira, com um palco muito pequeno, apresentava os shows de elencos reduzidos, escritos, dirigidos e apresentados por Silveira Sampaio, e a segunda era um típico piano bar. Nenhuma delas tinha qualquer condição de apresentar um espetáculo da grandeza de *Este Rio Moleque*, condenado ao desaparecimento dali a uma semana. Mas Carlos Machado, sem dúvida um homem de sorte, foi procurado por Francisco Serrador, o criador da Cinelândia, para assumir a direção da boate Night and Day. Era um convite sedutor, pois a casa funcionava no Hotel Serrador, na Cinelândia, o preferido dos senadores e deputados federais de fora do Rio de Janeiro, uma garantia de público na casa (o Senado ficava a menos de 100 metros do hotel, no Palácio Monroe, que seria demolido no governo do general Ernesto Geisel). O Casablanca fechou as portas num domingo, dia 17 de outubro de 1955, e na terça-feira, dia 19, *Este Rio Moleque* reestreava no Night and Day.

Numa demonstração do tino comercial de Carlos Machado, o show prosseguiu em sua temporada, com casas cheias todas as noites. Menos em 11 de novembro de 1955, dia em que militares e políticos tentaram impedir a posse de Juscelino Kubitschek, eleito presidente nas eleições de outubro, e da resistência vitoriosa do ministro da Guerra, general Henrique Batista Teixeira Lott, que esmagou a tentativa de golpe de Estado. Com o Centro da cidade ocupado por tanques e soldados, a única pessoa a aparecer no Night and Day para ver o show foi o governador do Paraná, Nei Braga, hóspede do Hotel Serrador. Depois de ter jantado na boate, perguntou a Carlos Machado se haveria espetáculo naquela noite. E Machado decidiu prestar-lhe uma homenagem rara: botou todos os artistas trabalhando para um único espectador.

Este Rio Moleque foi até o carnaval de 1956, quando Machado ensaiava o espetáculo seguinte, *A Grande Revista*, uma seqüência de quadros em que se contava a história do teatro de revista brasileiro a partir das origens espanholas e francesas. Durante o mês de março, Otelo acumulou o trabalho no show com o da filmagem de *Depois eu Conto*, em que atuou ao lado de Anselmo Duarte, Heloísa Helena e Eliana Macedo.

Numa noite em que foi ver *A Grande Revista*, Ari Barroso sugeriu a Carlos Machado que seu próximo espetáculo fosse uma exaltação à raça negra e já tinha até um nome para o show: *Banzo-Aiê*. "'Banzo'", explicou Ari, "é renúncia, solidão, tristeza, e este é o sentimento de saudade, nostalgia. 'Aiê', por sua vez, é um grito de revolta, de infortúnio e de vitória". Machado gostou da idéia e convocou Haroldo Barbosa, Grande Otelo e Acioli Neto para escreverem o roteiro do espetáculo que considerava um dos maiores sucessos da sua carreira. Os redatores inventaram uma conferência dos "quatro grandes" da raça negra, representados por Grande Otelo (Brasil), Blecaute (África), Billy Davis (Cuba) e George Green (Estados Unidos). O encontro, que reivindicava os "direitos rítmicos" dos povos daquelas regiões, tinha uma "chefe do cerimonial", a bela Lílian Fernandes. A "comitiva" brasileira era composta pelo conjunto Brasiliana (liderado por Haroldo Costa, que fazia uma homenagem ao C. R. Flamengo) e o recordista mundial de salto tríplice, Ademar Ferreira da Silva, além das beldades Norma Benguel, Edite Morel, Norma Tamar e outras. O espetáculo fazia uma carreira vitoriosa até 1º de maio, quando um incêndio causou grandes danos ao Night and Day, destruindo os cenários e uma das grandes atrações do show, os figurinos de Gisela Machado, mulher de Carlos. Como o show não pode parar, dias depois *Banzo Aiê* era apresentado na boate Beguin com o nome de *E o Espetáculo Continua*. Em junho, Otelo fez também uma rápida temporada no Teatro Tijuca, participando da peça *Gente Bem do Morro*, de Chianca de Garcia e Sílvia Autuori.

O ano de 1956 foi também de muito trabalho na televisão. Grande otelo participava dos *Espetáculos Tonelux*, na TV Tupi do Rio, e passou depois para a TV Rio, onde atuava num programa produzido por Carlos Machado, denominado *Cassio Muniz Follies*. Além disso, assinou, em agosto, com autorização de Machado, contrato com Walter Pinto para trabalhar na revista *Botando pra Jambrar*, de Luís Iglesias e Meira Guimarães, que tinha estréia marcada no Teatro Recreio somente em outubro, o mesmo mês em que o Night and Day seria reaberto. *Botando pra Jambrar*, que tinha dois atos e 25 quadros, foi muito prejudicado pela censura teatral, que cortou várias falas e três quadros inteiros. O contrato de dois meses foi renovado por mais dois meses.

Era preciso trabalhar muito para cobrir as despesas da casa (incluindo quinze prestações mensais de 400 cruzeiros de uma máquina de escrever da marca Hermes Baby, comprada na Casa Edison) e, sobretudo, porque a família estava aumentando: no dia 10 de julho nasceu o segundo filho, Mario Luiz de Souza Prata.

Em setembro, no dia 17, Otelo participou de um espetáculo no Teatro Municipal do Rio, promovido pela Fundação Brasileira de Teatro, que reunia dezenas de artistas, entre eles Tônia Carrero, Odilon Azevedo, Iara Sales, Dulcina de Morais, Fregolente, Ítalo Rossi e Elza Gomes. Já que estava no Municipal, aproveitou para cantar trechos das óperas *Boêmia* e *Tosca*, como nos tempos em que freqüentava as aulas dadas a Abigail Parecis. Em outubro, o Night and Day reabriu com o show *Rio de Janeiro a Janeiro*, em que atuou ao lado das Irmãs Marinho, do conjunto Farroupilha, do fantástico mestre-sala da Escola de Samba Estação Primeira de Mangueira, Delegado, e das vedetes Norma Benguel, Irma Alvarez, Edite Morel, Elisabeth Gasper. Os diálogos e as piadas foram escritos por um estreante em espetáculos desse tipo, Chico Anísio.

O funcionário público

Em *Rio, Zona Norte*, filme que alcançou repercussão internacional, Grande Otelo teve uma das suas atuações mais elogiadas no papel do sambista Espírito da Luz Soares, morador do subúrbio carioca que, enquanto viaja no trem da Central do Brasil, vai recordando episódios de sua vida.

15.
LOUVAÇÃO A ASSIS VALENTE

O último contrato assinado por Grande Otelo em 1956, para atuar como protagonista do filme *Rio, Zona Norte*, seria o melhor de sua carreira de ator de cinema, pelo menos em matéria de rendimentos financeiros, se o filme chegasse a ser um sucesso de bilheteria. O contrato foi assinado com o diretor e produtor Nelson Pereira dos Santos, que havia brilhado com *Rio, 40 Graus*, um filme que passou para a história como o primeiro do movimento denominado Cinema Novo, a vanguarda do cinema brasileiro nas décadas de 1960 e 1970.

O contrato, com validade até 5 de março de 1957, estabelecia que o ator receberia uma remuneração mensal de 10 mil cruzeiros, mais 20 mil no dia 27 de janeiro e outros 20 mil no fim da filmagem, além de participação nos rendimentos do filme na condição de proprietário de dez cotas, equivalente a 44 avos da produção.

Rio, Zona Norte, que para o saudoso cineasta David Neves é o melhor filme brasileiro de todos os tempos ("80% por causa de Grande Otelo", acrescentava), conta a história do sambista Espírito da Luz, um compositor popular que vendia os seus sambas, pois não conseguia gravá-los em disco, até que a cantora Ângela Maria coloca uma das suas obras nas paradas de sucesso, mas Espírito da Luz não vê porque morre ao cair de um trem da Central do Brasil. Atuam em *Rio, Zona Norte* Jece Valadão, Paulo Goulart, Haroldo de Oliveira, Iracema Vitória, Zé Kéti e muitos outros e o protagonista do filme é destacado logo na abertura: "Nelson Pereira dos Santos apresenta Grande Otelo em *Rio, Zona Norte*".

Na ficção, era um compositor talentoso, mas desprezado pelas gravadoras; na vida real, era um mau cantor, mas nem por isso deixava de gravar: em janeiro de 1957, a Continental lançou um disco para o carnaval, que tinha no lado B "Samba comunicado", de João Correia da Silva e Paulo Soledade, interpretado por Grande Otelo. Lamentavelmente, o folião não cantou o samba no carnaval.

Otelo era também o apresentador na TV Tupi de *Ensaio Geral*, o primeiro programa da televisão brasileira exclusivamente dedicado às escolas de samba. Escrito por Hélio Bloch e Artur Farias e dirigido por Mário Brasini, o programa focalizava uma escola de samba por semana, apresentando seus compositores, cantores, passistas, mestre-sala e porta-bandeira e ritmistas, além dos fundadores de cada uma delas. Aliás, ao entrevistar um dos pioneiros da Portela, Lino Manuel dos Reis, Grande Otelo interrompeu a narrativa dele sobre os primeiros desfiles da escola com uma pergunta que pode soar estranha tantos anos depois: "As escolas daquele tempo já eram grandes, organizadas, esse colosso que são hoje?".

No final das filmagens de *Rio, Zona Norte*, Otelo se meteu numa encrenca que lhe custou quatro dias de cadeia. Arranjou uma namorada menor de idade e dormiu com ela. Segundo diria numa entrevista à revista *Realidade*, havia uma única culpada pela sua atitude: a bebida, da qual teria se mantido afastado por mais de um ano e meio depois do casamento. A mãe da moça deu queixa à polícia e ele foi manchete em jornais populares. Surpreendentemente generoso foi o comportamento de Olga, sua esposa: "Minha mulher, coitadinha, não me abandonou um mínimo. Fez frango recheado e me levou na prisão, como se eu fosse presidiário. Tudo direitinho".

A capacidade de absorver os golpes sempre foi impressionante em Grande Otelo, pois nada parecia afastar o profissional das fontes de trabalho. Era chamado para fazer um filme atrás do outro: depois de *Rio, Zona Norte* vieram *Metido a Bacana*, direção de J. B. Tanko, com Ankito, Renato Restier e números musicais de vários artistas; *Brasiliana*, direção de Erick Markaritzer, com vários atores alemães e o elenco do espetáculo *Banzo Aiê*; *Baronesa Transviada*, direção de Watson Macedo, com Derci Gonçalves, Humberto Catalano, Zaquia Jorge, Otelo Zeloni e outros; *De Pernas pro Ar*, direção de Vitor Lima, com Ankito, Renata Fronzi, Costinha, e números musicais de Emilinha Borba, Nelson Gonçalves, Caubi Peixoto e Severino Araújo com a Orquestra Tabajara, e *Com Jeito Vai*, direção de J. B. Tanko, com Carequinha, Fred, Anilza Leone e números musicais de Emilinha Borba, Caubi Peixoto e Ivon Curi.

O ano de 1957 foi também o último do antigo vínculo de Grande Otelo com a Atlântida, trocada pela produtora de Herbert Richers, que lhe pagaria 9 mil cruzeiros por mês, filmasse ou não. Herbert Richers era um velho conhecido do ator, desde a filmagem de *Noites Cariocas* (1935),

O diretor J. B. Tanko tentou reeditar com Ankito, que estreara no cinema em 1952, o sucesso da dupla Grande Otelo e Oscarito, sem alcançar, entretanto, o mesmo resultado. Aqui a nova dupla aparece no cartaz do filme *Metido a Bacana*, de 1957.

em que atuou como cinegrafista, e em outros filmes que vieram depois, inclusive *Amei um Bicheiro*, do qual foi diretor de fotografia. Otelo trabalhou na produtora até 1968.

Em 6 de agosto, Grande Otelo brilhava mais uma vez num dos grandes espetáculos de Carlos Machado, *Mister Samba*, que abordava a vida e a obra de Ari Barroso. Lá estavam também Elisete Cardoso, Aurora Miranda, Norma Benguel e um grande elenco de atores e beldades. Ari ganhava 1.667 cruzeiros por espetáculo como pagamento pela utilização de suas músicas e pela idéia. "Pela idéia? A idéia não foi de Carlos Machado?", perguntou um repórter da revista *Manchete*. Resposta do compositor: "A idéia é minha, sim senhor! Não é a história da minha vida? A minha vida foi idéia do meu pai e da minha mãe. E eu sou herdeiro deles". O show aproximou ainda mais Otelo de Ari Barroso, sendo por isso um dos convidados para o almoço comemorativo dos 54 anos de idade do grande compositor, na casa dele, dia 7 de novembro. Os dois almoçaram outra vez juntos vinte dias depois, no Palácio das Laranjeiras, convidados pelo presidente Juscelino Kubitschek, num encontro em homenagem a Louis Armstrong e que contou com a fina-flor da música popular brasileira. Lá estavam Pixinguinha, Humberto Teixeira, Dorival Caymmi, Herivelto Martins, Ataulfo Alves, Lamartine Babo, João de Barro, Fernando Lobo e Sivuca. As artes cênicas foram representadas pelo próprio Otelo e por Silveira Sampaio.

Mister Samba entrou por 1958 e devolveu a Grande Otelo a oportunidade de ganhar uma nova parceira como no tempo do Cassino da Urca, uma mulata bem mais alta do que ele, Vera Regina. Primeiramente, Vera apareceu como substituta de Elisete Cardoso, vítima de um problema na garganta que a impedia de cantar. Ao voltar à boate, recuperada, Elisete percebeu que Vera não ficara nada satisfeita com a perspectiva de deixar de ser a estrela da companhia para voltar a ser apenas uma figurante. "Para não brigar com Vera Regina, Elisete preferiu abandonar *Mister Samba*", recordou o próprio Grande Otelo ao autor destas linhas, numa entrevista de 1993. Numa entrevista anterior, concedida a Odete Lara para o *Pasquim*, em 1971, o ator falara dela:

"Fiz uma dupla com Vera Regina que marcou muito. Mas, com ela, comecei a sair do bom caminho. Em vez de ir para minha casa, ia para a casa dela. Quando começo a me interessar por uma mulher, fico na base de procurar ajudar e as que têm cabeça fraca misturam tudo. Então, eu também misturo.

A alta e elástica Vera Regina, com quem Otelo faria uma dupla de grande sucesso, se apresentava com um visual que lembrava Josephine Baker (1906-1975), a dançarina, atriz e cantora franco-americana que inspirou centenas de imitadoras em todo o mundo.

Quando vejo, estou atrapalhado. Foi uma confusão danada. Depois, tive de compreender que tinha a minha casa, minha família, que não podia provocar escândalo. Quando a coisa ficou preta, acabei com a dupla. Por causa disso, tive um período de dificuldade. Só depois de *Macunaíma* a coisa melhorou, porque o público pensava em Vera Regina quando me via, assim como até hoje pensa em Oscarito".

Como sempre, em matéria de trabalho, Otelo não se limitou a permanecer no espetáculo da boate. Continuava a fazer cinema. Na temporada de 1958, fez *É de Chuá*, de Vitor Lima, em que atuou ao lado do cômico Ankito (Ankizes Pinto), ator paulista, filho e sobrinho de palhaços, que estreou em circo aos sete anos de idade, trabalhou durante dezessete anos no Cassino da Urca e, em 1952, fez seu primeiro filme, a comédia *Fogo na Roupa*. Os produtores e diretores das chanchadas tentaram fazer dele um sucessor de Oscarito, mas, segundo o próprio Ankito, foi uma tentativa inútil: "Tentei imitá-lo, mas não consegui". Outro filme de Otelo de 1958 foi *Mulher de Fogo*, uma produção brasileira e mexicana baseada no romance *Vazante*, de José Mauro Vasconcelos.

Otelo também não se afastava do teatro. Em março de 1958, assinou contrato com a empresa de Luís Iglesias para participar, no Teatro Rival, da peça *Que Pedaço de Mau Caminho*, do mesmo Iglésias em parceria com Meira Guimarães. Assinou contrato também com o produtor Aurimar Rocha para participar da peça "Pedro Mico", de Antônio Callado, que seria apresentada em setembro. Mas o contrato teve de ser desfeito antes da estréia da peça quando o ator e o produtor concluíram que não havia como conciliar as atividades de Grande Otelo nos espetáculos noturnos, no cinema e na televisão, com os horários previstos para a apresentação da peça.

Ele se emocionou muito, naquele março, com a notícia do suicídio do compositor, protético e amigo Assis Valente, que já havia tentado a morte em maio de 1941, atirando-se do alto do Corcovado. Na ocasião, acabou preso numa árvore de onde foi retirado pelo Corpo de Bombeiros. Na segunda tentativa, bebeu guaraná com formicida e morreu em seguida. A dor de Otelo foi registrada num texto que escreveu sem esperança de publicação:

> "Na tarde calma do dia de tempo bom, temperatura em elevação, aquela figura de mulato introspectivo chegou ali no parque das crianças e se despediu, envergonhado e confuso de uma vida que ele nunca conseguiu viver. Não porque não quisesse, mas porque não sabia. E quem sabe viver? Ninguém. É de todas as artes a mais difícil. [...]
>
> Eu o conheci no Largo da Carioca. Era 1935 [...] Foi um deslumbramento conhecer naquele consultório ensolarado o homem da Bahia chamado Assis Valente. [...]
>
> Parei com meus deslumbramentos e comecei a olhar os homens do Rio de Janeiro. Que fazer? Desistir? Estava no meu sangue. Brigar? As mulheres eram muito lindas. Deixa isso pra lá.
>
> Foi o que o velho Assis Valente não fez. Nunca deixou isso pra lá. Nunca pegou leve. [...]
>
> Assis Valente enlouqueceu de tanto gritar o seu sofrimento de deslumbrado, que não quis sentir a realidade áspera desta vida sem alma. Adeus, Assis Valente. E que Deus se apiede do teu gesto e te dê, peço do fundo do coração, uma nova chance para a paz do teu espírito. Assim seja. Bastião Prata".

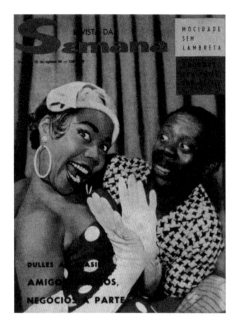 

No mesmo ano de 1958, Grande Otelo apareceria em papéis muito diferentes: com olhar matreiro na capa da *Revista da Semana*, ao lado de Vera Regina, e em pose pacata no cartaz de sua malograda candidatura a vereador.

Convencido por José Gomes Talarico, Grande Otelo lançou-se candidato a vereador do Distrito Federal pelo PTB, tendo em vista as eleições marcadas para outubro de 1958. Apesar da sua imensa popularidade, da ajuda de Talarico e do bom *slogan* na propaganda eleitoral — "Não vote em branco; vote em Grande Otelo" — a votação recebida foi ridícula, por um motivo bem prosaico: não havia qualquer candidato chamado Grande Otelo registrado no Tribunal Regional Eleitoral. Havia, sim, um Sebastião Bernardes de Souza Prata, mas este ninguém conhecia como candidato.

Quem pesquisa a papelada deixada por Grande Otelo encontra documentos demonstrativos de compras de objetos pessoais e mesmo de terrenos, assim como cobranças ameaçadoras por falta de pagamento. Dias depois do nascimento, a dia 6 de setembro, de seu terceiro filho, José Antônio de Souza Prata — que ganharia o apelido de Pratinha e que seria o único filho a seguir a carreira de ator —, Otelo pagou a terceira prestação dos lotes 15, 16 e 17 da quadra 374 do loteamento São Gabriel de Goiás, em Planaltina, Goiás. A compra revelava o desejo de Otelo de investir na nova capital da República em construção.

O espetáculo no Night and Day, no segundo semestre de 1958, era *Bela Época 1900... e 58*, uma espécie de adaptação para boate da opereta *Viúva Alegre*, de Franz Lear. Carlos Machado, o diretor e produtor, definiu o espetáculo como "uma sátira musical em tempo de valsa". Como ele não poupava dinheiro para suas produções, trouxe de Hollywood para fazer a coreografia o irmão de Gene Kelly, Fred Kelly, contratado da Metro. À frente de *Bela Época 1900... e 58* estavam Grande Otelo, Vera Regina e muita mulher bonita. Numa noite, a dentadura de Grande Otelo caiu no chão, mas ele a repôs com tal rapidez (e discrição) que quase ninguém percebeu.

Em agosto, Otelo assinou contrato com a Century Publicidade, do empresário teatral Victor Berbara, para trabalhar no programa *Teatro de Comédias Piraquê*, apresentado todos os sábados pela TV Rio a partir das 20h40. Pelo contrato, o ator era obrigado a ensaiar três vezes por semana, das 22h30 à meia-noite de terça e quarta-feira, e das nove às onze da manhã aos sábados. Tinha também a obrigação de apresentar-se duas horas antes do programa para fazer a maquiagem e para o ensaio final e se comprometia a não participar de qualquer outro programa sem o consentimento da Century. Por tudo isso, passou a ganhar 25 mil cruzeiros por mês, sendo o pagamento dividido por quinzena. Menos de dois meses depois, trabalhava em outro programa, também patrocinado pelos biscoitos Piraquê e apresentado pela TV Rio, *Vila da Nossa Amizade*, escrito por Haroldo Barbosa, Paulo Gracindo e Meira Guimarães. No início de dezembro, obteve permissão para atuar na TV Record, de São Paulo, no programa *Sr. Ritmo*, que tinha Randal Juliano como apresentador e contava com a participação de Norma Benguel e Renato Corte Real.

Era um contrato atrás do outro. Enquanto conversava com Herbert Richers para trabalhar com exclusividade em sua produtora de filmes, foi contratado — já com a autorização de Richers — pelo empresário José Ferreira da Silva para atuar na revista *Tem Mulher, Tô Lá*, de J. Maia, Max Nunes e Mário Meira Guimarães, no Teatro Carlos Gomes.

A estréia seguinte, em março, foi em mais um grandioso show do Night and Day: *The Million Dollar Baby*. No elenco, além de Grande Otelo, atuavam Vera Regina, Norma Bengell, Maurício de Loiola, Marina Marcel e beldades (especialmente, mulatas) importadas de Cuba. Também foi incorporado ao show um grupo de sambistas da Escola de Samba Portela, incluindo a sua famosa porta-bandeira Vilma, que por sinal estava lindíssima no palco. O espetáculo fazia uma sátira ao filme *A Volta ao Mundo em 80 Dias*, lançado com muito sucesso, e levou Ma-

Para muitos, Paris tinha o Lido, Nova York, o Latin Quarter, e o Rio de Janeiro, a boate Night and Day. Em *The Million Dollar Baby*, Carlos Machado promovia uma espécie de "volta pelas Américas em 80 minutos", parodiando a política de boa vizinhança que reinava na época.

chado a construir um balão, que ficava pendurado no teto da boate e descia até o chão, já que, no filme, a viagem em redor do mundo se fazia de balão.

Quem apareceu na boate numa das primeiras apresentações foi o ator David Niven, que foi convidado a "viajar" no balão. Quando desceu, pegou o microfone para confessar aos artistas e ao público que aquela foi a primeira vez que subira num balão, pois a sua "viagem" no filme *A Volta ao Mundo em 80 Dias* foi realizada sem que qualquer artista tivesse de sair do chão.

Outra figura a ver o show foi o cantor Nat King Cole, que fazia uma série de apresentações no Brasil. Foi muito homenageado por Grande Otelo. O elenco o aplaudiu e, em seguida, o próprio público bateu palmas de pé. Na segunda-feira seguinte, Otelo, Carlos Machado e outros integrantes do show participaram de uma recepção ao cantor, oferecida por Harry Stone, o representante da Motion Pictures no Brasil. Durante o evento, Nat, que era muito alto, colocou duas vezes Otelo no colo. Os

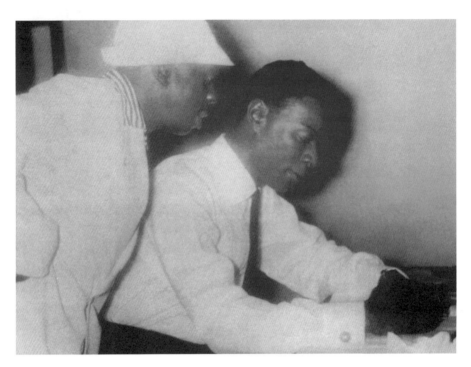

A passagem de Nat King Cole pelo Brasil em 1959 foi rápida, mas suficiente para estabelecer um vínculo afetivo entre o cantor e Grande Otelo. Carlos Machado, por sua vez, promoveu um espetáculo no Maracanãzinho em que o astro cantou para 25 mil pessoas, acompanhado de ritmistas brasileiros.

dois pareciam velhos amigos. O ator gostou tanto dele que acabou escrevendo uma daquelas crônicas que poucos iriam ler — uma crônica poética à qual não faltam a indignação do negro brasileiro com o racismo da África do Sul e a posição de um pacifista quanto à ameaça crescente provocada pela corrida atômica das grandes potências mundiais:

"Os seus lilases são floridos. Não floriram nas suas mãos. Quando você veio ao mundo, seu pai os cultivava e foi com uma braçada de lilases que ele recebeu a cegonha que o trouxe no bico. Contam os jornais que o pastor de almas *father* Cole, de braço com a mamãe Cole, na porta da sala de visitas, sorriso angelical nos lábios, se deliciava com os acordes de 'Yes, We Have No Bananas', executados magistralmente pelos dedos curtos, finos e nervosos do pequeno Nathaniel. Depois, você cresceu e, com você, as diversas florações de lilases.

E foi o sucesso de 'The Sweet Smell of the Success'. O seu nome cruzou os ares, caminhando nas asas da sua voz, inebriando os gestos dos quadrantes todos da terra, com o perfume suave dos seus lilases. Você é feliz, Nat King Cole. Você tem lilases floridos.

Mas me sinto obrigado a dizer duas palavras ao filho do *father* Cole. Lá na África do Sul, muitos irmãos nossos não têm sequer canteiros quanto mais lilases. Corre lá, Nathaniel, e, com a magia perfumada da sua voz, faz com que aquela gente se irmane sob os ditames daquilo que seu querido pai ensina dia-a-dia na igreja presbiteriana: a igualdade dos homens diante da misericórdia divina de Deus. Põe Louis Armstrong debaixo do braço e vai lá, Nathaniel, faz com que aqueles homens, mulheres e crianças sintam o perfume dos lilases que Deus lhe deu.

Sabe, Nat King Cole, ainda existe sobre a terra, ao calor do sol escaldante da calamitosa bomba atômica, gente que acha que pode viver só e que estamos na era das cavernas, quando o bicho homem temia o bicho homem".

Em maio, Grande Otelo assinou contrato com o empresário Arturo Kutscher para apresentar-se no show *Bela Época 1900... e 58*, no Embassy Cassino de Buenos Aires, numa temporada de três meses, recebendo 2.666,67 cruzeiros por dia. Mas a temporada argentina durou apenas um mês e já no início de junho ele estava no Rio apresentando-se na TV Tupi (*TV Verdades*) e na TV Rio (*Derby Show*, programa escrito por ele e Sérgio Marcondes em que atuava como ator, fazendo papel de jóquei).

Um bilhete da época dirigido a Carlos Machado revelava dificuldades relacionadas, provavelmente, a dinheiro e casamento. Dizia o bilhete:

"Hoje faço cinco anos de casado e estou chorando. Você me ajudou a manter o casamento. Mas agora é preciso consolidá-lo, Machado. Estou triste porque não vejo como. Tenho esperança ainda, mas o tempo voa, Machado. Falei sobre realizar matinês de segunda a sábado, mas, pensando bem, o resultado é problemático. E mais seria agora, Machado. Sinceramente, nunca precisei tanto de você, Machado".

De todo modo, a maratona de compromissos continua. Dias depois, voltou a Uberlândia depois de uma longa ausência, para apresentar-se ao lado de Vera Regina e do maestro Jean D'Arco no Uberlândia Esporte Clube, num show promovido pelo Lions Club da cidade em benefício do patronato Rio das Pedras e do Lar das Crianças. Na volta, em 1959, no Teatro Recreio, participou da revista teatral *Te Futuco, Não Futuca*, de Fernando Dávila e Meira Guimarães, com música de Ari Barroso. Na TV Tupi, aparecia no programa *Pintando o Seis*, escrito por Sérgio Porto, interpretando um escoteiro que fazia tudo errado. Participava também do programa da TV Rio *Teletur*, patrocinado pela Varig, fazendo um quadro em que namorava pelo telefone uma francesa chamada Simone. Ainda em novembro, contratou o advogado Paulo Carlos de Oliveira, da Cruzeiro do Sul Patentes e Marcas, para registrar a marca Grande Otelo.

No dia 15 de fevereiro, nasceu na maternidade do hospital da Associação Brasileira de Rádio o quarto filho de Otelo, a quem deu o nome de Osvaldo Aranha, numa homenagem ao importante homem público gaúcho, em cuja família ele tinha alguns amigos. Mas, logo em seguida, recebeu uma notícia que o deixou indignado: soube que teve seu nome preterido numa relação de artistas que a presidência da República escolhera para uma apresentação no Palácio do Itamarati em homenagem a um ilustre visitante, o presidente dos Estados Unidos, general Dwight Eisenhower. O Rio de Janeiro vivia seus derradeiros dias de capital da República, dali a pouco tempo Brasília seria inaugurada. Seria, assim, um dos últimos eventos do governo federal no Rio com a participação de representantes da classe artística. Grande Otelo resolveu reclamar com uma carta endereçada ao próprio presidente Juscelino Kubitschek:

"Quem lhe escreve é um artista brasileiro, que se sente ferido no que tem de mais caro, que é o seu patriotismo, a sua própria arte.

Trabalhei no antigo Cassino da Urca durante sete anos, ocupando sempre lugar de destaque, tendo nessa ocasião feito programas para o exterior, outra vez na *Hora do Brasil*, então sob a direção do dr. Júlio Barata, várias vezes cantei para o dr. Getúlio Vargas, fiz shows para a Legião Brasileira de Assistência e durante a guerra, sob a orientação da United States Organization Mobile Show (U.S.O.). Trabalhei por todo o Brasil divertindo os soldados americanos aqui sediados. Tudo isso com a maior boa vontade e o melhor entusiasmo. Por ocasião da eleição do general Eisenhower, em meu show na extinta boate Monte Carlo, procurei popularizar a frase '*I like Ike*'. Enfim, estive nestes vinte anos sempre presente, mercê dos dons que Deus me deu, em todos os movimentos de minha terra. Agora, Excelência, aos 44 anos de idade, pai de quatro filhos, contribuinte honesto que sou para o bom desenvolvimento da sociedade e da família brasileira, agora, Excelência, quando vai se realizar um show em homenagem ao presidente Eisenhower, sofri o vexame de ver meu nome vetado na lista dos artistas.

Foi um impacto muito grande e meu coração de brasileiro recusou-se a chorar sozinho. Quero mais nada, Excelência, do que prestar minha homenagem a este que vem da América receber o calor e a amizade dos brasileiros, trazendo o sorriso bom e a alma sincera dos que acreditam na glória de Deus nas alturas e na paz da terra entre os homens de boa vontade.

Com os sinceros cumprimentos do brasileiro das Minas Gerais, Sebastião Bernardes de Souza Prata (Grande Otelo)".

Não conseguiu se apresentar para Eisenhower, mas não deixou de se exibir para o público do Night and Day. Preocupado com o esvaziamento da casa como conseqüência da mudança da capital para Brasília, (em 21 de abril de 1960), Carlos Machado providenciou a contratação de uma grande estrela do teatro, a atriz Bibi Ferreira, para o primeiro show do recém-formado estado da Guanabara: *Festival*, escrito por Acioli Neto, com cenários de Fernando Pamplona e, figurinos de Gisela Machado. Além de Bibi e Otelo, o espetáculo apresentava também como atração o cômico Válter D'Ávila.

Nesse show, Grande Otelo soltou um dos seus infalíveis cacos, que acabou incorporado ao texto de Acioli Neto. Bibi, fazendo o papel da mulher faxineira que, apesar de se sentir com talento para triunfar na vida artística, dizia:

— Essas mulheres não são de nada. Tudo o que têm é postiço. Eu, não. Tudo o que tenho é meu.

E foi surpreendida pelo improviso do colega:

— Mas o nariz é do Procópio — numa referência ao pai de Bibi, o ator Procópio Ferreira.

Meses depois, ele seria convidado por Maurício Sherman para participar do seriado *Gabriela, Cravo e Canela*, na Tupi do Rio, que iria entrar para a história da televisão brasileira como o primeiro seriado a ser gravado em *videotape* e por ser também a primeira vez que Jorge Amado permitia o aproveitamento pela TV de uma obra sua.

Louvação a Assis Valente

Com a parceira e "falsa loura" Vera Regina, Grande Otelo estreou o filme *Um Candango na Belacap* (1961), em que um casal do show-biz de Brasília se une a uma dupla carioca, abre uma boate no Rio de Janeiro e tem de enfrentar as rasteiras de um competidor desonesto.

16.
JACIARA, UMA SURPRESA

Nos primeiros meses de 1961, Grande Otelo foi surpreendido por uma portaria assinada pelo novo presidente da República, Jânio Quadros, extinguindo a comissão de música do Departamento Artístico do Ministério do Trabalho e colocando em disponibilidade os seus funcionários, entre eles o próprio Otelo, o compositor Herivelto Martins e os cantores Ciro Monteiro e Onésimo Gomes. O quarteto de artistas e funcionários públicos foi salvo por José Gomes Talarico, que usou o seu prestígio no Ministério para encontrar setores ainda com vagas para servidores. Foi assim que Grande Otelo passou a ser, oficialmente, datilógrafo, embora sua intimidade com a máquina de escrever o reduzisse à de um simples "catador de milho".

A boa notícia veio de Carlos Machado, que ofereceu a Grande Otelo um contrato tão bom que o próprio empresário fez questão de incluir na propaganda do seu novo show, *Samba, Carnaval e Café*, a informação de que "o maior comediante do Brasil agora é também o mais bem pago". O espetáculo era quase uma remontagem da temporada de seis semanas apresentada por Machado a partir de 20 de setembro de 1960 no Radio City Music-Hall de Nova York, com um elenco imenso, mas sem a presença de Otelo e de Vera Regina, principais atrações do espetáculo no Night and Day, ao lado de Marly Tavares, Ministro da Cuíca, Eliseu do Pandeiro, Juan Carlo Berardi, Marlene Rosário e outros.

Em 1961, Otelo continuava na rotina de sempre, filmando, trabalhando nos shows de Carlos Machado, atuando na televisão e, de vez em quando, fazendo teatro. Os filmes daquele ano foram *Um Candango na Belacap*, dirigido por Roberto Farias, em que atuou ao lado de Vera Regina e Ankito, *O Dono da Bola*, de J. B. Tanko, com Ronald Golias, e *Os Três Cangaceiros*, dirigido por Vitor Lima, com Ankito e Ronald Golias. E ele ainda arranjava tempo para a boemia, mesmo não sendo mais freqüentador assíduo da gafieira Elite. Otelo transferiu sua boemia para a zona sul carioca, quase sempre acompanhado do amigo e jornalista Simão de Montalverne (pseudônimo de Simão Moschkovich), cronista da noite em jornais como o *Diário Carioca* e a *Última Hora*. Simão foi um dos seus amigos mais próximos, quase tão amigo quanto Herivelto Martins.

Numa bela crônica evocativa, o jornalista Arley Pereira recordou algumas passagens que justificam o imenso número de amigos de Simão (que se desquitou da mulher, Marlene, e, em seguida, recasou e com ela viveu até 1988, quando um infarto o matou aos 56 anos de idade; desse casamento, nasceram dois filhos, Eurídice e o excelente cantor Zé Renato). Em 1986, o verso do *script* da novela *Sinhá Moça*, de Benedito Rui Barbosa, serviu de espaço para que Otelo lembrasse do companheiro:

> "Tempo bom era aquele
> Que eu mais Simãozinho
> Dentro das noites do Rio
> Procurava um amorzinho
> Marivalda, Maísa e outras
> Eram musas de Copacabana
> No jeito e nas vozes gentis
> Meu Deus, como eu era feliz!".

Carlos Machado já percebia que a mudança da capital para Brasília não só afastou dos espetáculos noturnos do Centro da cidade a grande platéia de políticos, como deslocava a vida boêmia da Cinelândia para a zona sul. Apesar disso, continuou acreditando no Night and Day e partiu para um dos seus grandes shows, intitulado *Vive les Femmes*. O time de mulheres justificava plenamente o título: Iris Bruzzi, Brigitte Blair, Consuelo Leandro, Amparito e muitas outras, além de Grande Otelo. A grande atração do espetáculo, porém, era o travesti gaúcho Irajá Hoffmeister, que se apresentava com o codinome de Sofia Loren. Segundo Machado, ele "andou balançando corações", acrescentando que a platéia "ficava elétrica quando ela, ou melhor, ele entrava em cena".

Também agradaram muito ao empresário os elogios recebidos pela beleza de *Vive les Femmes*. Até o pintor Cândido Portinari se encantou com o espetáculo, que disse parecer "um museu grego em ação". O cronista Antônio Maria, também impressionado com o atrevimento de Machado, investindo uma verdadeira fortuna para realizar o show, gastou todos os seus adjetivos para elogiá-lo pela obra. Uma das suas crônicas foi concluída com esta declaração: "A Carlos Machado, eu chamarei sempre de herói. Publicamente, louvarei sua competência. Na intimidade, elogiarei sua loucura".

Mas apesar de todos os elogios a *Vive les Femmes*, a separação entre Machado e o Night and Day parecia inevitável. Tentou mais um show na boate, *Obrigado, Rio*, com Otelo e a cantora Carmélia Alves, além das vedetes, mas não havia público suficiente para garantir a apresentação das grandiosas produções de outros tempos. A solução para Machado foi comprar a boate Fred's, instalada em cima de um posto de gasolina na Avenida Atlântica, no início do Leme. Sérgio Porto, o Stanislaw Ponte Preta, dizia que, no local, o cliente enchia o tanque do carro embaixo e enchia a cara em cima. A casa e o posto tinham sido inaugurados em 1957 por Frederico C. Melo, um empresário corajoso que apresentou vários shows internacionais caríssimos, entre eles os de Sarah Vaughan, Billy Eckstine, Roy Hamilton, Trio Los Panchos e Bill Halley.

Sendo o Fred's menor do que o Night and Day, Machado ampliou o espaço da casa para garantir maior número de clientes, mas foi obrigado também a reduzir os custos dos espetáculos, diminuindo o elenco para as condições oferecidas pelo palco. Em 1962, o primeiro espetáculo a contar com a participação de Grande Otelo foi *Joãozinho Boa Pinta*, escrito por Luís Peixoto e Chianca de Garcia, e com a participação de uma nova cantora que seria uma sensação naquele ano com a gravação de seu primeiro disco, que trazia um antigo samba de Lupicínio Rodrigues, gravado vinte anos antes por Ciro Monteiro, "Se Acaso Você Chegasse". Nome da cantora: Elza Soares. Além dela, várias beldades, entre as quais a maravilhosa Esmeralda de Barros. Para o carnaval daquele ano, Otelo lançou em disco duas marchas, "Tá Certo, Sim" (Vali de Souza e Otelo) e "Neném Transviado" (Mário Barcelos e Pedro Vargas), pela Columbia.

Em 1962, Otelo voltou a fazer um papel "sério" em outro filme que seria incluído na lista dos melhores da história do cinema brasileiro e que era baseado numa história verdadeira: *Assalto ao Trem Pagador*, de Roberto Farias. Seu papel era o do assaltante Cachaça, integrante da quadrilha de Tião Medonho, responsável pelo assalto de 27 milhões de cruzeiros que eram transportados num trem. O personagem passava quase o filme todo bêbado e cantando o samba "Eu Quero Essa Mulher Assim Mesmo", de Monsueto (o verso do samba agradou tanto que, naquele mesmo ano, Ronaldo Lupo e J. P. de Carvalho convocaram Otelo para participar do filme *Quero Essa Mulher Assim Mesmo*). Riva Faria, produtor do filme e irmão de Roberto, ia durante as filmagens, todos os dias, às seis horas da manhã, acordar o ator e conduzi-lo até Japeri, no Grande Rio, local do assalto e das filmagens. Como Otelo chegava em casa de madrugada, dormia na viagem e, se não tivesse cenas para filmar imediatamente, aproveitava a folga para continuar o sono. Quando as locações passaram para o morro da Mangueira, a situação se agravou. As filmagens terminavam às cinco horas da tarde, mas, em vez de ir para casa, o ator metia-se numa birosca do morro e lá permanecia até de madrugada cantando com os sambistas, bebendo e namorando as moças. Muitas vezes, mal chegava em casa, Riva Faria já estava lá para levá-lo ao trabalho. Olga, mulher de Otelo, não escondia a irritação. E esbravejava, inocentemente:

— Vocês querem matar meu marido? Obrigam o pobrezinho a filmar até de madrugada e querem que ele volte a filmar de manhãzinha!

O diretor Roberto Farias, mesmo reconhecendo que o personagem de Grande Otelo no filme tinha uma participação secundária, sabia que ele seria um dos destaques. "Eu havia trabalhado com ele no tempo da chanchada e conhecia o seu talento", disse Roberto, revelando que o ator chegou a chorar no ombro dele, emocionado por ter recebido "o melhor papel da sua carreira". Otelo dizia que se identificava tanto com o papel "daquele miserável" que até sentia medo.

Era muito trabalho e, honra seja feita, muita boemia. Além de participar também do filme *Os Cosmonautas*, de Vitor Lima, ao lado de Ronald Golias, prosseguiam os shows de Carlos Machado no Fred's. E havia também o grupo de trabalho de que Otelo participava, no Sindicato dos Atores Teatrais, Cenógrafos e Cenotécnicos do Estado da Guanabara, encarregado de regulamentar a profissão de artista. Com tanto trabalho, Grande Otelo não conseguia cumprir todos os compromissos, merecendo assim uma pergunta em carta do presidente da Associação Brasileira dos Atores Cinematográficos, John Herbert: "Quando teremos o prazer de receber a visita do prezado companheiro de diretoria? Esperamos que breve".

A cobrança somente seria atendida em maio, quando Otelo entrou firme nas campanhas eleitorais de Antônio Queiroz Filho e Franco Montoro, ambos candidatos — o primeiro a senador e o segundo a deputado — pelo Partido Democrata Cristão. Queiroz Filho era o Toninho, filho do doutor Queiroz e de Filhinha, seus tutores trinta anos atrás. Toninho havia entrado na política em 1950, com vinte anos de idade, e em 1953 era o presidente do diretório regional do PDC em São Paulo. Em 1954, foi eleito deputado federal. Em 1955, foi nomeado secretário estadual de Justiça e Negócios Interiores do governo Jânio Quadros.

Grande Otelo em família: com a mulher Olga, e os filhos José Antônio, Carlos, Mário e Osvaldo Aranha, o caçula, assim batizado em homenagem ao político gaúcho que tivera papel de destaque no governo de Getúlio Vargas.

No fim de junho, Otelo foi encontrado na porta de casa, desmaiado. Imediatamente avisado, Carlos Machado levou-o para a casa de saúde São Vicente, onde foi internado com suspeita de enfarte cardíaco. Os médicos concluíram que ele havia sido vítima de *stress* e que deveria ser submetido a um bom período de sonoterapia, tipo de tratamento muito comum na época. Recuperado, Grande Otelo voltou às atividades em agosto, principalmente no cinema. No fim do ano, Carlos Machado estreou no Fred's o show *Elas Atacam pelo Telefone*, em que Otelo atuava com Nanci Wanderley e Maria Pompeu e que contava com a coreografia de Lenny Dale, dançarino americano que se apaixonou pelo Brasil e, particularmente, pela bossa nova, a novidade musical brasileira que começava a fazer muito sucesso nos Estados Unidos e para a qual Lenny tentou criar uma dança, que não fez o menor sucesso. Afinal, a bossa nova nunca foi propriamente um convite à dança.

Jaciara, uma surpresa

Em dezembro, Otelo trabalhava tranqüilamente no Ministério do Trabalho quando recebeu a visita inesperada de duas pessoas: Nilza Alves, antiga namorada que morou com ele na Urca meses depois da tragédia que matou Lúcia Maria e o filho Chuvisco, acompanhada de uma menina de dez anos de idade, que nunca vira, mas que era sua filha. Ele não teve dúvida de que se tratava realmente de sua filha quando a viu de perto, pequenina e muito magra, e se espantou com a semelhança física da menina com a mãe dele, Maria Abadia. A menina chamava-se Jaciara e soubera apenas meses antes quem era o pai, assim mesmo por insistência da mãe de Nilza, já que, se dependesse da ex-namorada, jamais saberia.

Refeito do susto com a descoberta, Otelo passou a receber com freqüência a visita de Jaciara em seus locais de trabalho. Enquanto isso, pensava de que forma iria comunicar à família a existência da filha. Quando decidiu falar com Olga, percebeu que a menina não seria recebida em sua casa. Por causa disso, durante um bom tempo os encontros de pai e filha ocorreram fora de casa. Quando Olga finalmente admitiu recebê-la, apenas ela e Otelo sabiam na família de quem se tratava, já que os filhos não foram comunicados. Mas gostaram logo daquela mocinha, que chamava atenção pela doçura e simpatia. Gostaram tanto que Nininho, o filho mais velho, quis namorá-la. Foi quando o pai concluiu que não dava mais para esconder a verdade e disse aos filhos que se tratava da irmã deles.

Moradora no subúrbio de Vaz Lobo, Jaciara passou a freqüentar o apartamento de Copacabana assiduamente, levada pela mãe, que se recusava a participar da visita. Não queria nem mesmo ver o ex-namorado. Olga, por sua vez, convencida de que a menina fora gerada antes do seu casamento com Grande Otelo e que não ocorrera, portanto, adultério do marido (pelo menos neste caso), cedeu aos apelos deste para receber a menina. Não demorou muito para Jaciara ser incorporada à família também nas idas à localidade de Marambaia, no Estado do Rio, para passar os fins de semana e vários dias durante as férias escolares numa casa adquirida por Otelo. Este, por sua vez, consciente das responsabilidades de pai, assumiu o pagamento das despesas escolares da menina, pagando inclusive as mensalidades do ginásio Cristo Rei, em Vaz Lobo. (Os meninos estudariam no Anglo Americano, colégio da classe A do Rio de Janeiro. Nininho foi o primeiro a ser matriculado, graças a uma bolsa de estudos conseguida pela atriz Norma Benguel, namorada do filho do proprietário do colégio.)

No início de 1963, Grande Otelo foi um dos muitos representantes do cinema, do teatro e do jornalismo que recorreram ao Banco Nacional para fazer um empréstimo. No dia 30 de janeiro, assinou no banco uma promissória de 100 mil cruzeiros, para vencer dia 5 de março, e outra de 540 mil cruzeiros, com vencimento dia 29 de abril. Para pagar a dívida, ele contava não só com os rendimentos das atividades artísticas, mas também com um aumento da remuneração no Ministério do Trabalho, onde continuava servindo no Serviço de Recreação Operária, restaurado após a renúncia de Jânio Quadros da presidência. Em abril, dirigiu-se ao ministro para ser enquadrado, por eqüidade, na função de técnico de administração, nível 18, o que lhe asseguraria um substancial aumento de salário.

No dia 10 de junho, ele e Olga assinaram no cartório do 12º Ofício de Notas a escritura definitiva do apartamento em que moravam no edifício Leila, na Rua Siqueira Campos, 210, pelo qual ele já pagara 1 milhão e 400 mil cruzeiros e, no entanto, ainda devia à Caixa Econômica 1 milhão e 120 mil cruzeiros, que deveriam ser pagos em 180 prestações mensais de 13.441,90 cruzeiros, com juros de 12% ao ano. Na época, se apresentava no Fred's com o show *Chica da Silva*, com o qual Carlos Machado se aproveitava do grande sucesso do enredo da Escola de Samba Acadêmicos do Salgueiro no carnaval daquele ano, quando conquistou o título de campeã e projetou a pastora Isabel Valença, que desfilara com a fantasia de Chica da Silva.

Mas Otelo adorava surpreender as pessoas, com recaídas que botavam à prova seu senso de responsabilidade profissional. Em julho, sumiu do Fred's e dos ensaios que fazia há quase um mês para participar do espetáculo *Contando Mentiras*, do espanhol Afonso Passos (com a participação também de Oscarito e da atriz portuguesa Laura Alves). No Fred's, foi substituído pelo cômico Tião Macalé e, no Teatro Ginástico, pelo diretor da peça.

Três dias depois de o sumiço ser noticiado pelos jornais, ele voltou a ser notícia por uma confusão em Copacabana de que participou ao sair da boate Alfredão, casa nada recomendável às chamadas pessoas de família, em companhia da vedete Suzana Marques Stenovich. Ao caminhar em direção ao seu carro estacionado na Praça do Lido, viu que dois pneus estavam furados com prego. Tudo indicava que se tratava de obra de um motorista de praça, pois o carro fora deixado por ele exatamente num ponto de táxi. Depois de gritar e fazer ameaças, identificou o motorista português Antônio Batista Bezerra como autor dos furos e partiu para cima dele, sem temer sequer a chave de fenda na mão do motorista, que a empunhava como arma. Otelo deu-lhe um soco e Suzana também entrou na briga, querendo bater no português, que reagiu com uma dentada no pescoço da vedete. Os três foram levados pela polícia para o 12º Distrito Policial, de onde saíram depois de pagarem fiança e ouvirem uma espinafração do delegado.

Grande Otelo, porém, parecia ser a própria fênix, a ave egípcia que, depois de queimada, renascia das próprias cinzas. Após ser de contratado para participar de *Noite de Gala*, o programa de maior prestígio da televisão carioca, foi procurado pela TV Excelsior, que dava os primeiros passos no Rio e recrutava artistas oferecendo os melhores contratos já feitos pela televisão brasileira até aquele momento. O contrato vinha numa hora boa, pois Otelo acabara de receber correspondência do banco Moreira Salles cobrando o pagamento de três títulos vencidos de 100 mil cruzeiros.

O primeiro programa de que participou na Excelsior foi *Viva o Vovô Deville*, humorístico escrito por Sérgio Porto e dirigido por Paulo Celestino. Em seguida, *Tele Rio Times Square*, com texto de Haroldo Barbosa e Meira Guimarães, produção musical de João Roberto Kelly e direção de Mário Wilson. Mas o homem não se emendava. No dia 2 de janeiro de 1964, o supervisor de elenco, Paulo Celestino, enviou à direção artística da emissora um memorando em que comunicava que

"o ator Grande Otelo, por ter faltado a dois ensaios do programa *A Grande Revista* foi cortado do referido espetáculo. Informamos ainda a V. S. que na próxima falta o ator em apreço sofrerá punição de ordem financeira em seus vencimentos, além de sanções disciplinares".

17.
DOUTOR GRANDE OTELO

Com o golpe de 1º de abril de 1964 que derrubou o presidente João Goulart, Grande Otelo passou a preocupar-se com seu emprego no Ministério do Trabalho, já que a disposição dos militares parecia ser a de afastar do serviço público todos os que tivessem algum vínculo com o antigo governo. O seu temor cresceu quando recebeu a notícia de que José Gomes Talarico, que o levara para o cargo e sempre estivera ao seu lado em qualquer dificuldade, estava preso.

Tentando conquistar a simpatia dos políticos e administradores ligados ao novo regime, conseguiu um horário na rádio Mauá, que se intitulava "a emissora do trabalhador" e era controlada pelo Ministério do Trabalho, e apresentou o programa O *Fim de Semana de um Homem Público*. Escreveu para parlamentares e governadores convidando-os para o programa, que, segundo ele, pretendia mostrar "o lado humano" dos novos donos do poder, que responderiam a perguntas sobre filmes, músicas, peças de teatro e livros preferidos, dando-lhes oportunidade também de falarem sobre suas famílias.

A compra de um carro de fabricação brasileira na revendedora Gastal, em 17 de abril, indica que se sentia seguro no emprego. Era um sedan Renault Dauphine 1962, usado, preto e de quatro portas. Na TV Excelsior, ganhou um programa em que era o artista principal, cujo título já fazia alusão ao 4º Centenário do Rio de Janeiro, que ocorreria em março de 1965: *Programa Otelo, Moleque Quatrocentão*. Com direção de Artur Farias e textos de Mário Meira Guimarães, o programa trazia uma história por episódio e ele era sempre o protagonista. A partir de maio, seu trabalho na noite passou a ser na boate Bodegon, em Copacabana, no show *Tem Shakespeare no Samba*, escrito pelo dono da empresa, jornalista e publicitário Nei Machado em parceria com Sérgio Porto e coreografado por Mary Marinho, em que atuava ao lado da bela Aizita Nascimento.

O show foi até início de agosto, quando Grande Otelo, com problemas de pressão alta e taquicardia, foi aconselhado pelo médico a se internar na casa de saúde São Vicente para ser submetido a exames e repousar longe de todas as tentações da noite, principalmente das bebidas alcoólicas. Já estava internado quando lá chegou, muito mal de saúde, o poeta Augusto Frederico Schmidt. Otelo passava diariamente no quarto dele para conversar. A amizade entre eles inspirou o ator a escrever versos na tentativa diária de encorajar o poeta a enfrentar a doença com a convicção de que se tratava apenas de um sofrimento passageiro (Schmidt, que morreria em fevereiro de 1965, além de poeta de prestígio, era milionário, dono de grandes empresas e um dos personagens mais importantes do governo Juscelino Kubitschek, para o qual contribuiu criando, entre outras coisas, a Operação Pan-Americana, o carro-chefe da política exterior daquele período, e *slogans* como o famoso "cinqüenta anos em cinco"). O poema de Otelo:

> "Anda, poeta, vem cá
> Me dá tua mão
> Vamos passear por aí
> Descalços, de pé no chão
> Vamos lá fora sentir o sol
> Aquecendo nossa cara
> Dando vida ao nosso corpo
> Anda, poeta, vem cá
> Me dá tua mão, assim, calma
> Vamos procurar nossas origens
> Ouvindo no mato o pio do acanã
> Jovens de ontem
> Moços de sempre
> Caminhemos juntos para o amanhã".

Ainda na casa de saúde, decidiu contar as novidades ao senador Auro Moura Andrade, esperando, possivelmente, uma ajuda, caso seu emprego no Ministério do Trabalho fosse por água abaixo:

> "Vou por aqui, saindo da clínica São Vicente. A morte de Queiroz Filho, a reviravolta, notícias de você sem sossego, trabalho na TV Excelsior e na boate me obrigaram a um descanso, que quase não o foi porque tomava os remédios de manhã e à tarde saía para os ensaios na TV, que os meninos são quatro (dois no Anglo Americano) e mais o show na boate Bode-

gon, que chegou a ser assistido pelo governador Nei Braga. O que forçou a tomar alguns minutos da pátria (você é um dos pais) foi que tive aqui na clínica uma vitória do tipo daquelas do tempo de dona Zuleica. Veio para cá, em estado grave, Augusto Frederico Schmidt. Fui vê-lo e senti carinho por ele. Veja você. Estava tão entregue às baratas... Resolvi escrever alguma coisa da vida que talvez agradasse o lado clínico. Fiz um poema. Tive um sucesso, rapaz! Publicaram na seção social do *Globo*. Lembrei-me dos nossos torneios de composição e achei por bem mandar esta carta a você contando o sucedido. No mais, os meninos vão bem e dona Olga, patroa, gorda e querendo fazer regime. Teu 'colega' Sebastião".

Bem de saúde, voltou para casa e partiu para o trabalho na TV Excelsior, recaindo em antigos comportamentos, conforme demonstrou o memorando com data de 31 de agosto de Paulo Celestino à direção da emissora:

"Comunicamos a V. S. que o ator Grande Otelo e a atriz Neide Monteiro, por terem se ausentado do recinto de ensaios do programa *Espetáculos Tonelux* no dia 25 de agosto, obrigando a paralisação do ensaio geral para a censura durante quinze minutos, foram advertidos severamente por esta direção. Comunicamos, outrossim, que a próxima falta disciplinar dos referidos artistas será punida com suspensão".

Depois de tantos memorandos dando conta das suas indisciplinas, Otelo tomou jeito, certo? Errado. Uma semana depois vinha outro memorando de Paulo Celestino: "Comunicamos a V. S. que o ator Grande Otelo, por ter faltado aos programas *Times Square* no dia 3 de setembro e *Vovô Deville* no dia 4, prejudicando grandemente os dois espetáculos, ficará suspenso por oito dias a contar desta data".

Sendo assim, o que poderia fazer a TV Excelsior além de não renovar o contrato do ator por mais um período? Seria uma pergunta perfeita se não estivéssemos falando de Grande Otelo, artista com uma carreira tão cheia de pecados quanto de perdões. No dia 1º de outubro, a direção da emissora convocou-o para assinar a renovação de contrato com validade até o dia 30 de março de 1965. Também foi convocado por Nei Machado: por este soube que estavam previstas muitas apresentações extras de *Tem Shakespeare no Samba* e que, por causa disso, receberia, além dos 500 mil cruzeiros mensais pagos quinzenalmente, trabalhando ou não, mais extras de 150 mil cruzeiros por apresentação e 800 mil cruzeiros a título de auxílio para roupa e pagamento de ensaios.

Grande Otelo É Grande foi mais um show produzido por Nei Machado, dessa vez para ser apresentado no Quitandinha Clube, uma das muitas tentativas de ativar o imponente prédio construído por Joaquim Rolla. Otelo dividia o palco com músicos e cantores e fazia todas as suas imitações do tempo do Cassino da Urca, que agradavam sempre. Antes da estréia, ele recebeu um bilhete do empresário Luís Galvão, velho conhecido dos espetáculos de teatro de revista, desejando-lhe felicidades e propondo a criação de uma Companhia Grande Otelo. Não se sabe qual foi a resposta; no entanto, sabe-se que, em matéria de empresas, o ator acalentou por um bom tempo o sonho de ter uma firma bem carioca, cujos sócios seriam os compositores e velhos amigos Heitor dos Prazeres e Cartola (que na época acabara de passar adiante o Zicartola, primeira casa de samba do Brasil). O texto que escreveu à guisa de *release*, nesse ano de 1965, não esclarece como trabalharia a empresa, mas podemos imaginar que esta seria, sem dúvida, uma bem sucedida vendedora de carioquices:

> "A firma Otelo, Prazeres & Cartola S. A., fundada no ano da graça de 1565, portanto com 400 anos de bem servir à distinta freguesia, comunica que reiniciou suas atividades todos os domingos, a partir de hoje, nesta muy nobre y leal cidade de São Sebastião do Rio de Janeiro, em seu estabelecimento sito à Avenida Atlântida. Neste endereço, espera servir sua freguesia com a proverbial eficiência que caracteriza a firma desde a sua fundação".

Dias depois de encomendar uma missa de 7º dia pela alma do cantor Nat King Cole, na igreja do Rosário dos Homens Pretos, em fevereiro de 1965, Grande Otelo surpreendeu amigos e admiradores numa entrevista ao *Correio da Manhã*, ao revelar que às vésperas do que acreditava ser seu 50º aniversário, pretendia voltar a estudar e formar-se em advocacia. "Pretendo realizar o sonho da família que me criou", disse ele. Dos planos expostos ao repórter, conseguiu realizar apenas um deles, no fim da vida, que foi publicar um livro de poesias. Informou também que ainda em 1965 atuaria num filme sobre sua vida, com roteiro de Nelson

Rodrigues e Alinor Azevedo, e direção de Roberto Farias, e que, em seguida, trabalharia na produção de um filme chamado *Gafieira*. Quanto ao filme sobre sua vida, viu alguma possibilidade de realizá-lo desde que conversou com o presidente do Banco Nacional, José Luís Magalhães Lins, que considerou o projeto inteiramente viável e sugeriu que o roteiro fosse escrito por Nelson Rodrigues. O ator propôs que a tarefa fosse dividida com Alinor Azevedo, que conhecia sua vida muito bem.

Se o desejo de ser advogado era sincero, Otelo deve ter sido levado a abandoná-lo pelos conselhos do juiz Eliézer Rosa, titular da 8ª Vara Criminal, famoso pelas sentenças sempre plenas de humanidade. O juiz manifestou-se numa carta de quinze páginas, em que recordou o dia em que se conheceram numa audiência de que Otelo participou na condição de testemunha. "E eu, porque me sento freqüentemente diante do senhor, sou testemunha da sua arte, na qual encontro uma espécie de medicina para o meu espírito de juiz angustiado pelo sofrimento alheio", escreveu, acrescentando que as carreiras de artista e de advogado "são dignas de um homem como o senhor, de nítida vocação para a glória", mas advertiu:

> "Não se iluda com esta verdade: aos cinqüenta anos de idade, não se começa nada, exceto morrer. Só uma coisa deve e pode um homem da sua idade começar, é começar o aprendizado da morte, para saber morrer docemente, belamente. Em paz com a vida, com todos os seres e coisas e, o que é mais importante, consigo mesmo em comunhão com Deus. Se aos cinqüenta anos não se começa nada, muito menos a advocacia, porque ela é uma profissão para jovens, não certamente para jovens imaturos, mas sempre para jovens. Se quer ser advogado, seja advogado, sr. Sebastião Prata. Mas seja-o aí mesmo no palco, fazendo dele a tribuna da sua advocacia".

Uma semana depois, Otelo recebeu outra carta, nada amistosa: vinha do Banco Sotto Maior com ameaças de protesto pelo vencimento de títulos no valor de 1 milhão e 280 mil cruzeiros. Os avalistas eram os donos do Fred's, Djalma Monte Melo e Carlos Machado. Se não fossem tantas as dívidas, ele poderia pagar até com certa facilidade ao banco, pois no fim de abril havia assinado contrato de três meses com a TV Record, ganhando 3 milhões e 250 mil cruzeiros por mês. Pela preocupação com as dívidas ou pelo excesso de trabalho e de bebida, ou por tudo isso, ele teve mais uma crise circulatória que, segundo suas próprias palavras em entrevistas concedidas mais tarde, teria sido um enfarte. O fato é que permaneceu internado na clínica São Vicente de 30 de maio a 12 de junho.

Na volta ao trabalho, atuou em três filmes, um de produção brasileira e os demais internacionais. O brasileiro foi *Crônica da Cidade Amada*, de Carlos Hugo Christensen, um filme de onze episódios baseados em histórias criadas por vários escritores brasileiros, com roteiro de Millôr Fernandes. No episódio de que participou, intitulado "Um Pobre Morreu", de Paulo Rodrigues, teve como companheiro seu colega de *Assalto ao Trem Pagador*, Eliézer Gomes. Foi o primeiro filme brasileiro colorido em *cinemascope*. Além de ator, Grande Otelo também colaborou como compositor da principal música do filme, cantada por Taiguara, cuja letra começava assim:

> "Sambista cronista musical desta cidade
> Ator da Praça Onze, do Estácio, do Salgueiro
> Cronista musical do Rio de Janeiro
> Neste livro de ouro, nesta história filmada
> Eu te ofereço a crônica da cidade amada".

Entre os internacionais estava *Uma Rosa para Todos*, produção ítalo-brasileira baseada na peça *Procura-se uma Rosa*, de Gláucio Gil. Durante as filmagens, o autor sofreu um enfarte e morreu aos 34 anos de idade. O filme teve direção de Franco Rossi e um elenco de grandes atrações internacionais, como a atriz Claudia Cardinale e os atores Nino Manfredi e Akim Tamiroff, além dos brasileiros José Lewgoy, Milton Rodrigues e Osvaldo Loureiro. Otelo recebeu 250 mil cruzeiros pela participação. A produção franco-brasileira *Arrastão* (*Les Amants de la Mer*), dirigida por de Antoine d'Ormesson, era baseada numa versão de Vinicius de Moraes para *Tristão e Isolda*. A música, também intitulada "Arrastão" (de Edu Lobo e Vinicius, e defendida por Elis Regina) foi a vencedora do festival de música popular promovido pela TV Excelsior. Participaram do filme, entre outros, os atores Cecil Thiré, Duda Cavalcanti, Pierre Barrault e Iolanda Braga (uma das muitas paixões fulminantes de Grande Otelo). Roberto Bakker, brasileiro nascido na Holanda, responsável no Brasil pela produção do filme, era o encarregado de uma tarefa quase sempre necessária nos empreendimentos que começavam de manhã: a de ir à casa de Otelo para acordá-lo. Morando no 2º andar de um edifício sem porteiro àquela hora, o ator era acordado com pedrinhas atiradas na janela.

Como seria de se esperar em qualquer comédia pastelão, a pedrinha quebrou o vidro da janela numa certa manhã e Grande Otelo desceu enfurecido de pijama querendo brigar com Roberto. Mas, apesar disso, os dois ficaram muito amigos. O produtor impressionava-se com a capacidade do ator de decorar os textos. Ele chegava nas filmagens sem saber o que falar, lia os roteiros e, em pouco tempo, dizia-se pronto para o trabalho. Diante das câmeras, com o texto decorado ou não, improvisava muito e quase sempre seus "cacos" eram aceitos pelos diretores. Roberto Bakker acabou acompanhando-o também em missões que nada tinham a ver com o trabalho, como no sábado em que, elegantemente vestido, Otelo convidou-o para ir à igreja de Nossa Senhora da Paz, em Ipanema, onde seria padrinho de um casamento. Tenso, o ator tomou uma cachaça "para descontrair". Uma cachaça aqui, outra ali, os dois ficaram absolutamente de porre, mas ainda dispostos a ir à igreja. Sentado no banco do carona do carro de Otelo, Roberto nem percebeu que o automóvel corria no sentido contrário de Ipanema. Quando recuperou um mínimo de lucidez, viu que estavam na estrada Rio-Petrópolis, em frente à Casa do Alemão, quase chegando na subida de serra. Os noivos tiveram que arranjar outro padrinho.

Entrevistado na rádio Ministério da Educação e Cultura (a rádio MEC) pela colega de shows Maria Pompeu, no programa *Fatos e Idéias*, Otelo lembrou que, além dos filmes, participava também de um espetáculo denominado *Auto do Guerreiro*, de Cláudio Ferreira, que se baseou no bumba-meu-boi para escrever uma espécie de amostra de várias manifestações do folclore do país. O *Auto do Guerreiro*, que era apresentado no Teatro Arena Clube de Arte, uma nova casa instalada na Rua Barata Ribeiro, em Copacabana, não conseguiu atrair público, lamentou Otelo, que defendeu a apresentação da peça num outro lugar da cidade "onde os jovens pudessem ser orientados".

Na entrevista, também afirmou que seus dois maiores sonhos eram fazer um filme baseado na lenda do Negrinho do Pastoreio, em que ele fizesse o personagem principal, e uma peça de teatro e/ou um filme sobre gafieira. Confessou que o trabalho mais importante que realizou na noite foi o do vendedor ambulante do show *Esta Vida É um Carnaval*, de Carlos Machado. Concordou que o teatro de revista estava em franca decadência e colocou a culpa no excesso de luxo que passou a predominar, tornando as produções praticamente inviáveis. E completou: "O teatro de revista seguiu o caminho das escolas de samba, que estão deixando de ser escolas de samba. Botaram cascatas e mulheres vindas de Paris".

Em setembro, o governo do estado promoveu o I Festival Internacional do Filme da Guanabara e Otelo foi convidado a participar. Sentindo-se impossibilitado de comparecer, enviou uma mensagem, que foi lida na sessão de abertura e mereceu os aplausos do público. Dizia:

> "Amigos, com a sinceridade honesta, herança gloriosa dos Prata de Minas Gerais e dos Queiroz de São Paulo, quero, no ensejo do I Festival Internacional do Filme, que ora se realiza no Rio de Janeiro, cidade que tão bem acolheu meus primeiros passos artísticos, cumprimentar os organizadores. Quero ainda dar graças a Deus. Vivi para ver e sentir que a nossa caminhada através dos percalços do cinema nacional (1935-1965) não foi inútil. Amigos, colegas, povo do Brasil, estamos felizes. O nosso cinema é realidade maravilhosa neste ano do IV Centenário do nosso querido Rio, o ano do cinqüentenário deste brasileiro agitado e sempre sincero amigo de todos vocês. [...] Parabéns! Avante, cinema nacional!".

No fim do ano, a TV Globo convocou-o para o programa *Bairro Feliz*, escrito por Max Nunes e Haroldo Barbosa e dirigido por Maurício Sherman. Na época, todos os roteiros de programas da emissora eram abertos por uma advertência: "Atenção, srs. Produtores, diretores e atores. Os cortes assinalados neste *script* pelo Serviço de Censura do estado da Guanabara devem ser rigorosamente obedecidos".

Continuou na Globo, mas a verdade é que entrou numa fase em que os empresários pareciam ter-se esquecido dele. Predominava entre os empregadores sua fama de grande consumidor de bebidas alcoólicas e uma coisa alimentava a outra: sentindo-se abandonado, bebia mais. Numa entrevista que concederia à revista *Realidade*, reconheceu que "o álcool me atrapalhou mais do que o racismo". Otelo estava consciente de que não estava bem e partiu para uma solução adotada com freqüência por outros boêmios, sendo o mais famoso deles o poeta, compositor e diplomata Vinicius de Moraes: internou-se na casa de saúde São Vicente para um tratamento que considerava de "desintoxicação".

A primeira oportunidade de trabalho foi oferecida por Carlos Manga, com quem assinou em julho um contrato em vigor até dezembro para atuar no show *Frenesi*, que o levaria a trabalhar pela primeira vez no *golden room* do Hotel Copacabana Palace. Estava cheio de dívidas e pretendia pagar tudo. Em agosto, enviou um carta ao diretor administrativo da TV Globo pedindo a garantia da emissora para um título que pretendia descontar no Banco Nacional de Minas Gerais, no valor de 2 milhões de cruzeiros. "Autorizo desde já", escreveu ele, "a emissora a descontar dos meus vencimentos a referida importância caso o título não seja pago no seu vencimento". Foi atendido. Mas havia outras dívidas, inclusive com a clínica São Vicente, com a qual também se comunicou por escrito:

> "Reconheço ser devedor desta clínica da importância de 1 milhão, 785 mil e 815 cruzeiros até esta data, em virtude de minha internação nesta clínica no quarto 309. Este débito está representado por diárias, medicamentos, telefonemas, lavanderia e extraordinários na copa. Todavia, por motivos alheios à minha vontade, não posso no momento efetuar tal pagamento. E como necessito continuar o tratamento, solicito desta empresa mais uma prorrogação até ultrapassar esta crise financeira, quando saldarei meu débito".

A direção da clínica aceitou um acordo com ele, o que permitiu liquidar a dívida nos primeiros meses de 1967. Em dia com a casa, voltou a internar-se. Na verdade, Otelo fazia da São Vicente uma espécie de moradia, saindo para trabalhar na TV Globo, no Ministério do Trabalho (quando não conseguia escapar), nos shows e para atender a compromissos eventuais, como, por exemplo, prestar o primeiro depoimento ao MIS do Rio de Janeiro, dia 26 de maio de 1967, quando foi entrevistado por Alinor Azevedo, Alex Vianny, Ricardo Cravo Albim e autor destas linhas.

Seu primeiro trabalho de 1967 em teatro apareceria somente em agosto no Arena Clube de Arte, quando foi convidado para dividir com Manuel Pêra a teatralização de pequenas histórias escritas por John Mortimer, Marcos César, Milton Amaral e Chianca de Garcia. Era mais uma oportunidade de mostrar ao público que ele não era somente "engraçado", mas também gostava de atuar em papéis dramáticos.

No filme inspirado na obra de Mário de Andrade, o personagem Macunaíma era representado tanto por Grande Otelo como por Paulo José.

18.
MACUNAÍMA

Vanja Orico, a atriz e cantora revelada no filme O *Cangaceiro* —
primeira produção brasileira de cinema a repercutir internacionalmente
—, viajava muito. Os colunistas de jornal noticiavam sempre suas idas e
vindas, o que levou Stanislaw Ponte Preta (Sérgio Porto) a criar a expressão "Vanja vai, Vanja vem" quando se referia a um fato esperado que
acaba acontecendo. Por exemplo: "Vanja vai, Vanja vem", o leitor chegou à última linha deste parágrafo.

A expressão popularizou-se tanto que ela e Grande Otelo acabaram
criando um show com o nome de *Vanja Vai, Vanja Vem, com Grande
Otelo Também*, em que cantavam, contavam histórias e piadas e Otelo
fazia as suas imitações. A dupla se apresentou, a partir de maio de 1968,
no Teatro Miguel Lemos. Não foi um grande sucesso, mas ele precisava
trabalhar, pois acabara de receber um ofício do departamento do pessoal
da TV Globo, dando-lhe o chamado "atestado liberatório" e declaran-
do que ele estava "inteiramente livre para contratar seus serviços profissionais com quem lhe convier". Não absorveu o golpe, como se diz dos
lutadores de boxe.

Numa entrevista dois anos depois, reconheceu que faltava ao trabalho, mas que ficou tão "desesperado" com a demissão que tomou um dos
maiores porres da sua vida. Afinal, era uma redução imensa da sua receita mensal, já insuficiente para enfrentar as dívidas, que, segundo ele,
cresceram muito a partir de 1966. Para amenizar a dor, a realização de
um velho sonho: alertado, provavelmente, por uma entrevista de Grande Otelo em que se queixava de que, enquanto o cantor Roberto Carlos
era aquinhoado pela Assembléia Legislativa do estado da Guanabara com
o título de Cidadão Carioca, ele era inteiramente esquecido, apesar de
viver e trabalhar há mais de trinta anos no Rio de Janeiro, o deputado
estadual Paulo Carvalho homenageou-o com o mesmo título. O ato de
entrega do diploma, no dia 24 de junho, foi realizado em sessão solene

com muitos discursos de deputados e com a presença de Bibi Ferreira, Irma Alvarez e outros artistas.

Em 1968, não faltou trabalho no cinema. Foi um filme atrás do outro, começando com *Enfim Sós... com o Outro*, comédia baseada numa história de João Bitencourt, com direção do sergipano Wilson Silva. Depois foi o policial *Os Marginais*, dirigido pelo mineiro Carlos Alberto Prates Correia e, em seguida, *A Doce Mulher Amada*, comédia de Rui Santos. Na fase de dublagem desse filme, em agosto, Otelo começou a trabalhar em *Macunaíma*, fazendo o papel-título que lhe renderia os primeiros prêmios no cinema.

Por alguma razão, ele não atendeu às convocações de Rui Santos para comparecer ao estúdio e dublar as suas falas em *A Doce Mulher Amada*. O diretor, certamente já desesperado com o atraso do filme, apareceu no apartamento de Grande Otelo a fim de levá-lo de qualquer maneira para o estúdio. Ele não estava em casa e Rui foi atendido por Olga, com quem trocou palavras nada amistosas. Ao chegar, Otelo soube do incidente e foi à casa de Rui para tomar satisfação. Como este não estava, deixou o seguinte bilhete:

> "Tive notícias que o senhor esteve em minha casa. Minha senhora estava no banho, uma serviçal de minha confiança atendeu. Lamento o transtorno que estou lhe causando. Mas não é culpa de ninguém. Se, por um lado, seus problemas atrasaram o filme, por outro, meu problema de sobrevivência está atrasando sua dublagem. Meu trabalho no filme *Macunaíma* está praticamente terminado, faltando apenas duas ou três tomadas. Estou mais ou menos à disposição. Chamo sua atenção para a sinceridade de minhas explicações de próprio punho. Também peço a V. S. que reflita no acontecido hoje, pois não se duvida da palavra de uma pessoa, muito menos se ofende a esposa de ninguém, com o marido presente ou não".

Grande Otelo estava disposto a aceitar qualquer trabalho, já que a situação financeira continuava um tanto quanto complicada. Uma das tentativas feitas para ganhar algum dinheiro a mais foi inscrever-se no concurso de músicas para o carnaval de 1969, promovido pela TV Tupi com a Secretaria de Turismo da Guanabara. Se conquistasse o 1º prêmio com a música "O Samba Vai Esquentar", receberia 20 mil cruzeiros novos e pagaria todas as suas dívidas, mas a comissão julgadora não permitiu sequer que seu samba fosse um dos doze finalistas. No fim do ano, um alívio: assinou contrato com a TV Excelsior, estreando em seguida no programa *Show Riso*, escrito por Mário Tupinambá e dirigido por Paulo Celestino. Dias depois, ganhou um novo programa, *Carnaval espetacular*, que apresentava com Aizita Nascimento. Na mesma emissora, ganhou uma grande homenagem em janeiro no programa *Eternamente Grande*, dirigido por Cazarré e escrito por Aloísio Silva Araújo. Além de colegas como Nicete Bruno, Paulo Goulart e Raul Gil, duas presenças no programa o emocionaram muito, a de Lódia Silva, para quem cantou a música americana que cantara em 1934, quando se conheceram, e Abigail Parecis, para quem cantou "Cirandolo d'Oro".

Em 1969, seu trabalho de maior repercussão foi mesmo *Macunaíma* (mas fazia questão de dizer que o papel principal não era seu, o Macunaíma negro, mas de Paulo José, que interpreta o personagem na fase branca). O ambiente nas filmagens era de grande camaradagem, pois no elenco estava, entre outros, Jardel Filho, que Grande Otelo tinha como irmão, já que era filho de Jardel Jércolis, seu "pai" durante os primeiros anos no Rio de Janeiro. Além de Jardel, lá estavam Paulo José, Dina Sfat, Milton Gonçalves, Rodolfo Arena, Joana Fomm, Rafael de Carvalho, "tudo gente boa", como dizia o ator. Havia, entretanto, uma certa curiosidade combinada com apreensão sobre as relações de Otelo com o diretor do filme, Joaquim Pedro de Andrade, um intelectual tido pelos que o conheciam mal como aristocrata. Mas os dois se deram muito bem e chegaram a fazer boemia juntos. Otelo contava que, numa noite, sentaram num bar às oito horas da noite e saíram de lá às oito da manhã. Tão boa convivência acabou com uma desconfiança do ator — manifestada em várias entrevistas — de que o pessoal do Cinema Novo não gostava dele e que por isso não o chamava para trabalhar. Joaquim Pedro surpreendeu-se até com a disciplina dele, já que as filmagens começavam de manhã muito cedo. "Muitas vezes, era Grande Otelo que ia lá em casa me acordar", disse ele numa entrevista. O ator, por sua vez, guardou a cópia de um bilhete que escreveu, em papel timbrado do Ministério do Trabalho e Previdência Social, para o diretor do filme:

> "Joaquim, meu tempo de lidar com gente me habituou a analisar gente. Pensando *Macunaíma*, cheguei à conclusão de que você, com a figura fisicamente discutível, que tem o sorriso chato, também do que tenho ouvido dizer (não sei a fundo) é o doutor Fausto. Diabólico. Tem parte com o capeta".

Exibido no 30° Festival de Cinema de Veneza, *Macunaíma* foi aclamado imediatamente pela imprensa internacional como uma "obra-prima", "sensacional, espantosa, soberba e corrosiva", em boa parte pela presença de Otelo, que ganhou em 1969 o prêmio Air France de Melhor Ator.

O filme foi um sucesso e a atuação de Grande Otelo mais ainda. Jornais e revistas o elogiaram e o entrevistaram insistentemente. Alguns, entretanto, reagiram com desconfiança a tantos elogios. Mazzaropi, por exemplo, disse a Alice Gonzaga e Carlos Aquino (autores do livro *Gonzaga por ele mesmo*) que "Grande Otelo de casaca e cartola num samba é chanchada. Grande Otelo nu, comendo intestino de porco, é Cinema Novo". Sendo uma coisa ou outra, Otelo foi um dos escolhidos por Joaquim Pedro para representar o elenco do filme no Festival de Veneza, viagem realizada com a ajuda do Instituto Nacional de Cinema, que pagou parte da passagem. Munido apenas de 200 dólares em *travellers checks* do Bank of America, mas com passagem e hospedagens garantidas, partiu para Veneza, passando antes rapidamente por Paris, que queria conhecer, mas que não foi um caso de amor à primeira vista. A primeira impressão não foi boa, pois esta lhe pareceu "uma cidade triste de gente cinza e agressiva" (a paixão por Paris viria mais tarde). Mal o avião da Varig decolou, a comissária distribuiu os jornais para os passageiros e ele escolheu o *Jornal do Brasil*, que lhe deu a alegria, ao folhear o Caderno B, de encontrar uma crônica de José Carlos de Oliveira extremamente elogiosa à sua atuação em *Macunaíma*. Ali mesmo no avião, escreveu um bilhete de agradecimento ao grande cronista:

> "Ô, Carlinhos (tenho um filho com seu nome, sabe?), você é o diabo! Já estava tão feliz com o que escreveram e disseram do 'meu' *Macunaíma*, e vem você e me enche os olhos d'água. Obrigado, José Carlos de Oliveira. Em você, agradeço, sem subserviência, tudo o que disseram nos jornais. Não fiz mais que minha obrigação, que estou com 55 e não é hora mais de brincar com gente feito Joaquim Pedro e mais Dina, Paulo José, Milton Gonçalves e mais a turma que estava lá. Tome um beijo francês do Sebastião Prata y Grande Otelo".

Acometido de uma gripe, Otelo não fez turismo em Veneza e nem mesmo assistiu à apresentação do filme no festival. Quando melhorou, pegou um trem e foi para Roma, onde encontrou com o diretor e ator Adolfo Celi, que viveu no Brasil e foi casado com a atriz Tônia Carrero. Celi lhe disse que Orson Welles filmava em algum lugar da Europa e que pretendia passar por Roma, sugerindo a Otelo que permanecesse mais alguns dias na cidade aguardando o velho amigo (se Orson ainda não soubesse, Otelo poderia lhe contar que Joaquim Pedro pensava nele para fazer o papel defendido por Jardel Filho em *Macunaíma*), mas Otelo retrucou que não podia esperar porque não tinha mais dinheiro. Celi meteu a mão no bolso, tirou 100 dólares e deu a ele. "Fui muito ingrato, pois saí sem me despedir. Vou pagar a ele na primeira oportunidade", disse Grande Otelo no ano seguinte, numa entrevista a Odete Lara para o *Pasquim*.

De Roma, foi para Londres atendendo ao convite do amigo e escritor Antônio Olinto, adido cultural da embaixada brasileira, que o convidou para participar de um almoço promovido pela The Brazilian Chamber of Commerce and Economic Affairs in Great Britain, em que estiveram o embaixador brasileiro, Sérgio Correia da Costa, o prefeito de Londres, Sir Charles Trinder, e o velho amigo e escritor Jorge Amado. Deu também entrevista à televisão inglesa. "Fiquei tão feliz em encontrar os amigos e conhecer a King's Road e o Picadilly Circus que até me esqueci de Orson Welles". De Londres foi para Lisboa, onde ganhou uma apresentação no programa de TV do comediante Raul Solnado, em que cantou um samba de sua autoria:

Macunaíma

"A mulher da gente
É a mulher da gente
A gente briga
Por causa da mulher da gente
A gente briga
Por causa da mulher dos outros também
Mas a mulher da gente
A gente não dá pra ninguém".

Caberia a Cacá Diegues fazer a Grande Otelo o segundo convite para participar de um filme do Cinema Novo, *Os Herdeiros*. Terminada a filmagem, Otelo acompanhou a luta do diretor para que a censura liberasse o filme, cuja exibição fora proibida na primeira apresentação aos censores.

Com a assinatura do Ato Institucional número 5, em 13 de dezembro de 1968, a ditadura militar eliminou todos os direitos civis ainda em vigor até mesmo na constituição de 1967, criada pelos "juristas" a serviço do regime ditatorial. Grande Otelo foi atingido como funcionário público, e colocado em disponibilidade pelo ministro do Trabalho da época, sendo apontado como servidor relapso. Sua reação foi enviar uma carta ao ministro, lembrando que era um funcionário assíduo e cumpridor das suas obrigações, que trabalhara no Serviço de Recreação Operária e no Departamento Nacional do Trabalho, que fora membro do grupo de trabalho que elaborou o anteprojeto da regulamentação da profissão de artista, que passara na seção de Atividades Culturais e Assistenciais, "tendo sido nesse setor, dada a minha longa prática, professor de interpretação do curso de teatro, criado pelo então delegado regional do trabalho, com vistas à criação do teatro do trabalhador". Ele dizia estranhar que exatamente quando desenvolvia uma atividade tão meritória fora colhido pelo "choque da disponibilidade". Destacou ainda que a notícia deixara Olga e os quatro filhos (não citou Jaciara, que continuava sob os cuidados da mãe) quase no desespero e lamentava ter sido essa a recompensa por tanto trabalho e pelo programa na rádio Mauá *O Fim de Semana do Homem Público*, em que entrevistou pessoas importantes como Vieira de Melo, secretário da Educação da Guanabara, e Ricardo Cravo Albin, "atual diretor-presidente do Instituto Nacional de Cinema". Nem a ditadura conseguia resistir ao seu charme. Tempos depois, recuperaria a condição de funcionário público.

Em outubro, a repórter Marisa Kuck fez uma excelente reportagem para o *Correio da Manhã*, entrevistando ao mesmo tempo Otelo e sua mulher Olga. Para o ator, seu melhor papel no cinema foi o do filme *Macunaíma*. "Um filme honesto, bem cuidado, sério. Uma comunicação digna", disse ele (em outras entrevistas, afirmou que o segredo de Joaquim Pedro foi misturar no filme o Cinema Novo com a chanchada). Naquela semana, ele viajaria para o Rio Grande do Sul, onde filmaria *Não Aperta, Aparício*, dirigido por Pereira Dias, em que contracenaria com o gaúcho, e velho companheiro da Atlântica, José Lewgoy. Ele e Olga estavam muito animados com a possibilidade de reforçar o orçamento da casa porque ele ficaria com 7% da renda do filme. É verdade que a situação estava melhorando com o contrato de publicidade que Otelo fez com a loja Brastel, que já dera ao casal a possibilidade de comprar um sofá novo e consertar a mesinha da sala, até então desfalcada de um pé.

Depois de dizer que conhecia Olga desde que ela tinha seis anos ("Ela corria atrás de mim pedindo dinheiro. Continua correndo até hoje"), revelou que, ao casar, ela tinha apenas treze anos e aumentou a idade para quinze. Olga se queixou do marido:

> "Ele é um enjoado. Quase não fala. Quando fala é para brigar. Fica querendo meter o nariz em tudo. Até na comida ele acha de dar palpites. Houve um tempo em que a casa se enchia de gente. Comprei um terreno perto de Niterói. Nos fins de semana, a gente foge pra lá. Se não fosse eu, nem isso a gente teria. O Otelo não se importa. Tenho criação de galinhas, patos, cabritos, plantação de verduras. Tinha até coelhos, mas morreram todos".

A seguir, segue um trecho da entrevista:

> "*Otelo*: Olga, você tem Ipioca?
>
> *Olga*: Não tem vergonha? Você tomou a garrafa toda ontem à noite. Agora pegou a mania. Vem da cidade, vai tirando o casaco, ligando a televisão e pedindo uma bebidinha.
>
> *Otelo*: Nos filmes americanos, o marido chega em casa e a mulher vai preparando uma dose. Nós, da pequena burguesia, vamos imitando. Tomando meu uisquizinho ou Ipioca em frente à TV, me sinto o próprio americano.
>
> *Olga*: Também gosto de *Macunaíma*. Concordo com Ote-

lo, foi o melhor trabalho que ele já fez. Mesmo aquelas cenas de erotismo achei que tinha de ser assim.

Otelo: Vejam só! Nunca imaginei a Olga falando isso! Logo que casamos, fomos ver uma peça da Eva Todor. Só porque ela aparecia de combinação e dizia alguns palavrões, Olga se mandou. Fui atrás tentando explicar, mas ela nem deu bola. Agora está assim, avançada.

Repórter: E como foi a viagem a Veneza?

Otelo: Durante todo o tempo em que estivemos em Veneza, Dina Sfat cuidou de mim como se fosse minha mãe. Eu estava com 600 dólares no bolso e me sentia rico. Queria comprar tudo o que aparecia. A Dina foi me dando o maior duro. Se não fosse isso, eu não teria dinheiro nem para voltar. Imagine que o dinheiro não deu nem para comprar um presente de verdade para Olga. E nós fizemos quinze anos de casado quando eu estava lá.

Olga: Mas ele trouxe aqueles pratos de parede para minha coleção. Eu queria uma casa bem montada, cheia de apetrechos, para tomar conta de crianças por hora. Arranjava umas amigas para trabalhar comigo e acho que ia ser um bom negócio.

Otelo: Se *Não Aperta, Aparício* for sucesso, vou entrar no dinheiro. Aí, levo Olga a Veneza, como prometi, já que dessa vez não deu. E fiquei sem passear na gôndola porque prometi que a primeira vez seria dela.

Olga: Mas preferia mesmo era um carro.

Otelo: Você não entende, Olga! Se for o sucesso que espero, te dou o carro, te levo pra Veneza, conserto aquele sofá furado, pinto a casa, ponho tapetes, cortinas e, de quebra, ponho essa molecada toda de sapato novo".

O filme *Não Aperta, Aparício* não fez o sucesso esperado por Grande Otelo, mas Olga foi contemplada, pelo menos, por uma procuração do marido transferindo para ela "todos os poderes para providenciar, como se o próprio fosse, perante o Departamento de Trânsito a remoção do automóvel Dauphine, 1962, placa 16-33-71, podendo, para o fiel cumprimento da presente, assinar, cumprir determinações, pagar multas etc.". E, do Rio Grande do Sul, mandou um bilhete para ela:

"Querida filha Olga. Faz tempo que estou longe de você e sinto saudades. Você me conhece. Ou fico em casa ou aí espiando o tempo ou então meto os peitos, vou em frente quando sinto que é preciso. Ficamos em Dom Pedrito até o dia 24, agora estamos em Lavras do Sul, terra do Paulo José. Estamos filmando em um lugar difícil de chegar, chamado Rincão do Inferno. É um lugar muito bonito. O pessoal da filmagem me trata muito bem. Eu te mando um retratinho da equipe para você ficar conhecendo".

Mal chegou ao Rio, viajou para a capital para participar do Festival de Cinema de Brasília. Não foi uma viagem nada agradável, porque o avião enfrentou uma tempestade muito forte e dava aos passageiros a impressão de estar desgovernado. Ninguém falava nada e todos se agarravam nas poltronas como se quisessem segurar a aeronave. De repente, ouviu-se a voz de Grande Otelo cantando:

"Ouviram do Ipiranga às margens plácidas..."

Foi uma aliviadora gargalhada no avião, enquanto o piloto cuidava de, por via das dúvidas, desviar o aparelho para Belo Horizonte, onde esperou o tempo melhorar e seguiu para a capital. Para Otelo, o susto — se é que se assustou — foi compensado pelo Festival de Brasília, onde ganhou o prêmio de melhor ator do cinema brasileiro em 1969 pela atuação em *Macunaíma*.

Outra entrevista muito boa de Otelo foi concedida a Odete Lara para o *Pasquim*, em janeiro de 1970, ano em que cantou um samba dirigido àquelas pessoas que imaginavam, pelo grande sucesso obtido com *Macunaíma*, que ele estivesse rico, passeando de iate, divertindo-se como um *playboy*, à beira de piscinas esplendorosas, tomando bebidas coloridas, usando roupas extravagantes e com pessoas à sua volta servindo-o e abanando-o:

"Todo mundo pensa
Que eu estou com tutu
Mas estou matando
Cachorro a grito
Eu vivo aflito
Sem ter para onde me virar
Todo mundo quer me ver de graça
Dinheiro ninguém quer me dar".

Macunaíma

Disse a Odete que tinha conseguido "levantar uns cachezinhos", inclusive um, a título de ajuda de custo, no programa da Hebe Camargo: "Achei que era lógico cobrar pela entrevista, porque fiz na BBC de Londres e me pagaram, com contrato e tudo. Sempre gostei muito do programa da Hebe, mas não saiu uma entrevista muito boa". Odete quis saber se eram verdadeiros os boatos de que ele desaparecia nos dias de espetáculo. Respondeu: "Eu encucava e sumia, porque não estava gostando do papel, mas aceitava porque precisava de dinheiro. Não gosto de repetir sempre os mesmos papéis. Os produtores resolveram que eu deveria ser sempre o 'moleque safado'".

Odete, no entanto, ressalvou que ele era dedicado quando gostava do papel. Otelo prossegue:

"Foi no Arena Clube de Arte. Outro assim foi no antigo Teatro da Praça, atual Gláucio Gil. Era uma peça do Millôr Fernandes, em que eu fazia dois monólogos. A turma que trabalhava comigo era espetacular. A direção era do Fábio Sabag e tinha Renato Consorte, Flávio Migliaccio e Paulo da Graça Melo. Não havia dinheiro, mas havia uma grande camaradagem. Sou aquele camarada que fez o filme *Rio, Zona Norte* por 10 réis de mel coado, com participação na fita e até hoje não recebi nada da minha participação".

E sobre o primeiro encontro com Joaquim Pedro:

"Cheguei na casa dele, meio acanhado, e lá estavam Júlio Bressane e Glauber Rocha. A princípio não tinha uísque, mas depois foram aparecendo umas garrafinhas. No terceiro uísque, a gente ficou mais entusiasmado. Quando ele achou que o entusiasmo ia passar da conta, saímos da casa dele e fomos para uma boate. Comi banana e tomei mais uísque. Foi uma farra muito grande".

No início de janeiro de 1970, foi assistir ao show de Jô Soares, no Teatro da Lagoa, e sua presença foi anunciada por Jô exatamente no momento do show em que fazia uma ala da direita da platéia dizer "bun" e a segunda, "da". Era, segundo ele, uma forma de dizer "bunda" sem que ninguém do público se comprometesse. Ele regia o coro, que se manifestava numa alegria quase carnavalesca. Quando a platéia voltou a fazer silêncio, perguntou a Otelo o que tinha a dizer sobre sua bunda. A resposta foi imediata:

— Nada, porque todo mundo já viu minha bunda em *Macunaíma*.

No dia 13 de fevereiro, ele viajou para Londres, como integrante de uma delegação que iria participar do Mês do Cinema Brasileiro. Um dia antes da viagem, deu uma entrevista a *O Globo* dizendo que dificilmente embarcaria porque ainda não conseguira obter a certidão negativa do imposto de renda e não tinha dinheiro. Na volta, explicou que conseguiu os recursos na sociedade de direitos autorais, a Sbacem, e conseguiu um dinheiro emprestado do amigo Antônio Olinto. O que mais o marcou na viagem não foi o cinema: foi ter visto o show de Caetano Veloso e Gilberto Gil, ambos exilados em Londres. Emocionou-se muito quando os dois baianos cantaram "Asa Branca", de Humberto Teixeira e Luís Gonzaga. "Eu só, não. Todo mundo que estava lá ficou emocionado, brasileiros e ingleses", disse.

Em março, Otelo aceitou ingenuamente participar de um programa de nível baixíssimo, denominado *Quem Tem Medo da Verdade?*, em que os entrevistadores, como falsas vestais, humilhavam os entrevistados com perguntas e conclusões moralistas e, no fim, "julgavam" os convidados. Grande Otelo foi condenado. Leila Diniz sentiu-se tão desmoralizada quando compareceu ao programa, que o público se surpreendeu ao vê-la numa reação inédita para uma jovem que adorava sorrir: ela sofreu e chorou muito.

Mas nem tudo era desagradável, já que no mesmo mês chegou a notícia de que *Macunaíma* conquistara o grande prêmio do Festival Internacional de Cinema de Mar del Plata e, em abril, recebeu, como melhor ator, os prêmios Roquete Pinto e Air France de cinema.

Trocou o velho Dauphine por um Ford Corcel sedan, participou de um show beneficente para o Liceu Coração de Jesus, em São Paulo, sua firma Grande Otelo Diversões e Propaganda Ltda. registrou a palavra "Lumumba" (popularizada pelo herói congolês da luta anticolonialista, Patrice Lumumba) e passou a ir a São Paulo pelo menos uma vez por mês, para atuar em programas da TV Record. Um deles era *A Família Trapo*, que tinha redação de Carlos Alberto Nóbrega.

No dia 4 de agosto de 1970 morreu Oscarito. Numa agenda dessa época, Otelo escreveu: "Hoje, às onze horas, foi realizada missa por alma do ator Oscar Tereza Dias, meu inesquecível companheiro de tantos momentos de alegria dos filmes da Atlântida. Nossa dupla começou em 1940, no filme *Céu Azul*...".

Macunaíma

Em fins de agosto, foi novamente contratado pela TV Globo. Seu primeiro programa foi *Alô, Brasil, Aquele Abraço*. Em setembro, o Instituto Nacional do Cinema o contemplou com a Coruja de Ouro, maior prêmio do cinema brasileiro na época, por sua atuação em *Macunaíma*, filme que recebeu também o prêmio pela melhor cenografia, de autoria de Anísio Medeiros. O melhor diretor foi Glauber Rocha, com o filme *O Dragão da Maldade contra o Santo Guerreiro*. Mas nem tudo eram flores. Depois de comprometer-se com a produção, de acertar a remuneração e participar dos ensaios da peça *Alice no País Divino-Maravilhoso* (escrita por Paulo Afonso Grisoli, Sidnei Miller, Luís Carlos Maciel, Tite de Lemos e Marcos Flaksman), apresentada no Teatro Casa Grande, Otelo abandonou o espetáculo três dias antes da estréia, alegando que teria de receber a Coruja de Ouro. Anos depois, em depoimento ao Arquivo da Cidade do Rio de Janeiro (os entrevistadores eram a cantora Marlene e o pesquisador Jairo Severiano), lembrou do episódio e confessou que estava com ciúmes porque Grisoli se preocupava em ensaiar Marlene e o deixava de lado, achando que tal desprezo era conseqüência da sua recusa em participar do seriado *Tenda dos Milagres*, apresentado pela TV Globo, com direção de Grisoli. Acabou sendo substituído na peça por Milton Gonçalves.

Em dezembro de 1970, mais uma vez foi recolhido ao CTI de uma casa de saúde sob a suspeita de enfarte. Dias depois, o médico Antônio T. Simão expediu uma nota informando que os aparelhos cardiovascular e respiratório funcionavam normalmente, o estado mental estava normalizado, que o prognóstico era "muito bom" e que teria alta provavelmente "dentro de um ou dois dias".

19.
ESTÁTUA EM UBERLÂNDIA

O primeiro filme de 1971 foi *O Barão Otelo no Barato dos Bilhões*, uma comédia dirigida por Miguel Borges e produzida por Luís Carlos Barreto, que tinha inicialmente o título de *O Barão das Bolinhas e dos Bolões*, passando para *O Barão Otelo no Barato dos Milhões*, quantia corrigida finalmente para bilhões. Era a história de João Otelo dos Anzóis Carapuça, apelidado de João Sem Direção, um pobre homem que trabalhava num posto de gasolina e tinha vários outros empregos, inclusive o de gandula do Maracanã. Tanto trabalho para sustentar três mulheres. Sua vida começa a mudar quando conhece Carvalhais (Ivan Cândido), um empresário que vê nele a personificação da sorte e faz dele um milionário com o primeiro prêmio da loteria esportiva. Até que um trio sinistro (Wilson Grey, Hildegard Angel e Procópio Mariano) passa a assediá-lo e, como não bastasse, ele cai nas garras de Maria Vai com as Outras (Dina Sfat), mudando novamente a sua vida.

Outro trabalho do início do ano foi substituir a saudosa escritora Eneida na apresentação do show *Carnavália*, de Paulo Afonso Grisoli e Sidnei Miller (que, tudo indica, o perdoaram pelo abandono da peça *Alice no País Divino-Maravilhoso*), no restaurante Grizing, em Ipanema. *Carnavália* havia feito carreira de muito sucesso no Teatro Casa Grande, quando Eneida trabalhava com Marlene, Nuno Roland e Blecaute, e voltava no Grizing com Pedrinho Rodrigues e Albertinho Fortuna no lugar dos dois cantores. O convite a Grande Otelo foi feito pela própria Eneida, que morreria em abril, vítima de um câncer.

Com a decadência dos luxuosos shows realizados no Rio de Janeiro, quase uma referência mundial em matéria de espetáculos do gênero, Carlos Machado passou a sobreviver dos pequenos shows em boates mais modestas. Quando viu uma possibilidade de fazer uma das suas apresentações na boate Macumba, na Barra da Tijuca, convidou Otelo para participar de *Que Saudades da Estrada Velha*, que iria estrear em abril. O convite foi aceito, embora ele já tivesse assinado contrato com a empresa Ouroflama Produções Artísticas Ltda. para permanecer no restaurante Grizing depois de *Carnavália*, apresentando *Samba do Chinelo Novo*. Ele até cumpriu o contrato iniciado dia 18 de março e que iria até 17 de abril. Mas, antes do encerramento do compromisso, levou a diretora da Ouroflama, Ester Maria Souto, a dirigir-se ao delegado regional do trabalho pedindo as "sanções legais [...] contra Grande Otelo e Carlos Machado". No documento, Ester informou que Otelo se comprometera em contrato "a atuar de segunda a sábado de cada semana, ficando vedada a apresentação em estabelecimentos congêneres", comunicando, linhas depois, que o artista "deixou de comparecer ao trabalho a partir de 12 de abril" e que "numa demonstração de falta de ética profissional, Carlos Machado incluiu Grande Otelo em seu show na boate Macumba".

Nos últimos meses do ano, ele quase não saíra das telas de cinema, aparecendo nos filmes *A Família do Barulho*, de Júlio Bressane, e *Se meu Dólar Falasse*, de Carlos Coimbra. Outro filme foi uma coletânea montada por Jurandir Noronha, intitulada *Cômicos + Cômicos*. E ainda aparecia em *O Donzelo*, de Stefan Wohl, filme em que encontrou na produção o amigo Roberto Baker, de *Arrastão*, de 1965. Nele, Otelo era um motorista de táxi que pegava uma passageira muito especial, Leila Diniz. Ao vê-la pelo retrovisor, perguntava:

— Posso dar uma voltinha com a senhora só para mostrar à minha família?

Então, ele fazia uma curva na Avenida São João, aparecendo logo em seguida jantando com a família em companhia de Leila, que consumia com satisfação a farofa da casa, enquanto as janelas eram ocupadas por vizinhos admirados com o prestígio do motorista.

Em 1971, também foi focalizado num documentário de Ronaldo Foster e Murilo Salles denominado *Sebastião Prata ou, Bem Dizendo, Grande Otelo*.

Otelo fazia o possível para atualizar-se e tratava, por isso, de assinar os jornais brasileiros e estrangeiros, entre eles, *El Heraldo*, do México. Também continuava a escrever notas e comentários, como estes que foram encontrados em seu acervo:

> "Cacá Diegues mais a Nara Leão estão em tempo de concretizarem na vida real o filme do Cacá. Já vem um herdeiro. Vai chegar outro e aí eles terão em casa o filme que eu também estava, *Os Herdeiros*."

"Lá no Recife, *O Donzelo*, do Flávio Migliaccio, foi proibido. Não respeitaram os cortes da censura, mas já se acertaram e Roberto Baker continua faturando."

"Dina Sfat toda feliz, de Isabel em punho, espera o Paulinho. Que Nossa Senhora do Parto lhe dê uma boa hora."

"Alô, Torquato Neto, o samba 'Praça Onze' não é de Grande Otelo. É de Herivelto Martins. O crioulo entrou apenas com a idéia, que, nos moldes da velha guarda, confere parceria. Hoje, não sei."

"Qualquer dúvida sobre este noticiário, consultem pelo telefone 36-4075."

"Tem muito jeito de ganhar dinheiro agora. Apareceu uma *gang* que aluga filmes com identidade falsa e depois some. Até agora, a Metro foi aliviada em quarenta filmes e a Fox Filmes, em 32. A palavra Fox traduzida para o português quer dizer raposa. Depreende-se que roubaram a raposa. Que coisa! Como sofre o cinema no Brasil!".

"*Como Era Gostoso o Meu Francês*. Aliás, como era bom o meu francês do diretor Nelson Pereira dos Santos, que foi interditado pela censura. Ao que sabemos, o enredo trata de costumes entre franceses e índios no tempo em que a gente era Pindorama. Talvez fosse uma proveitosa aula de costumes étnicos."

Em setembro teve novos problemas de saúde, sendo obrigado, por vários dias, a afastar-se das atividades profissionais. Restabelecido, foi convidado a ser o presidente do júri popular do VI Festival Internacional da Canção, formado por estudantes, médicos, professores, funcionários públicos e operários de vários estados brasileiros. Numa anotação sobre as músicas apresentadas, criticou o "sobrinho" Peri Ribeiro pela interpretação de "Canto Livre", de Herivelto Martins. Segundo ele, a música foi "sensivelmente prejudicada pela insegurança do intérprete. Faltou gesticulação. Não vendeu o suficiente".

Na TV Globo, atuava na novela *Bandeira Branca*, de Dias Gomes, fazendo o papel do Zé Catimba, um compositor que vendia seus sambas para sobreviver. Às vésperas da estréia de *Barão Otelo no Barato dos Bilhões*, o produtor Luís Carlos Barreto pediu a Grande Otelo, Hildegard Angel e Elke Maravilha (que iniciava sua carreira no cinema com este filme) para irem a São Paulo, num domingo, para falar do filme no programa de Sílvio Santos. Chegando ao aeroporto Santos Dumont, Hildegard

Estátua em Uberlândia

mostrou a Elke uma das terríveis práticas da ditadura militar: era um cartaz com a palavra "Procura-se" encimando várias fotos de supostos guerrilheiros. Um deles era Stuart Angel, irmão de Hilde, barbaramente assassinado depois de sofrer todo tipo de tortura na base aérea do Galeão. Elke, que era muito amiga de Zuzu Angel, uma das mais importantes figurinistas do Brasil e mãe de Stuart e Hilde, indignou-se com o cartaz e meteu a mão nele para arrancá-lo. Foi presa imediatamente. Assustados, Otelo e Hildegard ouviram a chamada para o avião que iria decolar para São Paulo e ele achou melhor embarcar, na esperança de falar com Sílvio Santos, "que é muito influente e pode interceder pela Elke". Provavelmente avisado do fato, e temendo represália, Sílvio Santos nem os chamou para fazer a entrevista, embora os dois tenham esperado a chamada desde o início do programa, que começava na parte da manhã, até o fim, à noite. Saíram de lá sem a menor explicação e restou apenas para Hildegard telefonar para pessoas conhecidas, inclusive policiais, para tentar a liberação de Elke Maravilha.

Mas o Departamento de Ordem Política e Social — o abominável Dops — reteve Elke por seis dias querendo saber de suas vinculações com os chamados grupos subversivos. Os policiais, que a colocaram numa cela com quatro moças e duas meninas pequenas, usadas como reféns para que o pai se entregasse, não tinham a menor idéia de que interrogavam a filha de um homem que brigou contra a ditadura de Stálin, criadora de um tipo que se impunha com muito talento em suas aparições na televisão e que se impôs — com o devido exagero exigido pelas circunstâncias — nos interrogatórios a que foi submetida. Toda vez em que era chamada para o interrogatório, pintava a sobrancelha com um lápis verde, fazia uma boca imensa com o batom e mascarava a cara inteira com *rouge*. Segundo contaria depois, o policiais ficavam "sem chão", porque ora se mostrava inteligente, ora muito burra e ora maluca.

O talento de Elke só não conseguiu evitar que os críticos arrasassem *O Barão Otelo no Barato dos Bilhões*. Mas o prestígio de Grande Otelo, entretanto, continuava alto. Na noite de 3 de janeiro de 1972, foi convidado a imprimir suas mãos na "calçada da fama de Ipanema", uma idéia do poeta e jornalista Reinaldo Jardim adotada pelo restaurante Pizzaiolo (na Rua Vinicius de Moraes, 153, então Rua Montenegro), que já havia levado diversas celebridades para receber a homenagem (Maria Bethânia, Os Mutantes, Elis Regina, Vinicius de Moraes, Elisete Cardoso, Chacrinha, Pixinguinha, Juca Chaves, Tônia Carrero, Sérgio Cardoso, Leila Diniz e Mequinho, o maior jogador brasileiro de xadrez de todos os tem-

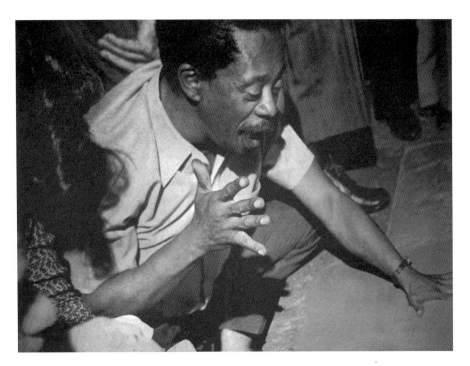

Grande Otelo deixando sua marca na Calçada da Fama,
em Ipanema, Rio de Janeiro.

pos). O restaurante foi desativado em 1997 e o acervo de placas com dezenove pares de mãos de pessoas importantes ficou em poder de Caio Mourão, o grande criador de jóias e personagem de destaque de Ipanema dos anos 1960 e 1970. Depois, as placas foram transferidas para o acervo da livraria Toca do Vinicius.

Otelo conseguiu encaixar um samba da sua autoria no disco da novela *Bandeira 2*, a música "Rainha da Gafieira", dele e de Dílson Noronha, gravada por Jacira Silva, cantora, atriz e grande amiga. E se esforçava também para gravar mais dois sambas, "Ela Mora em Madureira", com a mesma Jacira Silva, e "A Vida Não Vale Nada", com o conjunto Brasil Ritmos. Queria mais. Queria que a TV Globo o reconhecesse também como o criador de programas, como confessou num bilhete ao diretor de elenco da emissora, Mauro Borja Lopes, o Borjalo:

"O que acontece é que depois de tantos anos fiquei estereotipado pela maioria dos produtores. É aquela coisa: isto é bom para Grande Otelo. Há pouco tempo, tentei apresentar um quadro escrito por mim e não recebi a mínima atenção. Você sabe que sou criador e até já pensou numa colaboração minha mais efetiva. Tenho estado arrasado, embora não pareça, pelo fato de não ser ouvido nas idéias que tenho. Acresce a circunstância que cheguei a Grande Otelo com muito improviso criado por mim, coisa que agora me é negada. Isso me emburrece cada vez mais. Pense nisso e veja o que pode fazer por mim".

Mas Borjalo não podia, naquele momento, fazer nada por ele. Quem podia eram os médicos do Hospital dos Servidores do Estado, aonde chegou em estado de coma, vítima de enfarte, depois de uma semana atribulada, que começou com o contracheque de 1.800 cruzeiros — em vez dos 4 mil esperados — que recebeu da TV Globo. Seus vales haviam sido todos descontados pela emissora. Sem conseguir falar com qualquer dirigente da TV, caiu em depressão e resolveu curar-se com a bebida. Dias depois, bateu com seu Corcel em outro carro e, como o erro fora seu, comprometeu-se a pagar o prejuízo. No dia seguinte, um domingo, sofreu o enfarte.

Afastado o risco de morte, transferiu-se para o Hospital Silvestre, onde foi internado, mas recebeu poucos dias depois licença dos médicos para sair cinco vezes por semana a fim de gravar na TV Globo. Ainda estava submetido a esse regime quando recebeu a notícia da sua aposentadoria como funcionário público, com um salário de 1.933 cruzeiros mensais. "Não é que dê para sustentar uma família de seis pessoas, mas esse dinheiro já é uma base para a gente se virar e completar o resto", disse ele à revista *Veja*. Em maio de 1972, foi liberado pelo hospital e voltou para casa prometendo, ainda esta vez, que nunca mais beberia.

Com Luís Sérgio Person, filmou a comédia erótica *Cassy Jones, o Magnífico Sedutor*, em que atuou ao lado de Paulo José, Sandra Bréa, Hugo Bidet e outros, inclusive Glauce Rocha, em sua última aparição no cinema. Em junho, foi convidado pelo Instituto Nacional de Cinema a ser o apresentador, no cinema Palácio, no Rio, da cerimônia de entrega da Coruja de Ouro, trabalho que lhe rendeu mil cruzeiros de cachê. Dias depois, recebeu mais 6.200 cruzeiros, dessa vez da TV Globo, com a qual acertou uma rescisão de contrato. Ele precisava muito de dinheiro para liquidar as dívidas e para pagar as despesas de um show em torno da sua carreira, escrito por ele mesmo, intitulado *Grande Otelo Saúda o Público e Pede Passagem*, que estrearia em agosto no Teatro Opinião. Escolheu como companheiros de palco a cantora Célia Paiva, o conjunto musical Lelé da Cuca, que trabalhava com Elza Soares, o compositor Zé Catimba, da Escola de Samba Imperatriz Leopoldinense, cujo nome fora emprestado ao seu personagem de *Bandeira 2*, Nirina Martins, irmã de Herivelto, que tocava pandeiro, e a passista Nega Pelé. Nesse show, lançou um dos sambas que mais vezes cantaria em seus shows, "Saudades do Elite". Nesse espetáculo fazia todas as suas imitações, vestia-se de Macunaíma, cantava suas composições, apresentava uma versão em ritmo de samba de "Dois e Dois São Cinco", de Caetano Veloso, e dividia com Célia Paiva a interpretação de "No Tabuleiro da Baiana", de Ari Barroso. O problema foi que o público não apareceu e a carreira do show teve de ser encerrada bem antes do vencimento do contrato que assinara para ocupar o teatro. Otelo ainda conseguiu uma sobrevida para o show, apresentando-o em clubes e, em setembro, durante três dias no Teatro Vila Velha, em Salvador. Aliás, na Bahia, numa entrevista, ele estranhou o comportamento do público: "Quero sair da lenda e entrar na realidade. O público me cumprimenta, me pára na rua, fala bem de mim, mas na hora que monto um espetáculo, não aparece. Isso me deixa um pouco frustrado".

Assinou novo contrato com a TV Globo para atuar na novela *Uma Rosa com Amor* possivelmente o papel de que mais gostou na emissora: o de Pimpipone, um personagem que "é um sujeito bom, que trata de acalmar todo mundo, de fazer com que os outros vivam bem". Mas bom mesmo foi comemorar o que acreditava ser o seu 57º aniversário inaugurando, em companhia da família, o seu busto de bronze em Uberlândia, na Praça Tubal Vilela.

Estátua em Uberlândia

O irreverente personagem de Cervantes ganhou um intérprete à altura com Grande Otelo, o primeiro Sancho Pança negro da história do teatro.

20.
SANCHO PANÇA

Em novembro de 1972, Grande Otelo deu início à realização do sonho de representar o Negrinho do Pastoreio, uma antiga sugestão de Pascoal Carlos Magno. Ele se comovia com essa lenda — surgida possivelmente na segunda metade do século XIX — de um homem cruel e avarento, que açoitava os empregados negros e peões e que, ao dar por falta de um cavalo baio, surrou violentamente com chicote o menino negro encarregado de pastorear cavalos adultos e potros comprados havia pouco tempo. O garoto, mesmo sangrando, voltou a procurar o cavalo, achou-o, mas a corda arrebentou e o animal fugiu outra vez. Mais irritado, o homem aplicou nova surra e deixou o menino sangrando e amarrado num formigueiro. Quanto voltou para ver o estado da vítima, assustou-se ao encontrá-la sem qualquer marca das chicotadas, com a pele lisa, tendo ao lado dele Nossa Senhora, o baio e os outros cavalos. O estancieiro jogou-se no chão e, chorando, pediu perdão. O negrinho não respondeu. Beijou a mão da Virgem Maria, montou o baio e partiu para conduzir a tropilha.

No filme, é claro, o negrinho deixou de ser menino para que Otelo o representasse. O *Negrinho do Pastoreio*, que tomava por base a versão do escritor regionalista gaúcho João Simões Lopes Neto, foi filmado na cidade de Pelotas, com direção do folclorista Antônio Augusto Fagundes, durante quase todo o mês de novembro, nos dias em que Grande Otelo não tinha gravação de *Uma Rosa com Amor*. Em dezembro, depois de uma crise de taquicardia que assustou o elenco da novela, voltou a Pelotas para refazer várias cenas estragadas no laboratório.

Naquele mesmo mês, recebeu uma carta da sobrinha Maria Abadia de Souza Bernardo, filha do seu irmão Chico e moradora de Brasília, com pedido de ajuda para dar início à sua carreira de atriz. Chico morrera em 1968 na capital e estava rompido com Otelo nos últimos anos de vida. Nem os filhos do ator souberam qual foi a causa do rompimento. Chico deixou mulher e duas filhas ainda bem pequenas e foram elas que trataram de restabelecer as relações com o tio. Na carta, Maria Abadia, que estava com onze anos, perguntava pelos "meninos e tia Olga" e dizia: "Quero ser artista como o senhor".

Ainda no final de 1972, ele foi procurado por um trio muito importante do teatro brasileiro, a atriz Bibi Ferreira, o diretor Flávio Rangel e o autor teatral Paulo Pontes, com a intenção de convidá-lo para ser o Sancho Pança do musical *O Homem de La Mancha*, de Dale Wasswerman, inspirado no clássico de Cervantes e apresentado com grande sucesso em São Paulo. Marcaria a inauguração de uma das mais confortáveis e equipadas salas teatrais do Rio de Janeiro, o Teatro Manchete, situado num belo prédio do arquiteto Oscar Niemeyer. Otelo adorou o convite porque seria o primeiro Sancho Pança negro da história e, além disso, assistira, emocionado, à peça em Londres. O espetáculo, produzido por Bibi Ferreira e Paulo Pontes (também tradutor, com Flávio Rangel, do texto original), dirigido por Flávio e que teria no palco, além de Bibi e Otelo, Paulo Autran (no papel de Dom Quixote) e vários outros atores, contava ainda com o talento de Chico Buarque de Holanda e Ruy Guerra como autores da versão brasileira da canção-tema da peça (na opinião deste autor, bem melhor do que a letra em inglês).

O início dos ensaios de *O Homem de La Mancha* marcou também o começo de um período em que Grande Otelo passou a ter mais cuidado com a saúde, passando a beber refrigerante e um ou dois copos de vinho nas refeições. Estava convencido de que entrara no caminho certo graças às muitas ameaças que ouviu dos médicos, que o mandavam optar entre a vida e as bebidas, e as recomendações que ouviu na Cabana do Pai Jutum, o centro de umbanda que passou a freqüentar, levado por Herivelto Martins. Na entrevista às "páginas amarelas" da revista *Veja*, afirmou que a bebida já não lhe fazia a menor falta, mas que, no caso de uma recaída, não contaria com o apoio dos vendedores de bebida. "Depois que tive um enfarte, no ano passado, vários bares da cidade se recusaram a me servir uma simples cervejinha. Dona Laura, do Beco da Fome, só me deixava beber se eu comesse", disse ele. Contou que viveu romances com duas estrangeiras, uma polonesa e uma francesa, esta chamada Simone, "a primeira loura" da sua vida. Sobre o trabalho no Teatro Manchete, revelou que havia pedido 15 mil cruzeiros por mês para fazer Sancho Pança. "Mas acabei concordando com 5 mil porque sei das dificuldades de Bibi Ferreira para pagar o elenco", completou.

O sucesso de *O Homem de La Mancha* e a sua interpretação de Sancho Pança deram um novo destaque ao nome de Grande Otelo. Além

O sucesso da peça *O Homem de La Mancha*, que foi vista por mais de 120 mil pessoas, marcou as carreiras de Paulo Autran, Bibi Ferreira e Grande Otelo, aqui caracterizados como D. Quixote, Dulcinéia e Sancho Pança.

de recriar o personagem, ele improvisava sempre que encontrava uma oportunidade. Foi, por sinal, numa das apresentações da peça que soltou um caco que fez o teatro inteiro aplaudi-lo. Foi no momento em que o personagem saía do palco e percorria a platéia. De repente, ele se viu ao lado de dois espectadores ilustres, o economista Celso Furtado e o escritor Antônio Callado. Olhou seriamente para os dois e dirigiu-se para o público:

— Quer dizer, além de furtado, ainda sou obrigado a ficar calado!

No dia 7 de maio, Otelo não resistiu à tentação e bebeu várias doses de conhaque. O efeito da bebida somou-se ao de tranqüilizantes que havia tomado e o resultado foi uma batida com seu Corcel num táxi, em plena Avenida Nossa Senhora de Copacabana. Autuado pelo comissário Sílvio Belo, o ator foi examinado pelo médico legista José Hamilton Gonçalves de Freitas, que constatou alto grau de embriaguez. Otelo prometeu pagar o prejuízo do taxista, mas, para ser liberado, teve de pagar fiança.

Um dia depois do acidente, começou a filmar *O Rei do Baralho*, de Julinho Bressane. Brilhava no Teatro Manchete, continuava brilhando na novela *Uma Rosa com Amor* e em outros programas da Globo, mas achou que precisava de mais alguma coisa para permanecer na ordem do dia e resolveu comemorar, em 1973, os quarenta anos de carreira teatral. O anúncio de tão importante aniversário repercutiu imediatamente. Os alunos da escola Lúcia Miguel Pereira, em São Conrado, o convidaram para conversar sobre essas quatro décadas. Convidado pelo professor Antônio Carlos da Silva, também falou na escola João Luís Alves, na Ilha do Governador. Adolfo Bloch, presidente do grupo Manchete, encarregou o jornalista Sérgio Lima e Silva de organizar as comemorações. A grande homenagem seria realizada no dia 31 de julho com um jantar para 120 pessoas bancado por Bloch. Mas nada o emocionou tanto, chegando a fazê-lo chorar, quanto um telegrama da cantora Elisete Cardoso, lembrando o tempo em que ele se apresentava com ela em circos e clubes suburbanos, cantando "Boneca de Piche". "Aqueles shows matavam a minha fome e a fome dos meus filhos", confessou Elisete, agora uma cantora consagrada como uma das melhores do Brasil.

O Homem de La Mancha seguiu até fins de junho, sendo visto por mais de 130 mil pessoas em São Paulo e no Rio. Otelo já estava sabendo que qualquer novo compromisso para trabalhar em teatro ou cinema teria de ser com autorização da Divisão de Novelas da TV Globo. A novela *Uma Rosa com Amor* se encerrou na mesma época, mas logo depois ele foi escalado para a terceira série de *Shazam, Xerife & Cia.*, que tinha Paulo José e Flávio Migliaccio como artistas principais.

Em julho, participou de uma experiência nova: foi o artista principal de uma fotonovela publicada pela revista *TV Sucesso*, cuja história, *Vida de Palhaço*, escrita por Hélio Miranda de Abreu, se passava no bairro de São Conrado, onde o personagem vê uma briga de meninos porque um deles é chamado de palhaço e Otelo resolve ajudá-lo a se tornar palhaço de verdade. O produtor Carlos Machado, por sua vez, resolveu fazer uma última investida para recuperar o Night and Day, e contratou Grande Otelo para atuar no espetáculo *Cassino da Urca*. O show reviveu os números do ator no Cassino, com destaque para sua imitação de Mistinguett. Infelizmente, não passou de uma tentativa vã de reviver os velhos tempos da boate. O público esperado não apareceu.

Em janeiro de 1974, Grande Otelo perdeu um dos seus melhores amigos e velho companheiro de aventuras cinematográficas, Alinor Azevedo. Mais um motivo de tristeza, já que, em casa, as coisas não caminhavam nada bem com Olga, com quem brigava quase todos os dias. Para fugir do convívio desagradável, ela passava o maior tempo possível no sítio de Marambaia. Na verdade, já não eram mais marido e mulher, embora vivessem juntos. Tanto que quando resolveram separar-se de vez, os próprios filhos entenderam, achando que, separados, viveriam bem melhor. A sobrinha Maria Abadia, que não sabia de nada, queria vê-los em Brasília. Foi o que disse numa pequena carta em que informava que cursava o 1º ano ginasial e que Regina estava indo para o 4º do primário. Em abril, ela enviou outra carta solicitando resposta, até porque a mãe dela também escrevera e pedia que a menina escrevesse outra para saber se Grande Otelo recebera a mensagem. Não sabemos se o ator respondeu, nem em que termos, mas o sentido da carta de Maria Abadia é claro. Na dúvida, a sobrinha repetia o que mandara dizer a mãe:

> "Ela contou que a vida está muito difícil e que o dinheiro que ela recebe mal dá para nossas despesas na escola, roupas e outras coisas, porque o dinheiro que meu pai deixou de pensão não dá. Tio, como vão tia Olga e os meninos? Fiquei contente por vê-los grandes e bonitos. Lembranças minhas. Regina está com dez anos e vai fazer onze dia 22 de abril. Ela pede para o senhor mandar uma boneca Amiguinha. Tio, será que o senhor pode mandar uma bicicleta pra mim? Estou com doze anos.

Grande Otelo como ator de "fatonovela", na qual representa a si mesmo — experiência curiosa que, no entanto, não teve desdobramentos.

Quando é que o senhor vem a Brasília? Estamos esperando sua visita. Sei que devido a seus negócios é muito difícil vir aqui. Tio, já que estamos na semana da Páscoa, não dá para mandar um ovo de Páscoa para a gente?".

Para Grande Otelo, não foi um ano de muito trabalho. Fez ainda um pequeno papel no filme *A Estrela Sobe*, de Bruno Barreto, uma história baseada no livro homônimo de Marques Rebelo, adaptado pelo próprio Bruno, que teve Betty Faria numa das suas melhores atuações no cinema; e, no fim do ano, participou ao lado de Ankito da chanchada *Ladrão de Bagdá, o Magnífico*, dirigido por Vitor Lima.

Em fevereiro de 1975, Otelo prestou um depoimento de duas horas ao SNT, sendo entrevistado por Paulo Pontes, Van Jafa, José Arrabal, Orlando Miranda e Chianca de Garcia, este último considerado por ele um de seus mestres. Os outros foram Jardel Jércolis, Palitos, Mesquitinha ("meu grande professor. Com ele, aprendi a chorar, a rir e a declamar. Foi ele que me libertou perante o público da imagem humorística que eu tinha"), Luís Peixoto e "agora Flávio Rangel no *Homem de La Mancha*". Como nunca entrou numa escola de teatro, considerava seu maior mestre a própria vida. "Nunca tive um Stanislavski para aprender, porque eu achava o nome difícil e o que está escrito também, que não ia entender."

Quando um dos entrevistadores chamou atenção para o seu talento, respondeu:

"Eu não tenho talento, gente. O que acontece comigo é uma coisa muito simples. Malba Tahan tem um conto sobre um homem que tinha um olho de lince. É que ele esteve durante muito tempo na prisão e encontrou seis alfinetes. Ele jogava os alfinetes para o alto só para procurá-los depois. Assim, foi desenvolvendo a vista. É o meu caso. Entrei numa cela, ou numa selva, e tive de sobreviver, usando todos os truques bons e maus que sabia, na medida das minhas características e das minhas qualidades".

Num show da boate Sucata, em que Haroldo Costa homenageava Josephine Baker, conheceu uma mulata gaúcha que o fez lembrar um pouco de Vera Regina e muito de Josephine Baker. Seu nome, Maria Helena Soares da Rosa, 28 anos mais nova do que ele e trinta centímetros mais alta. Como sempre ocorreu com as mulheres que o seduziam, ele não economizou charme e simpatia para atraí-la — e batizou-a de Josephine Helene, numa homenagem à xará Baker.

Tratou de ensiná-la a cantar "Boneca de Piche" e já em abril apareceu trabalho para a nova dupla no Clube Comercial. Num bilhete a Otelo, o presidente do clube, Antônio Moreira Leite, comunicou que assumiria o pagamento "da moça que você ficou de arranjar para cantar" e que ambos seriam acompanhados pelo conjunto do velho Sacha (piano, baixo, trompete e bateria), que ficaria à disposição dos cantores para "os ensaios que julgarem necessários". Os dois voltariam a atuar juntos em julho, num show que começava às duas horas da madrugada, na boate Cachimbão, na Lapa.

Ao mesmo tempo, a TV Globo, que lhe pagava 6 mil cruzeiros por mês, o ameaçava de rescisão do contrato pela suas faltas na gravação da novela *Bravo!*, de Janete Clair, na qual desempenhava o papel do mordomo Malaquias. A ameaça funcionou e Otelo voltou ao trabalho. Mas como seu personagem não gravava todos os dias, ele foi com Josephine fazer uma rápida temporada em um espetáculo denominado *Branco Que Te Quero Preto*, de Sheila Lobato, no Teatro da Igrejinha, em São Paulo, ao lado de Araci de Almeida e Rosana Tapajós. Naquela altura — outubro de 1975 — Otelo e sua nova parceira viviam juntos num apartamento da Rua Barata Ribeiro, em Copacabana, para onde Josephine levou seu filho Orson (cujo nome fora dado em homenagem a Orson Welles).

Os filmes de 1975 foram *Deixa, Amorzinho, Deixa*, de Saul Lachtermacher, *O Flagrante*, de Reginaldo Farias, e *As Aventuras de um Detetive Português*, de Stefan Wohl. Este último abordava o desaparecimento do Papa num elevador em Portugal. O comediante português Raul Solnado era o detetive encarregado de encontrá-lo. Também foi lançado em 1975 o filme *Assim era a Atlântida*, uma criação do diretor Carlos Manga inspirado em *Era uma Vez em Hollywood (That's Entertainement)*, que a Metro havia feito com muito sucesso no ano anterior. Grande Otelo aparece como um dos narradores e como ator de filmes da Atlântida.

Em março de 1976, quando filmava *Tem Alguém na Minha Cama*, de Francisco Pinto Júnior, Pedro Camargo e Luís Antônio Piá, foi chamado para ser um dos entrevistadores de Carlos Machado, em seu depoimento ao SNT. Machado elogiou muito Grande Otelo ("Isso é um monstro sagrado brasileiro"), contou várias histórias de sua vida como produtor de shows, lembrando que o filho de Mistinguett foi ao Cassino da Urca e ficou chocado quando viu Otelo imitando a sua mãe.

Foi em *Tem Alguém na Minha Cama* que Grande Otelo usou o seu prestígio para dar início à carreira cinematográfica de Josephine Helene. Convidado para atuar no filme *Otália da Bahia*, do francês Marcel Camus, nome conhecido dos brasileiros desde que adaptou para o cinema a peça *Orfeu da Conceição*, de Vinicius de Moraes, Otelo aproveitou mais uma vez a oportunidade para escalar Josephine Helene num filme e aproveitou para deleitar-se numa lua-de-mel, já que o filme — uma co-produção franco-brasileira, baseada no livro *Os pastores da noite*, de Jorge Amado — foi rodado na Bahia.

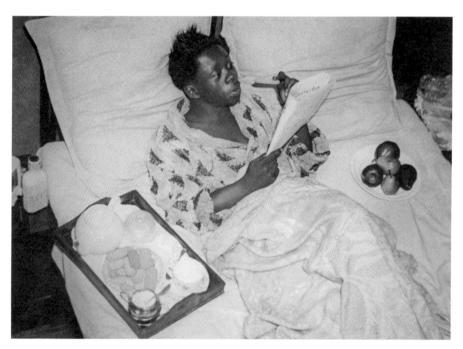

O excesso de trabalho, somado à vida desregrada e ao gosto pela boêmia, levaram Grande Otelo a um longo histórico de internações em hospitais, durante as quais, além de se tratar, ele cuidava de planejar seus próximos passos.

21.
AMEAÇAS DO CORAÇÃO

Em outubro de 1976 o diretor teatral José Renato propôs um desafio a Grande Otelo: interpretar o criado Vivaldino na peça *Vivaldino, Criado de Dois Patrões (Arlequim)*, no Teatro Casa Grande. Ele gostou da idéia, apesar do trabalho que enfrentou, como confessou em entrevista a Beatriz Bastos Cruz para o jornal *O Dia*: "Eu falo pra burro. Tive e tenho de decorar muito". Josephine Helene também era colega de Otelo na peça, assim como o ator e diretor Luís de Lima, cujo filho, Luís Filipe de Lima, seria, já nos anos 1990, um ás na execução do violão de sete cordas, além de arranjador musical e um dos mais requisitados produtores de discos e diretores musicais de espetáculos do país. É de Luís Filipe o depoimento que se segue:

"A primeira lembrança que tenho de Otelo — amigo e colega do meu pai — data dos meus oito anos de idade. Os dois participavam juntos da montagem de *Vivaldino, Criado de Dois Patrões*, versão de Millôr Fernandes para o clássico *Arlequim*, de Goldoni. A Otelo cabia o papel título, meu pai fazia Don Florindo Boccanegra, um dos patrões, ao lado de Ítala Nandi, o outro 'patrão', e da estreante Bia Bedran, entre muita gente. Minha mãe, Maria Luísa, bailarina, trabalhava nessa época no corpo de baile da TV Globo, portanto nem sempre tinha com quem me deixar aos sábados e domingos. A solução, às vezes, era revezar, e lá ia eu num fim de semana para o Teatro Fênix, no Jardim Botânico, onde a Globo mantinha parte dos seus estúdios, e, no outro, para o Casa Grande com meu pai.

Numa dessas idas ao Vivaldino aconteceu uma coisa de que me lembro sem muita nitidez, mas que ouvi diversas vezes do meu pai e do próprio Otelo, anos depois. Sempre que acompanhava meu pai ao teatro, gostava de assistir à peça na coxia, numa cadeirinha. E gostava muito de um pequeno monólogo de Otelo, em que Vivaldino se perguntava como sair da camisa de onze varas em que tinha se metido, trabalhando para dois patrões ao mesmo tempo. Certo dia, na hora do monólogo, fui arrastando sem perceber a cadeirinha para frente. Nem me dei conta e já estava no palco, à vista do público. Percebendo a figura de uma criança sentada em cena, alguns começaram a me apontar, e Otelo, sem pestanejar, resolveu tirar partido da situação: me arrastou para o meio do palco e começou a improvisar comigo, perguntando de onde eu tinha saído, o que estava fazendo ali, se não seria espião de um dos patrões. Antes que eu ameaçasse gaguejar qualquer coisa, ele emendava em outra fala. Deu certo! O público riu, aplaudiu, e logo Otelo me conduziu de volta à coxia, onde meu pai me esperava para dar um esporro entrecortado de risos.

Cresci, portanto, com a simpatia de Otelo e tendo muito carinho por ele. Era uma figura que, volta e meia, via em casa, envolvido em algum trabalho com meu pai. Uma ou duas vezes meu pai foi levado por Otelo para consultar com as entidades de Lurdes, mulher de Herivelto Martins, que era mãe de santo e, às vezes, atendia em sua casa na Urca. Numa dessas ocasiões, estive lá, lembro da reverência que tinha pelos guias de Lurdes e da grande camaradagem que o unia a Herivelto".

Otelo caprichou em seu trabalho na peça de Goldoni, mas não se conformava com o desprezo dos críticos teatrais pelos espetáculos apresentados em outros palcos, que não fossem apenas os de teatro. Uma das manifestações desse inconformismo está numa agenda de 1976, em que comenta na data de 20 de dezembro, a notícia veiculada pelo crítico teatral do *Jornal do Brasil*, Ian Michalski, de que uma comissão "de alto nível" havia escolhido os melhores do ano no teatro:

"Muito bem. Ou muito mal? São todas peças, senão dramáticas, do tipo de 'teatro sério'. Tudo certo. Certinho. Mas, do alto dos meus cinqüenta anos de representação em revistas, comédias, circos, boates, rádio, televisão etc., pergunto: fazer rir um povo não vale? Divertir crianças de um país em formação não tem valia?".

O último trimestre de 1976 foi dedicado ao trabalho em dois filmes: *A Força de Xangô*, direção e roteiro de Iberê Cavalcanti, e *Ladrões de*

Cinema, de Fernando Coni Campos. Apesar disso, ele sentia-se abandonado por não ter shows nem peças teatrais para fazer e achando que a TV Globo se esquecera dele, embora pagasse seu salário todos os meses.

Mesmo chamado, em janeiro de 1977, por José Louzeiro, Hector Babenco e Jorge Duran, autores do roteiro, para uma participação especial no filme *Lúcio Flávio, o Passageiro da Agonia*, dirigido por Babenco, Grande Otelo ainda se sentia esquecido. Numa entrevista à repórter Cidinha Campos, do *Jornal dos Sports*, queixou-se:

> "O pessoal pensa que sou um ator muito caro e não me chama para trabalhar. Há também uma lenda de que sou um tanto largado, que não tenho muito senso profissional. Assim, só me chamam para fazer participação especial, que a gente filma em um ou dois dias".

Reclamou até dos responsáveis pelo filme, que se recusaram a incluir na trilha sonora um samba da sua autoria. Sobrou também para a TV Globo:

> "Na TV, quando apareço, sou muito celebrado, muito comentado, mas é só. Não estou fazendo nenhum programa de televisão. Recentemente, fiz o *Brasil Especial* do Herivelto Martins e foi, como se diz, um sucesso, os colegas gostaram, as pessoas me pararam na rua, mas ficou nisso. Não apareceu mais trabalho".

Adiante, confessou:

> "Talvez eu tenha um pouco de culpa. Estava fazendo a novela *Bravo!*, na época, resolvi me separar de minha mulher, dona Olga. Resolvi me desquitar. A situação ficou meio braba. Naquele sai-não-sai de casa, desquita-não-desquita, fui ficando meio perturbado. Depois, apareceu um filme do Marcel Camus para fazer na Bahia. As coisas se embaralharam de vez e pintou a maior baratinação. Comecei a encher a cara e, como ninguém resolve nada enchendo a cara, meu trabalho no filme do Camus não saiu direito, a novela ficou parada. Tudo na pior. Agora, a TV tem realmente medo de me escalar para fazer qualquer novela, e com razão. No momento, estou me reorganizan-

do. Me separar da Olga foi o primeiro passo. Sem ter a pretensão de mudar o pensamento das pessoas, estou mudando".

Reclamou de não ser lembrado nem para os programas humorísticos da Globo, *Chico City* e *Planeta dos Homens*:

"Não se lembram que Grande Otelo é funcionário da Globo e que pode ser convidado sem receber cachê, pois minha obrigação é trabalhar para a empresa da qual sou funcionário. Não sou contratado da Globo, sou funcionário. Não tenho o que reclamar da Globo, mas é claro que não é agradável receber e ficar de fora".

Concluindo, falou de Josephine:

"Um dos melhores acontecimentos da minha vida. Uma pessoa forte, em que posso me apoiar, em quem acredito com a maior sinceridade. Quero ficar com ela a vida inteira".

Em maio visitou a quadra da Escola de Samba Unidos de Bangu, que lançava o enredo "Essa Dupla é Uma Parada", em homenagem a Eliana Macedo e Adelaide Chiozzo, e fez um show no Museu de Arte Moderna, em que cantou vários sambas conhecidos e inéditos, todos de sua autoria. Pouco tempo depois, Otelo foi ao Canecão em busca de um convite para ver a versão musical da peça *Deus Lhe Pague* e Mário Prioli, o dono da casa, perguntou a ele se iria participar da montagem de *Saltimbancos*, de Chico Buarque de Holanda, que seria apresentado dali a alguns dias no próprio Canecão e o elenco ainda não estava formado. Otelo não perdeu tempo. Telefonou imediatamente para Chico e dias depois estreava no espetáculo fazendo o papel de jumento. Numa entrevista ao jornal *O Dia*, em 12 de agosto, disse: "Nunca havia feito teatro para crianças. A peça vem fazendo o maior sucesso para um público de todas as idades". Em seguida foi escalado pela TV Globo para três programas diferentes: *Os Trapalhões*, numa pequena comédia exibida no programa *Fantástico* e como apresentador do musical de samba e choro *Tira Poeira*.

Em setembro, mês em que a Universidade Estadual de Ponta Grossa escolheu o nome "Grande Otelo" para o prêmio de melhor ator do 5º Festival de Teatro Amador, foi socorrido pela clínica Prontocor novamente com indícios de enfarte. Os primeiros exames não confirmaram as suspeitas e ele voltou à rotina, inclusive ao espetáculo *Saltimbancos*, mas sempre com a rigorosa vigilância de Josephine, que não deixava que ele chegasse perto de um copo de bebida alcoólica. Em dezembro, visitou sua Uberlândia, que o homenageava com uma apresentação em praça pública de grupos de congada e Moçambique e um show de Benito de Paula. Ouviu emocionado o samba que Benito compôs em sua homenagem:

> "Eh! Otelo!
> É meu herói, é um rei menino
> É Macunaíma, é um peregrino
> Um gigante em cena, eu quero aplaudir
> Eh! Otelo!".

A emoção com tantas homenagens foi tamanha que Grande Otelo desmaiou, sendo levado imediatamente para a casa de saúde Santa Marta, aonde chegou consciente, mas com fortes dores abdominais e náuseas. Os médicos não tiveram a menor dúvida: tratava-se de um enfarte. Procurada pelos jornais, Josephine atribuiu os problemas de saúde do marido à sua constante preocupação com o trabalho. Declarou:

> "O pior é que ele leva para casa todas essas preocupações. É terrível, pois ele sabe que não pode se preocupar tanto, que isso afeta a sua saúde. Em cinco meses, teve três enfartes. Parou de beber e segue à risca os conselhos médicos. O problema é que ele escapa de um enfarte para cair noutro. Não sei até quando agüentará".

Colocado num avião assim que os médicos de Uberlândia permitiram, foi conduzido para o Rio de Janeiro, sendo imediatamente internado no Hospital Pró-Cardíaco. O papel de jumento em *Saltimbancos* passou a ser defendido pelo próprio diretor da peça, Antônio Pedro. Chico Buarque de Holanda visitou-o no hospital com a filha Sílvia Buarque, que chegou com um jumento de plástico, colocado na mesinha ao lado da cama, onde permaneceu junto dos vários medicamentos que tinha de tomar. Também recebeu a visita do repórter da revista *Fatos & Fotos*, a quem reafirmou que estava sem beber havia longo tempo, reconhecendo, porém, que foi "o maior cachaceiro que este país já teve". Confessou que continuava dependente do cigarro e que fumava até no hospital.

Quando recebeu alta, em fins de janeiro de 1978, tratou de organizar a vida profissional. Já sabia que, na TV Globo, faria o papel de garimpeiro na novela *Maria, Maria*, de Manoel Carlos e Lindolfo Rocha, com direção de Herval Rossano. Em abril, mês em que foi o grande homenageado do Festival de Cinema de Gramado, assinou contrato para trabalhar até o dia 8 de junho no filme *As Aventuras de Robinson Crusoé*, de Mozael Silveira, em que ele era Sexta-Feira e Costinha, Robinson Crusoé. Faturou 75 mil cruzeiros, pagos em quatro vezes. Outros filmes realizados em 1978 foram *A Noiva da Cidade*, dirigido por Alex Vianny, *Agonia*, de Júlio Bressane, e *A Noite dos Duros*, de Adriano Stuart.

Homenagens não faltavam. Numa crônica publicada na *Tribuna da Imprensa*, o arquiteto, escritor e jornalista Marcos Vasconcelos narrou um dos seus encontros com uma menina de nove anos de idade, que vendia limão no Leblon e que o levou a comprar, "usando o surrado subterfúgio de resgatar a minha parte de culpa pela pobreza da garota", todo o estoque de frutas que ela oferecia. Acrescentou:

> "Uma tarde, a vejo noutro lugar e ela corre para me cumprimentar e tem um gesto que me deixou com um nó no pescoço: me dá um amarrado de limões de presente e com um tal contentamento que não consegui nem articular um agradecimento. Para disfarçar, pergunto ao menino que estava do lado dela, que eu sabia ser irmão:
> — E você? Está estudando?
> — Estou — me disse com brio.
> Então, cometi a pergunta clássica, inevitável:
> — O que você quer ser?
> Com um brio maior, uma luz nos olhos transbordada da alma, ele responde:
> — Grande Otelo".

Em setembro, fez um vale substancial na TV Globo, autorizou a emissora a descontar-lhe 5 mil cruzeiros por mês e doou uma parte do dinheiro — exatamente, 39.021 cruzeiros — à Associação de Pais e Amigos dos Excepcionais de São Paulo. Realizou também um trabalho que lhe deu muitas alegrias, que foi aparecer como ator na peça infantil *A Revolução dos Patos*, ao lado da amiga Ruth de Souza. Na televisão, trabalhava no programa *Praça da Alegria*, da Globo.

Além da peça infantil, havia outro motivo de alegria naquele mês: no dia 30 receberia o título de Cidadão Paulistano da Câmara Munici-

Mesmo como ator já consagrado, Otelo não recusava trabalho: aqui ele aparece no espetáculo infantil *A Revolução dos Patos*, contracenando com Ruth de Souza.

pal. Foi tanto entusiasmo que escreveu um convite que imprimiu e espalhou por todos os lugares possíveis. Dizia o convite:

"Quem lhe escreve é Sebastião Prata, que você conhece artisticamente como Grande Otelo. Acontece que a Câmara de Vereadores de São Paulo, através de requerimento do vereador Paulo Rui de Oliveira, concedeu-me o título de Cidadão Paulistano. Você não pode imaginar a satisfação que me invade. É tanta que estou contando com você e outros amigos, colegas, companheiros etc. Você talvez não entenda. Mas sabe lá o que é ter sido numa terra como São Paulo jornaleiro, engraxate, menino de rua abrigado no asilo de menores, estudante, artista, vir depois a esta cidade maravilhosa, amadurecido e agraciado com o título de Cidadão Carioca? Sabe lá? E depois ser chamado para o berço segundo, que é São Paulo, para tanta honraria? É demais para este mineiro de Uberabinha-Uberlândia! Tenho de contar com todo mundo, que, no dia-a-dia, me anima, entusiasma, alerta e perdoa. Me ajude, amigo, a contar a todos esses

Brasis o que São Paulo resolveu fazer por este mineiro, cidadão carioca e brasileiro, Macunaíma ou Negrinho do Pastoreio".

O apelo foi atendido. Apareceu na Câmara dos Vereadores uma multidão calculada em mais de mil pessoas, que, sem condições de entrar na casa, ouviu os discursos transmitidos por alto falante. O presidente da Câmara, vereador Roberto Cardoso Alves, ao saudá-lo, disse que aquela havia sido uma das mais belas sessões ali realizadas. "É preciso que Grande Otelo saiba que poucas vezes esta casa esteve tão cheia", completou. O vereador Paulo Rui de Oliveira fez um bonito discurso, afirmando que Otelo era, entre outras coisas,

"o marginal debaixo da ponte, de dentes ruins e olhar longínquo, o empregadinho da madame, o Moleque Saci, o Negrinho do Pastoreio, o favelado soltando pipa, o poliglota empertigado, o herói sem nenhum caráter, o travesti, o engraxate, o lavador de carros, o faminto, o cantor de boate, o menino de recado dos bicheiros, o moleque sem nome, o homem sem nome, o drama do palhaço, o Sebastião Bernardes de Souza Prata, que trocou o nome pelas luzes da vida, personagens que não consertam o mundo, mas, através deles, pode-se mostrar ao mundo o que deve ser consertado".

Otelo, por sua vez, teve o discurso de agradecimento várias vezes interrompido pelos aplausos. Ele disse que sonhava com a união de todos os povos e de todos os homens, "uma união que transcenderá as atuais limitações humanas e unirá o mundo inteiro, fazendo com que se estabeleça o verdadeiro entendimento entre os povos, sejam eles de que raça forem, sejam eles de que credo forem". Ao concluir, falou das suas crenças:

"Creio em Deus, creio no homem, creio na sensibilidade da mulher e creio no título de Cidadão Paulistano. E é acreditando nisso que tenho certeza de que os caminhos cada vez mais se abrirão e que por todos eles caminharemos de braços abertos para abraçar o irmão malaio, o irmão vermelho, o irmão amarelo, o irmão branco e o irmão negro".

Nessa época, ele fazia planos com a atriz e grande amiga Camila Amado para a montagem de um espetáculo baseado em O *banquete*, de

Mário de Andrade. Enquanto o espetáculo não saía, a dupla providenciava outras montagens, como um show com jeito de palestra sobre a vida dele, apresentado no teatro da Universidade Cândido Mendes. Em janeiro de 1979, às vésperas do lançamento do filme *Robinson Crusoé*, numa sessão especial no cinema Palácio, na Cinelândia, deu uma entrevista ao *Jornal do Brasil* dizendo, entre outras coisas, que parou definitivamente de ingerir bebidas alcoólicas. "Estou otimamente bem. Já sei que mais de três cachaças faz mal, então não bebo nenhuma. Só tomo café e guaraná", assegurou, acrescentando que Josephine o ajudava muito, "controlando os remédios" e ficando sempre ao seu lado. Falou de Orson, "um filho que, embora seja só dela, é como se fosse meu" e anunciou que, no carnaval, iria desfilar na comissão de frente da Mangueira.

Em fevereiro, deu início à sua participação na novela da TV Globo, *Feijão Maravilha*, de Bráulio Pedroso, que chamou um grande número de atores da Atlântida, pois pretendia dar à história o mesmo clima das antigas chanchadas. Numa entrevista à revista *Grande Hotel*, disse que revivia na novela os melhores anos de sua vida. Bráulio gostou tanto do seu trabalho que o incluiu no elenco da peça *Lola Morena*, encenada na mesma época em que a novela estava no ar. Em novembro, voltou ao Paraná para apresentar-se num projeto do Teatro Paiol, que reunia todas as semanas dois convidados, geralmente de atividades diferentes. O convidado para atuar ao seu lado foi o político e amigo José Aparecido de Oliveira, que não conseguiu libertar-se dos seus compromissos em Minas Gerais e foi substituído por outro amigo, o poeta Thiago de Mello.

Se anteriormente teve suas razões para se queixar do esquecimento dos produtores, muito mais passou a ter a partir de 1980, um longo período de pouco trabalho. Logo no início do ano, o cineasta Zeca Zimmerman tentou fazer um curta metragem intitulado *Grande Otelo, Anos 50*, mas abandonou o projeto por falta de recursos. Na TV Globo, participou do programa *Carga Pesada* e depois teve uma rápida aparição na novela *Chega Mais*. As coisas começaram a esquentar em setembro, quando ele e a atriz Neusa Borges fizeram uma temporada de duas semanas no Ópera Cabaré, em São Paulo, com o show *Tempo Bom*, mesmo nome de uma música que ele compôs com o cômico Lilico, cantada por este toda vez que aparecia nos programas humorísticos de TV. Na época, Otelo sonhava com um peça sobre os pracinhas da Força Expedicionária Brasileira, prometida pelos jornalistas Rubem Braga e Joel Silveira, que haviam sido correspondentes na Itália durante a Segunda Guerra Mundial. Mas tudo não passou de uma promessa de mesa de bar.

Ameaças do coração

Quem não esquecia dele eram as sobrinhas de Brasília, que se sentiam abandonadas, como revelou a carta de Regina, escrita em novembro:

"Tio, começarei logo a dizer que estou muito, mas muito chateada com o senhor e com os primos, pois acho que vocês pensam que morremos ou desaparecemos. Mas estamos vivas e morando no mesmo lugar. Sabe que outro dia, conversando com um colega, ele me perguntou se eu era mesmo sua sobrinha ou era apenas papo meu. Fiquei sem graça e sem saber o que falar, pois me considero sua sobrinha, mas acho que você, não. Tio, como vão todos aí? Escrevi duas cartas e não recebi resposta. Minha mãe já perdeu a esperança de que vocês vão responder ou vir aqui. E até briga quando escrevo, mas no fundo ela não vê a hora de que vocês venham nos ver e até mesmo passar um tempo aqui. A Abadia está com dezoito anos e tirou uma onda de manequim, mas agora trabalha como secretária. Tenho dezessete anos e até agora só estudo e tomo conta da casa. À noite, saio e fico num barzinho perto de casa. Nos fins de semana, saio com o pessoal, pois minha mãe e Abadia não acham graça em sair sempre. Dizem que estão cansadas. Tio, nessas férias faço planos de passar aí, se a grana sobrar. Espero que não haja grilo, pois de grilo estou cheia. Não quero me meter na sua vida com Josephine, mas diga a ela que sou inofensiva e que pretendo ser sua amiga".

22.
PRÊMIO MOLIÈRE

No fim daquele ano, Grande Otelo recebeu uma boa notícia: ganhou o Prêmio Molière de 1980 pelo "melhor conjunto de trabalhos".

Na festa de entrega do prêmio, no Teatro Municipal lotado, Grande Otelo, vestido de *smoking*, foi ovacionado por mais de cinco minutos de palmas, com a platéia toda de pé. "Foi a melhor coisa que poderia ter acontecido na minha vida", confessava ele já nos bastidores do teatro e ainda emocionado.

Josephine Helene, por sua vez, foi entrevistada pela revista *Nova* sobre as relações com Otelo e contou que, no primeiro encontro dos dois, na Sucata, ela havia acabado de sair de uma relação e se sentia muito carente. O mesmo, segundo ela, ocorria com ele. Declarou:

"Conversávamos muito no trabalho e nas caronas que ele me dava. A idade não pesou porque minha cabeça estava muito mais velha do que a dele. No início, tive de enfrentar muitas pressões, inclusive dos quatro filhos dele, que me acusavam de querer me aproveitar. Os amigos dele me tratavam como prostituta. Foi muito duro de agüentar. Sem dúvida, o fato de trabalhar foi fundamental para segurar a barra".

E a vida sexual? — a revista quis saber e ela respondeu: "A diferença de idade não altera a vida sexual, porque para estar bem sexualmente a gente tem de estar bem psicologicamente, emocionalmente. E aí o amor vai pesar, não a idade", respondeu.

Em novembro, Otelo recebeu o título de Cidadão Carioca da Câmara Municipal. Naquele mês, voltou ao teatro como ator de *Cabaré S. A.*, com textos de vários autores, além do próprio Otelo e do diretor e ator Antônio Pedro. Apresentado no Teatro Rival, o espetáculo tinha, entre outros atores, Josephine Helene, e receberia o Prêmio Mambembe como um dos cinco melhores do ano. A temporada durou vários meses e obteve muito sucesso. A atriz Jalusa Barcelos, no derradeiro espetáculo, cruzou com ele na coxia e lamentou ser aquele o último dia. Otelo respondeu: "Que é isso, menina? Todos os dias no teatro são iguais". Jalusa recebeu aquela resposta como uma lição: no teatro, todos os dias são iguais.

Falou-se muito dele em agosto, quando foi socorrido no Hospital Miguel Couto com suspeita de edema pulmonar e pressão muito alta. Os médicos consideravam necessário que ele passasse alguns dias internado e se surpreenderam com a notícia de que Otelo fugira do hospital e viajara para a cidade de Piracicaba para não faltar à inauguração de uma sala de cinema que seria batizada com o seu nome. Procurado pelos jornalistas, defendeu-se, dizendo que não poderia "frustrar o povo da cidade", que o esperava. "Eles vão inaugurar uma sala de cinema de arte com o meu nome e, como o cinema nacional está por baixo, não posso me dar ao luxo de ficar descansando numa cama de hospital", alegou. Dois meses depois, numa entrevista à jornalista Marta Alencar e ao ator e diretor teatral Antônio Pedro, voltou a abordar a fuga:

> "Vou para o Miguel Couto. Tenho que inaugurar uma sala de cinema em Piracicaba. Saio do hospital, devagarzinho, ninguém me diz que é para não sair. Tomo o automóvel, vou para o aeroporto. Chego a Piracicaba, inauguro a sala de cinema. Sou convidado pelo prefeito para uma ceia. Beberico um golinho de cachaça. Um golinho só para o santo não achar ruim. E tomo um vinhozinho. Vou dormir na hora certa. Acordo na hora para ir a São Paulo transar um comercial que me daria 600 mil cruzeiros. Transo o comercial e tomo o avião para chegar ao Rio cedo para o ensaio".

Além do compromisso em Piracicaba, ele participava dos ensaios da peça *O Desembestado*, atuava num dos episódios de *O Bem Amado*, de Dias Gomes, e gravava uma faixa do 2º volume do disco *Arca de Noé*.

Voltou a ser convocado por Joaquim Pedro para mais um filme ligado ao movimento modernista de 1922, *O Homem do Pau Brasil*, baseado na vida e na obra de Oswald de Andrade, em que Otelo era o príncipe Tourvalou de Blesi, freqüentador do estúdio de Tarsila Amaral (Dina Sfat). Joaquim Pedro se impressionou com a emoção revelada pelos olhos de Grande Otelo quando, fora das filmagens, parou diante do quadro *A negra*. "Foi tão impressionante que resolvi filmar. Percebi que não estava tão fantástico quanto no ensaio. O milagre não aconteceu e nem ele nem eu sabíamos o que era. Em casa, lembrei-me de que, no ensaio, seus olhos ficaram lacrimejantes. Espero-o no próximo filme, *Casa Grande & Senzala*, em que ele fará um papa negro", escreveria Joaquim em 1987, que, infelizmente, morreu em setembro do ano seguinte, deixando pronto o roteiro do filme, inspirado na obra de Gilberto Freyre.

O ano de 1982 foi mais movimentado do que o anterior. Em fevereiro, foi com Josephine a Manaus inaugurar o cinema Grande Otelo, parte de uma cadeia, que já contava com as salas Oscarito e Chaplin. Depois da cerimônia de inauguração, o novo cinema, instalado na Avenida Presidente Vargas, exibiu *Macunaíma*. Em março, Otelo, que agora morava num confortável apartamento na Gávea (Rua Artur Araripe, 43, apartamento 104), gravou um comercial para a Loteria Federal por um cachê de 400 mil cruzeiros, recebendo logo a primeira parcela de 171 mil e 80 cruzeiros. Em abril, apresentou-se no auditório da Funarte ao lado do cantor, folclorista, escritor e professor de musicoterapia Fernando Lebeis. Na TV Educativa, deu início a outro programa, *Os Astros*, que, em cada apresentação, focalizava a vida e obra de um artista importante de teatro, música, cinema ou televisão. Fez dois filmes em 1982: *Paraíba, Mulher Macho*, de Tizuka Yamazaki, *Fitzcarraldo*, uma co-produção Alemanha-Peru que teve Werner Herzog como diretor e Claudia Cardinale como estrela, além de atores alemães e do brasileiro José Lewgoy. Desempenhou um papel pequeno no filme, mas o suficiente para fazer Josephine obrigá-lo a retomar as negociações com os produtores, achando que seu cachê poderia ser maior. Obedeceu e conseguiu um aumento. Em agosto, ele e a mulher participaram de um encontro do Comitê Nacional Pró-Legalização dos Cassinos nas Estâncias, em Cabo Frio. Em outubro, interpretava um papel de destaque num espetáculo no Teatro Delfim em torno da obra de Ionesco, que, em 1982, fazia setenta anos. Luís de Lima era o diretor e, por isso, o filho Luís Filipe de Lima tem mais um depoimento sobre suas relações com Grande Otelo:

> "Numa certa quinta-feira, já era hora de dar o primeiro sinal para o público e Otelo não havia chegado. Lembraram que Josephine viajara a São Paulo, deixando o marido sozinho em casa. Ligaram para o apartamento da Rua Artur Araripe e ninguém atendeu. Resolveram esperar quase uma hora, mas Otelo não apareceu e a sessão foi cancelada, devolvendo-se ao

Grande Otelo fazendo o papel de Bombeiro em obra do mestre do Teatro do Absurdo, o romeno Ionesco (1909-1994).

público o dinheiro do ingresso. No dia seguinte, conseguiram falar com ele pelo telefone, em casa, mas sua língua enrolada pela bebida denunciava a impossibilidade de comparecer ao teatro, à noite. Era o que todos tinham imaginado: sem a presença e o cuidado de Josephine, Otelo tinha cedido ao álcool, depois de muitos meses sem uma recaída sequer.

Foi quando, às sete horas, na mesa de jantar (fazíamos uma refeição leve antes de irmos juntos para o teatro), meu pai pergunta à queima-roupa se eu não tinha comigo o texto da peça com minhas marcações de contra-regra. Entendi tudo na hora e gelei. Já havia estreado em teatro dois anos antes, num personagem de destaque, ao lado de ninguém menos que Fernanda Montenegro, mas não estava preparado para aquela surpresa. Enfim, o espetáculo não pode parar. Fui repassando texto com meu pai na mesa de jantar, senti que tinha quase tudo de cor, à força de assistir à cena todas as noites. Chegamos ao teatro, meu pai avisou que eu entraria como Bombeiro caso Otelo não chegasse novamente, o que era muito provável. Daí, fizemos uma roda, sentados no chão de um dos camarins, e começamos todos a bater o texto, com o cuidado de deixar a camareira na porta de serviço do teatro, de sentinela, para nos avisar se Otelo viesse e evitarmos o constrangimento de que ele flagrasse um fedelho de quinze anos se aprontando para substituí-lo, ainda que num caso de total emergência. Ainda assim, lembro, dizíamos o texto em voz baixa, sussurrante mesmo, num claro sinal de respeito ao colega, uma das lendas do teatro brasileiro. Não deu outra, Otelo não apareceu e lá fui eu para o palco, vestido com uma calça minha, improvisada, e o mesmo jaleco que ele usava, cujas mangas terminavam a quase um palmo de distância de meus punhos, escamoteado pelo clima de absurdo do teatro de Ionesco. Otelo estava em casa, ao que tudo indica sozinho, e fora de combate.

Na semana seguinte, Josephine retornou de São Paulo e deu um jeito na situação. Na quinta-feira, Otelo reapareceu no teatro e, sabendo o que se deu, foi logo me procurar. Não esqueço do abraço apertado que ele me deu, agradecido, dizendo que na nossa profissão era uma alegria encontrar quem se dispusesse a quebrar um galho, assim de uma hora para outra. Tudo correu normalmente até o final da temporada e, desde então, Otelo se tornou ainda mais carinhoso comigo, sempre que nos encontrávamos. Quando recebi, mais de vinte anos depois, o convite para assinar a trilha sonora e a direção musical de um espetáculo que contava sua vida [*Eta muleque bamba!*, texto de Douglas Tourinho, direção de André Paes Leme, produção de Andréa Alves e Ana Luísa Lima], fiquei muito feliz e emocionado".

Espetáculo Ionesco foi até janeiro de 1983, mês em que Grande Otelo foi a Belo Horizonte, em companhia de Josephine, para assistir à posse do amigo José Aparecido de Oliveira na secretaria de Cultura. Tancredo Neves, novo governador de Minas Gerais, gostou tanto de vê-lo que, ao discursar, não se esqueceu de falar dele:

"A sua presença nesta solenidade não apenas enche meu coração de júbilo e me dá também a satisfação plena de que ele, a despeito de conduzido a todos os quadrantes da pátria brasileira, nunca deixou de ser o que sempre foi: um mineiro de que nós nos orgulhamos".

Em abril de 1984, voltou ao Festival de Gramado para prestigiar outro amigo, o diretor Carlos Manga, o homenageado daquele ano. Em maio, no dia 10, gravou um anúncio para a construtora Servenco, que colocava à venda o edifício Marquesa de Santos. No dia 19, morreu sua ex-esposa Olga com problemas circulatórios, agravados por uma pancada na cabeça que recebera num tombo em casa.

O velho plano de fazer um filme baseado na gafieira Elite continuava firme. Na sua agenda, dia 2 de junho, anotou algumas providências a serem tomadas para recuperar a história da gafieira:

"1. Telefonar para a filha de Júlio Simões para saber se ainda há velhinhos para entrevistar. 2. Procurar o coronel Nelson Tavares e entrevistá-lo sobre os casamentos começados no Elite Clube. 3. Saber quais os elitianos e quais os filhos deles que se tornaram úteis à sociedade brasileira".

Em seu trabalho de pesquisa, Otelo teve um longo encontro com Paulo Rogério Dias, o Barão, um funcionário da Câmara Municipal que

Doutor Getúlio, Sua Vida, Sua Glória, de Dias Gomes e Ferreira Gullar, peça montada originalmente em 1968, ganhou uma nova versão em 1983, intitulada *Vargas*, que contou com a participação de Grande Otelo.

pesquisava há muito tempo a história do Elite para um livro que pretendia escrever, mas, infelizmente, ele morreria alguns anos depois, quando o parapente em que planava se chocou contra a Pedra da Gávea.

Um bilhete da sobrinha Maria Abadia, revelando que a irmã Regina fazia parte de um grupo teatral, deixava claro que o tio andava socorrendo a família. Depois de perguntar como iam todos no Rio, ela avisa que, "quanto àquele negócio, ainda não foi possível, mas aguarde, pois assim que puder lhe mando alguns jurinhos". Junto com o bilhete, enviou um prospecto do Grupo Experimental Formigas, que, no dia 8 de junho, iria estrear no Centro Comercial Cruzeiro a peça *Juventude em Crise*, de George D'Almeida, com treze atores. Regina fazia o papel da personagem Susana.

No dia 31 de julho, Otelo recebeu um telefonema da produtora Pichim Pla, uma das integrantes do antigo Grupo Opinião, responsável por alguns dos melhores espetáculos musicais e teatrais da década de 1960, convidando-o para atuar na peça *Doutor Getúlio, Sua Vida, Sua Glória*, de Dias Gomes e Ferreira Gullar, com música de Edu Lobo e Chico Buarque de Holanda, com estréia marcada para 3 de outubro, no Teatro João

Caetano. A peça, com direção de Flávio Rangel, narrava ao mesmo tempo a rotina de uma escola de samba que elaborava um enredo em homenagem a Getúlio Vargas e a crise política enfrentada pelo presidente no Palácio do Catete. Otelo era — mais uma vez — o Moleque Tião, autor do enredo, que expunha suas idéias às diversas alas da escola, entre as quais as dos compositores, das aves de rapina e dos pistoleiros. O elenco de *Doutor Getúlio, Sua Vida, Sua Glória*, que reunia 43 pessoas em cena, contava com Paulo Gracindo (Getúlio e o bicheiro Simpatia, presidente da escola), Osvaldo Loureiro (o bicheiro Tucão e Carlos Lacerda) e Isabel Ribeiro (sambista Marlene e Alzira Vargas) fazendo dois personagens cada um. Leonel Brizola, que havia tomado posse naquele ano no governo do Estado, patrocinador da peça, esteve no teatro numa das primeiras apresentações e detestou o que viu porque o texto não dava ao presidente João Goulart o destaque que, segundo ele, deveria ter. Para Otelo, ficou da temporada uma imensa admiração por Ferreira Gullar, pelo talento, e também por sua participação na luta contra a ditadura militar. O sentimento de Otelo em relação ao poeta (cujo nome ele escrevia Ferreira Goulart) também foi registrado na agenda:

> "Admiro a lucidez de Ferreira Gullar dentro do caos que o mundo atravessa. Ferreira é uma firmeza de caráter dentro das maleabilidades do momento. Eu te saúdo, Ferreira Gullar, em nome das minorias sofredoras desta grandiosa terra".

Como o espetáculo ia de quarta-feira a domingo, Otelo aproveitou uma folga de segunda e terça-feira para viajar com Josephine à cidade de Dom Pedrito, no Rio Grande do Sul, onde filmara *Não Aperta, Aparício*, a fim de receber o título de Cidadão Pedritense da Câmara Municipal, que aprovara por unanimidade requerimento do vereador Rui Bastide. Foi uma homenagem em proporções bem maiores do que ele imaginava, a começar pela sua chegada, quando foi recebido por um grande público e por um piquete de cavalarianos. Assistiu a um show na Praça General Osório e a um espetáculo folclórico, participou de um jantar oferecido pelo prefeito e recebeu o título de sócio benemérito do Clube Recreativo Cultural Riograndense.

Os últimos dias de 1983 e os primeiros de 1984 foram dedicados por Grande Otelo ao filme *Quilombo*, de Cacá Diegues. Outro filme em que trabalhou no primeiro semestre daquele ano foi *Exu-Piá, Coração de Macunaíma*, de Paulo Veríssimo, que seria exibido somente em 1987. Um trabalho em que permaneceria durante muito tempo foi oferecido por Maurício Sherman, diretor do show *Golden Rio*, que ocuparia por vários anos o palco do Scala, casa de espetáculos do bairro do Leblon de propriedade de Chico Recarey, dono de várias casas noturnas da cidade. Era um show típico para turistas brasileiros e estrangeiros, em que Otelo dividia o palco com a bela cantora Watusi e com muita mulata bonita, além de ritmistas e passistas de samba. Pelo contrato assinado com a casa, Otelo começaria ganhando 900 mil cruzeiros mensais, acrescidos de um aumento de 500 mil cruzeiros depois de quatro meses e mais 500 mil após sete meses.

Bem mais duradouro foi outro contrato assinado em junho com a empresa Óticas do Povo, para fazer anúncios para o rádio e a televisão, com um jargão que se repetiu durante anos e tornou-se marca da loja e do próprio Grande Otelo: "Óticas do Povo, morou?". Cidadão Honorário do Rio de Janeiro e de São Paulo, passou também, em setembro, a ser Cidadão Honorário de Belo Horizonte, por iniciativa do vereador Artur Viana Neto. Outra homenagem a ele foi prestada em novembro no I Festival Internacional de Cinema, Televisão e Vídeo, em que foi saudado por Herbert Richers, apresentado como "o primeiro homem que o viu através da câmera", numa referência ao fato de Richers ter sido um dos cinegrafistas do filme *Noites Cariocas*, realizado em 1935.

Grande Otelo como mestre de cerimônias do show *Golden Rio*, que permaneceria anos em cartaz no palco do Scala, a casa de espetáculos do empresário Chico Recarey, no Rio de Janeiro.

23.
OTELO, ENREDO NO CARNAVAL

O cineasta Rogério Sganzerla, após muitas pesquisas, conseguiu localizar uma pequena parte das intermináveis filmagens de Orson Welles feitas no Brasil em 1942 e montou o documentário *Nem Tudo É Verdade*. Grande Otelo foi convidado para fazer a narração do documentário, que teve de esperar quase um ano para ser exibido.

Na mesma época, Otelo formalizou seu casamento com Josephine, que passou a chamar-se Maria Helena Soares da Rosa Prata. Uma das suas primeiras providências, depois de casado, foi ajudá-la a submeter-se a uma cirurgia estética no rosto. Um dia depois da operação, Otelo, provavelmente, temendo que, mais bonita, ela tivesse outros planos, escreveu em sua agenda: "Perguntei a Josephine se me aturaria até o fim". De qualquer maneira, demonstrando que pretendia ficar com ela para sempre, tratou de fazer um seguro de que ela era a beneficiária. Em caso da sua ausência, o benefício iria para o filho dela, chamado no documento de Orson Soares Prata.

A agenda de Otelo registrava não só os seus compromissos, como, algumas vezes, crônicas e confissões sobre qualquer assunto que lhe desse na telha. Em janeiro de 1985, registra o que parece ser o esboço para a apresentação de uma poetisa, que conhecera em outras circunstâncias, muito tempo antes. Está escrito:

"E então era Lu. Foi uma professora de violão quem nos contatou. Em frente à Câmara dos Vereadores. Quando? Não sei. Havia vida, apesar dos pesares. Eu queria e ainda quero ser compositor. Depois que dei a idéia do 'Praça Onze' para o Herivelto Martins, nunca mais desisti. Mas o negócio era Lu e um concurso de samba. Não sei qual era o meu samba nem sei onde era. Sei que a Lu aprendeu e foi sozinha enfrentar o público e conseguiu. Perdeu o festival e voltou. Nunca mais vi a Lu. Mas uma coisa ficou. A Lu era uma mulata inteligente, pesquisadora de profissão e trabalhava num beneficência levantando a memória da instituição. Agora, veio a Lu de novo, Maria Lúcia, pesquisadora da faculdade, poetisa. Que eu fale sobre a poesia dela. Aquela mesma do samba. Aquela mesma que enfrentou o público não sei onde com um samba meu, que não sei qual foi. Mais adulta. Sempre agredindo para não ser agredida. Negra assumida em 1985! Gosto, antes de mais nada, de você, Maria Lúcia. Seu caminho é interminável e a sua força também. Gostei da poesia".

A agenda de compromissos, por sua vez, continuava acelerada. Em março, Grande Otelo foi um dos homenageados pela Association pour la Promotion des Cultures du Monde Noir, na Martinica, durante um festival de filmes estrelados por artistas negros, sendo exibido, entre outros, os filmes *Assalto ao Trem Pagador* e *Macunaíma*. Em maio, foi exibido no Centro Cultural do Banco do Brasil do Rio de Janeiro o filme *Exu-Piá, Coração de Macunaíma*, dentro da série "Cineasta do mês", que homenageava Paulo Veríssimo. Em junho, foi a São Paulo para assistir à sessão solene em que a Assembléia Legislativa homenageava o Liceu Coração de Jesus, pelo seu centenário. Em agosto, concedeu mais um depoimento ao Arquivo Municipal, para fazer parte do Ciclo Memória da Música Carioca, respondendo a perguntas do pesquisador Jairo Severiano, do radialista Paulo Tapajós e da cantora Marlene. Estava animado com o convite que recebera de Nelson Pereira dos Santos para participar em novembro das filmagens de *Jubiabá*, fazendo o papel do personagem que dá título ao filme: "*Jubiabá* talvez seja o coroamento da minha carreira", disse ele no depoimento. Mais uma adaptação da obra literária de Jorge Amado para o cinema, que seria colocada em exibição mais de um ano depois. Otelo anunciou no depoimento que pretendia oferecer uma idéia de programa a Fernando Barbosa Lima, diretor da TVE: uma série de entrevistas com personalidades da América do Sul e que teria o nome de *Conversando com o Vizinho*. O programa, entretanto, não saiu. Dias depois, ele foi a Brasília conversar com o ministro da Cultura, Aloísio Pimenta, e Ziraldo, presidente da Funarte, sobre a participação do Ministério nas comemorações pela passagem dos seus supostos setenta anos, dali a dois meses.

Apesar da idade, o seu comportamento irrequieto marcava presença. Dias antes do dia do aniversário, sumiu. Não apareceu no Scala para trabalhar no show *Golden Rio*, faltou a uma homenagem que lhe seria prestada na Assembléia Legislativa e não compareceu a uma reunião da

Sociedade Filhos de Ébano, da qual era o presidente havia três meses. Reapareceu depois de dois dias de sumiço com a desculpa de que tivera uma desavença séria com Josephine: "Fiquei enfezado, me aborreci. E quando me zango, sumo", justificou ele a um repórter da revista *Isto É*. No arquivo dele, ficou um bilhete de Josephine (que assinava Jô): "Otelo, por favor, me dê sinal de vida. Deixe um bilhete, qualquer coisa. Não saia sem que eu saiba onde você está. Se não levou o carro, não leve sem falar comigo. Vou à casa da Odaléia. Às seis horas estou em casa".

Na mesma época, muitas homenagens estavam programadas. A Escola de Samba Estácio de Sá, por exemplo, anunciou que seu enredo para o carnaval de 1986 seria "Prata da Noite", em que ele seria o grande homenageado. Ficou tão feliz que agradeceu com um samba:

> "Quem diria que um dia
> Minha pessoa modesta
> Merecesse receber
> Uma grande festa
> Lá no Estácio
> A rapaziada fez meu nome virar batucada
> Eu exultei, gostei
> Me emocionei
> E até chorei".

A série de homenagens pelos setenta anos (na verdade, 68) e mais alguns shows remunerados o levaram a pedir uma licença ao Scala até o fim de outubro. Ele precisava de muito trabalho extra para, pelo menos, não deixar tantas contas bancárias a descoberto, já que, se havia alguma coisa que gostava de fazer, era abrir contas em banco. Tinha contas no Credireal, no Banespa, no Banco Regional de Brasília, no Banco do Brasil, no Bradesco e no Banco Nacional. Um dos seus trabalhos naqueles dias foi gravar com Beth Carvalho "Cinelândia", de Cláudio Cartier e Paulo César Feital, música que falava, entre outras coisas, do tempo em que "Meu povo ria mais bonito/ Com Grande Otelo e Oscarito". A gravação ficou na primeira faixa do disco *Das Bênçãos que Virão com os Novos Amanhãs*, título que refletia a esperança com o fim da ditadura militar. Otelo ganhou 5 milhões de cruzeiros pelo trabalho, mas a inflação crescia mais do que a esperança.

Na embaixada da França, em Brasília, recebeu, junto com outros brasileiros, o título de Commandateur de l'Ordre des Arts et Lettres do ministro francês da Cultura, Jack Lang. Depois, inaugurou uma grande exposição de fotografias e cartazes, focalizando sua vida e sua obra, no Instituto Nacional de Artes Cênicas (Inacen), no Rio de Janeiro. Em seguida, em mais uma iniciativa do Ministério da Cultura, foi realizado um show no Teatro Dulcina, com a participação de Clementina de Jesus, Zezé Mota, seu filho Pratinha, Herivelto Martins e Elisete Cardoso. O compromisso seguinte foi mais um depoimento ao MIS, sendo entrevistado por Maurício Sherman, Elisete Cardoso, Jairo Severiano e Elizabeth Formagini, funcionária do museu. No dia 31 de outubro, a TV Globo exibia um *Globo Repórter* inteiramente dedicado a ele, com direção de Marco Altberg, reportagens de Sandra Passarinho, trechos de filmes de que participou e depoimentos de Herivelto Martins e de vários outros amigos e colegas que o acompanharam ao longo da carreira. A gravação do programa foi feita no estúdio da Cinédia e a apresentação ficou por conta de Eliakim Araújo.

Terminou dia 24 de janeiro sua participação em *Jubiabá*, realizado no interior da Bahia, e, na volta ao Rio, compareceu pelo menos uma vez por semana aos ensaios da Escola de Samba Estácio de Sá. No carnaval, Grande Otelo viveu a emoção conhecida apenas pelos privilegiados que se tornam enredo de escola de samba. Apresentando-se num carro, passou o desfile inteiro saudando o público com as mãos enquanto ouvia os aplausos por onde passava.

Depois do carnaval, compareceu ao estúdio para dividir com Marília Pêra e Caola a gravação de músicas da opereta radiofônica *A Noiva do Condutor*, escrita por Noel Rosa com apoio musical do maestro Arnold Glückmann. Pela primeira vez, Otelo foi elogiado por um crítico por sua atuação em disco. O autor do elogio foi um dos críticos mais rigorosos, Luís Antônio Giron, que escrevia na *Veja*:

> "[...] é Grande Otelo quem torna *A Noiva do Condutor* um disco imperdível. Ele interpreta dois sambas musicados e escritos por Noel, 'Cansei de Implorar' e 'Tipo Zero', munido de inflexões de comediante. O efeito não poderia ser mais surpreendente. Com sua voz áspera, Otelo encarna ironicamente cada verso e compasso dessas canções em interpretações irretocáveis. A MPB de hoje tem muito a aprender nas antigas canções de Noel Rosa. E aprenderá ainda mais com as vozes de Marília Pêra e Grande Otelo".

A opereta *A Noiva do Condutor*, composta em 1935 por Noel Rosa (1910-1937), traça uma crônica dos costumes cariocas na década de 30. Seu tom leve e brejeiro foi bem apanhado pelas interpretações de Grande Otelo e Marília Pêra, que a gravaram em disco de 1985.

Na verdade, recebia um elogio atrás do outro. No jornal *O Globo*, Eugênio Lira Filho acentuou as suas várias atividades:

"Grande Otelo participou do programa *Eu Sou o Show*, de Elisete Cardoso. Se mudasse para um canal comercial, era capaz de encontrá-lo de novo naquele comercial das Óticas do Povo ('morou?') e, se a animação fosse maior, era possível alcançá-lo ainda em cena no Scala estrelando o show *Golden Rio*, ao lado de Watusi. Se ele exagera na caricatura de seus personagens para tirar partido de cada situação, é capaz também de adotar uma postura séria, como nas entrevistas da série *Os Astros*, que fez para a TVE, em que fazia valer, entre outros méritos, a sua vivência intensa de meio século de vida artística. [...] Teve altos e baixos. Levantou-se, reergueu sua credibilidade, venceu ameaças à saúde (há dias, teve de ser levado para o Hospital Miguel Couto, mas no dia seguinte estava de volta ao show do Scala). A TV tem mostrado duplamente o talento dele, através das suas próprias produções e da exibição oportuna de filmes como *Lúcio Flávio, o Passageiro da Agonia*".

A partir do dia 28 de abril, aparecia quase todos os dias na TV Globo, como um dos personagens da nova novela das seis horas, *Sinhá Moça*, de Benedito Rui Barbosa, fazendo o papel do personagem Justo, um ex-escravo envolvido na luta pela libertação dos irmãos de cor e que Otelo definia como "um sujeito que não quer nada com o trabalho, mas acaba levando todo mundo na lábia". Curiosamente, Otelo, todos os dias, tinha de ser retirado da cama pelo produtor da novela Bruno Villasboas, enquanto a equipe inteira o esperava no estúdio. A repórter Regina Echeverria, que foi entrevistá-lo para *O Estado de S. Paulo*, ficou impressionada com o volume de trabalho que ele enfrentava. "Fico pensando onde encontra forças para trabalhar tanto nessa idade", escreveu. Observou seu "rosto forte e sem rugas, as têmporas começando a ficar brancas" e ouviu dele uma queixa contra o movimento negro, que não lhe dava importância e o tinha como "um preto de alma branca". Sobre Josephine, que se encontrava em Moçambique aguardando a chegada do marido, que partiria no dia seguinte, Otelo revelou que já fizera o testamento que deixava para ela o apartamento da Gávea, "para que os filhos não venham dizer, depois de morto, que ela não teria direito à propriedade do imóvel" (vale lembrar também que, antes de viajar, Josephine criara com Otelo uma empresa denominada JO Produções Artísticas e Publicitárias Ltda. para cuidar dos contratos artísticos e publicitários do casal).

Liberado por Chico Recarey, proprietário do Scala, ele viajou dia 29 de abril como convidado do governo moçambicano para um festival de cinema em que seriam apresentados vários filmes, entre os quais *Rio, Zona Norte, Assalto ao Trem Pagador, Ladrões de Cinema* e o curta *Sebastião Prata ou, Bem Dizendo, Grande Otelo*. O casal permaneceu em Maputo até o dia 8 de maio para assistir a um festival de música de que participou a cantora Alcione.

Seu primeiro compromisso na volta foi ser jurado da Noite da Pantera Negra no Renascença Clube, concurso destinado a encontrar a mais bela mulher negra. O clube era famoso na época por revelar mulheres lindíssimas, que ficaram conhecidas depois de participar do concurso de Miss Brasil. Se quisesse, ele poderia viajar outra vez em agosto para os Estados Unidos, atendendo ao convite do diretor do Telluride Film Festival, Bill Pence, a ser realizado nas Montanhas Rochosas do estado do Colorado e que homagearia Orson Welles, já falecido — e que seria representado pela sua viúva, Oja Kodar. Mas ele não foi. Além de vários filmes do cineasta, o festival exibiria também fragmentos recuperados de *It's All True*.

Em outubro, anotou em sua agenda uma manifestação de apoio à candidatura do senador Itamar Franco ao governo de Minas Gerais. Escreveu ele:

> "Soube segunda-feira da preocupação do senador Itamar Franco com a integração total das etnias negras na vida sócioeconômica do país. Louvo tal atitude do candidato ao governo da minha terra e me coloco, mineiro que sou de Uberlândia, a serviço de tão justa causa, porque entendo que o negro no mundo é uma parcela importante na construção da paz, sob a bandeira da África do sacrificado herói Samora Machel, recentemente retirado violentamente da luta tão necessária para os direitos internacionais de sobrevivência da humanidade".

Seu entusiasmo por Machel era fruto da viagem a Moçambique, terra do grande herói da luta pela libertação das antigas colônias africanas.

Em dezembro, Otelo recebeu um memorando de José Bonifácio de Oliveira Sobrinho, o Boni, vice-presidente de Operações da TV Globo, cobrando uma falta sobre a qual, tudo indica, ele não tinha a menor responsabilidade. Dizia o memorando:

> "Lamentamos registrar o fato de ter o senhor deixado de cumprir cláusula contratual que assegura exclusividade do seu trabalho como ator da Rede Globo. A exibição do especial *Cinderela* em outra emissora, sem autorização da empresa, justificaria a pura e simples rescisão do seu contrato com a Rede

Otelo, enredo no carnaval

Globo. Deixamos de acionar a medida porque o problema foi contornado devido a entendimentos de empresa para empresa, conforme correspondência da qual anexamos cópia".

A correspondência anexada era uma resposta da TV Manchete:

"Foi apresentado à TV Manchete por uma produtora independente o especial intitulado *Cinderela*. Constatamos no produto a participação de três contratados da Rede Globo de Produção, José Wilker, como diretor, e os atores Paulo Betti e Grande Otelo. Em circunstâncias normais, como é de praxe, pedimos autorização a qualquer emissora, previamente, antes do uso de um dos seus contratados. Assim, estamos encaminhando oficial pedido de liberação daqueles contratados, sem que nenhum precedente se crie, pois reconhecemos que os produtores independentes não podem usar contratados exclusivos de qualquer emissora para exibir sua produção em outra emissora que não a detentora desses contratos. Contando com a compreensão de V. S., somos gratos pela autorização da transmissão pela TV Manchete de Televisão do especial *Cinderela*, objeto deste expediente".

Ou seja, a permissão já havia sido pedida mas só chegou ao conhecimento de Boni depois da exibição do programa.

O ano de 1987 chegou e Grande Otelo ainda não tinha conseguido os recursos para fazer o filme sobre a gafieira que ele tanto amava, embora desde 1977 o processo de financiamento estivesse na Embrafilme e o ator já estivesse com a devida autorização para levantar o dinheiro necessário. Participava das filmagens de *Katharsys, Histórias dos Anos 80*, realizado pelo parceiro no projeto do filme sobre a gafieira, o cineasta Roberto Moura. Naquele ano, atuou ao lado de vários artistas brasileiros (Norma Benguel, Paulo César Pereio, Jorge Coutinho, José Dumont e vários outros) e ingleses no filme *Running out of Luck*, que tinha Mick Jagger como um dos autores do roteiro e ator.

Em meio ao cotidiano repleto de trabalhos, farras e projetos, Otelo usava cada vez mais as páginas de sua agenda para se divertir com versos de várias naturezas. Eis alguns exemplos da "arte poética" de Grande Otelo — em janeiro de 1987, por exemplo, o velho poema de Olavo Bilac recebeu uma adaptação muito simpática:

"Ora, direis
Ouvir crianças
Certo não perdeste o siso
Pois ouvir crianças
Certo achaste o juízo
E eu vos digo
Ouvir crianças
É ouvir esperanças".

Páginas depois, deu início a uma versão paródica do samba "Ai que Saudades da Amélia", comparando a gonorréia do seu tempo de jovem com o mal que ameaçava a juventude da década de 1980:

"Ai, Aid's, meu Deus
Que saudades da gonô
Aquilo, sim
É que era doença, doutor".

Adiante, um haicai:

"Agora que a coisa ficou preta.
A mulher foi embora
E carregou a boceta".

E parodiando Rita Hayworth, que se tornara mundialmente conhecida por *Gilda*, escreveu:

"Todas as mulheres que tive foram pra cama com Grande Otelo e acordaram com Sebastião Prata. Poucas resistiram".

Depois de uma noite no Clube do Samba, onde ouviram sambas de João Nogueira, presidente do clube, e de vários outros sambistas, bebendo muitas cervejas, Grande Otelo e Josephine deram início a uma discussão que se prolongou até chegarem em casa, quase às seis horas da manhã do dia 26 de julho. As discussões tiveram pelo menos duas origens. A primeira delas teria sido a recusa de Otelo em atender a proposta da mulher de ingressar no Partido Comunista Brasileiro. Ele achava que, entrando para a política, o melhor caminho seria o Partido Socialista Brasileiro, uma opção mais adequada, segundo ele, para quem considerava que o mundo caminhava inevitavelmente para o socialismo. O segundo motivo seria a revelação feita por ele de que trinta anos atrás namorara Sílvia, mais tarde mulher do violonista Baden Powell. Qualquer que tenha sido o motivo, o que esquentou mesmo o bate-boca foi a quantidade de bebida ingerida por eles durante a noite. Entraram em casa discutindo em voz alta, cada qual querendo ser mais contundente, até que ela tentou agredi-lo com a tábua para corte de carne, pegando em seguida uma faca na cozinha e investindo contra ele, ferindo-o no peito. Orson, de quinze anos, acordou com o barulho e, segundo Otelo, conseguiu tirar a faca das mãos da mãe, evitando que ele fosse assassinado.

Depois de medicado no Hospital Miguel Couto, onde levou dois pontos, Otelo compareceu à 15ª Delegacia Policial e apresentou queixa contra a mulher. Embora presa por um policial militar, levou quase uma hora para que ela, finalmente, concordasse em acompanhá-lo até a delegacia. Inicialmente, Otelo dizia que ela ficava insuportavelmente agressiva quando bebia, enquanto Josephine afirmava que tentara defender-se das agressões dele. Com a chegada dos filhos de Otelo, Carlos e Osvaldo, à delegacia, as discussões aumentaram porque eles a acusavam de explorar o pai, tornando-se proprietária do apartamento na Gávea e impedindo que ele os ajudasse. Abordada pelos repórteres e vendo os filhos do marido, Josephine exasperou-se: "Tirem esses canalhas daqui! Fora, gentalha!". Não encontrando seu advogado, Modesto da Silveira, um dos grandes defensores dos presos políticos durante a ditadura, Josephine apelou para a advogada Rosana Reis, que se declarou mais uma amiga dela do que propriamente defensora, culpou o álcool pelo incidente e deixou os envolvidos mais calmos. Grande Otelo, também tranqüilizado, mudou sua versão sobre os acontecimentos e declarou que as versões sobre a briga não eram verdadeiras, que a discussão fora por "motivos íntimos e pessoais", que a mulher não pretendeu agredi-lo e que, na verdade, ele levara um tombo e caíra sobre a faca. Completou: "Sou parte dela e ela é parte de mim. Tenho um comportamento irrequieto tanto no trabalho quanto em casa e ela me ajuda muito. Não gostaria absolutamente de perdê-la".

Mas apesar da aparente reconciliação, o casamento acabou ali mesmo — e Otelo deixou o apartamento da Gávea para Josephine, mudando-se para um *apart-hotel* em Copacabana.

24.
ENFARTE NO RIO, EDEMA EM PARIS

No dia seguinte à briga com Josephine, Grande Otelo já trabalhava no Scala, onde estava muito satisfeito. "Lá me pagam corretamente e sou tratado com toda a consideração, sob a direção do meu amigo Maurício Sherman", disse ele à *Tribuna da Imprensa*, numa entrevista em que comparou o tratamento que lhe dispensava o Scala ao do Cassino da Urca e de Carlos Machado, onde também sempre recebia o pagamento em dia.

Na entrevista, comunicou também a sua disposição de escrever dois livros: um, sobre as pessoas importantes da sua trajetória, e outro, escrito em primeira pessoa e dedicado a Orson Welles. Até então, não havia escrito uma linha sequer das duas obras, mas já tinha prontos os títulos: *Contos do meu canto* e *Eu, Grande Otelo*.

Embora definitivamente separados, ele e Josephine tentaram retirar o registro da briga do livro de ocorrências da delegacia, mas o delegado Altair Delamare não permitiu. Segundo ele, um processo de lesão corporal como aquele, por ser de ação pública, independe da vontade da vítima ou do acusado para que seja ou não levado adiante. Anunciou que seria enviada uma intimação para Josephine comparecer à delegacia. "Uma vez que foi constatada a agressão", disse o delegado, "já que ele chamou a PM, todo o ritual policial será cumprido, e ela será identificada datiloscopicamente". Apesar da disposição do policial, o caso acabou ficando mesmo esquecido.

Vida que seguia e Otelo continuava a receber homenagens. Em setembro, foi a Brasília para ser homenageado pela Câmara dos Deputados, onde foi recebido pelo presidente da casa, Ulisses Guimarães. No dia 8 de dezembro, foi lançado o livro *Grande Otelo em preto e branco*, um excelente trabalho de Marli Serafim e Mário Franco, valiosíssimo não só pelas fotografias como também pelos depoimentos de dezenas de pessoas que conheciam Otelo de perto. O último compromisso fora da rotina de 1987 ocorreu na igreja de Nossa Senhora de Aparecida, na localidade de Piabetá, na Baixada Fluminense, onde foi padrinho de casamento de uma famosa figura do carnaval carioca, Maria Mercedes Dantas, a Maria Lata D'Água da Portela (desfilava sambando com uma lata de vinte litros cheia d'água na cabeça). Aos 56 anos de idade, ela se casou com o suíço Charles Louis Roy, de 64 anos.

No início de 1988, a situação financeira não parecia muito boa, tanto que no dia 6 de janeiro enviou uma correspondência ao chefe Manuel Martins, da TV Globo, propondo "um empréstimo de 370 mil cruzados corrigidos monetariamente e acrescidos de juros de 1% ao mês, para desconto em seis parcelas". Não se sabe se o empréstimo foi concedido, mas, de qualquer maneira, deveria estar satisfeito com a emissora, que lhe pagava o *apart-hotel* em Copacabana. Seguindo a rotina de compromissos, esteve em Salvador e em Brasília por conta do livro *Grande Otelo em preto e branco*. Na capital, concedeu entrevista ao *Correio Braziliense*, em que dizia ser o Cinema Novo um "estereótipo do cinema francês"; ao mesmo tempo, se declarava muito animado com o convite do diretor David Neves para fazer um filme "absolutamente carioca" chamado *Jardim de Alá*. Na época, filmava *Natal da Portela*, de Paulo César Saraceni.

Otelo andava irritado com o chamado "centrão" da Assembléia Nacional Constituinte, que ignorava as questões culturais, mas fazia força para agradar aos ricos. Em sua agenda, anotou:

> "É missão determinada, uma questão de estômago dos constituintes a ênfase que se dá ao problema da anistia aos produtores rurais. Onde é que se fala nos produtores de cultura, como a cantora Alcione, para só citar uma produtora de cultura que conheci bem numa viagem que fizemos a Moçambique, a custo de muito suor. Os produtores da cultura teatral, literária, os artistas, os empresários teatrais também estão precisando dessa anistia".

Convidado para participar do Conselho Consultivo do Programa Nacional do Centenário da Abolição da Escravatura, Otelo colocou-se à disposição para colaborar "na medida do possível", mas aproveitou a resposta para pedir um pronunciamento sobre o projeto denominado Brasa Negra, que encaminhara para ser incluído nas comemorações dos cem anos da abolição e que, segundo ele, era "um projeto abrangente sobre o negro na cultura e na integração nacional", que considerava "muito bom". Ainda em maio, foi chamado pela TV Globo para trabalhar na minissérie *Abolição*, de Wilson Aguiar Filho e Joel Rufino dos Santos, com direção de Walter Avancini; participou de um show de Elimar Santos no Canecão e trabalhou na Missa dos Quilombos, promovida pela prefeitura carioca.

No fim de maio, era o personagem de um anúncio na televisão contra emenda à Constituição que instituía plebiscito para que os eleitores decidissem sobre a criação do novo estado do Triângulo, apresentado na Câmara dos Deputados e que era motivo de calorosas discussões entre os defensores da idéia e os parlamentares mineiros de outras regiões, que não queriam ver Minas Gerais desfalcado de algumas das suas cidades mais importantes. A opinião de Grande Otelo causou impacto em Uberlândia, onde, por sinal, já havia certa má vontade em relação a ele por parte de algumas pessoas, que criticavam o que consideravam ser desprezo pela cidade em que nasceu.

O jornal *Esquema*, da região, abordou em editorial um tanto quanto raivoso a campanha publicitária contra a criação do novo estado:

> "A campanha chega a apelar para a pieguice. Por ironia, o garoto propaganda do anúncio é um triangulino, Sebastião Prata, nascido em Uberlândia, um negrinho de cerca de um metro e meio, num cenário que lembra uma casa do interior, afirmando que nasceu mineiro e quer continuar mineiro, se os constituintes deixarem. Ele aparece nos vídeos das televisões trabalhando contra o Triângulo. E, pior, não por amor a Minas Gerais, mas simplesmente por dinheiro. Para aparecer na campanha, Grande Otelo cobrou 8 milhões de cruzados. Em Uberlândia, o busto em sua homenagem na Praça Tubal Vilela só não foi derrubado graças à intervenção da polícia".

O jornal noticiou também que a onda de protestos contra Otelo atingiu a Câmara Municipal de Frutal, que aprovou requerimento do vereador Ronaldo Wilson dos Santos pedindo a expedição de uma moção de protesto contra o ator "por sua participação comercial". O vereador afirmou que Otelo cometia o maior equívoco da sua vida e o acusou de "traidor, um Judas que, por pouco mais de 30 dinheiros, traiu os mineiros do Triângulo, especialmente os uberlandenses, seus conterrâneos mais diretos".

Alheio às críticas, Grande Otelo mantinha a rotina de shows no Scala e viajava. Em agosto, por exemplo, foi à Bahia que o levou, inclusive,

Enfarte no Rio, edema em Paris

a faltar ao ato do governo de Minas Gerais instituindo o Prêmio Grande Otelo, destinado ao autor da melhor peça teatral escrita por um mineiro. Ocupou o Canecão durante quatro dias com um show em que repetiu todas as suas imitações, recitou monólogos e cantou. Foi visto pela repórter da revista italiana *Il Corriere*, Antoniella Fossati, que se encantou com ele e escreveu uma longa matéria, estampando uma foto de Otelo na capa da revista.

Em outubro, quando o MIS de São Paulo exibiu uma série de filmes com a sua participação, outra revista, a brasileira *Amiga*, entrevistou Hela de Castro, nova empresária dele, que anunciou ter aberto processo contra Josephine por causa de ameaças que estaria recebendo pelo telefone. "Minha secretária eletrônica está cheia de ameaças. Tenho uma fita gravada que mostra Josephine prometendo me dar um tiro e cortar os meus cabelos. Na semana passada, ela foi armada atrás de Grande Otelo e tivemos que chamar a polícia", disse Hela, acrescentando que Josephine "deveria ter um pouco mais de respeito à idade dele. Ele não tem mais saúde para suportar tanta tensão. Além das cenas de ciúme, destruiu quinhentos discos antigos da coleção dele. Em conseqüência, de tanto aborrecimento, ele vem sentindo pontadas no coração".

Nos momentos de calma, Otelo anotava na agenda detalhes do roteiro do filme sobre a gafieira, que deveria ter o título de *Saudades do Elite*. Nos planos dele, a cantora Daúde faria o papel da personagem Rutinha. Watusi também atuaria, e imaginou um "branquelo escanifrado", que poderia ser Carlos Lofler, e um "mulatinho pernóstico", que seria representado pelo filho Pratinha (José Antônio), e especulava sobre uma valsa que deveria ser executada na gafieira: "'Neuza'?", perguntou, referindo-se, provavelmente, à valsa de Antônio Caldas (pai de Sílvio Caldas) e Celso Figueiredo, brilhantemente gravada por Orlando Silva em 1938. Em novembro, viajou para Fortaleza com Hela de Castro e, na volta, tomou conhecimento pelo chefe do Departamento do Pessoal da TV Globo de uma ação de pensão alimentícia apresentada por Josephine. O advogado Alcione Barreto foi o encarregado de defendê-lo.

Em março de 1989, Otelo fez uma nova tentativa de organizar sua vida financeira criando a empresa Go-Up Produções Artísticas Ltda., associado ao filho Pratinha. A firma, com a finalidade de produzir espetáculos artísticos, filmes de curta e longa-metragem, contratar artistas e pessoal técnico, começou com sede na Rua Jardim Botânico, 835, conjunto 403, e foi aberta com um capital de 5 mil cruzados novos e quinhentas cotas, divididas igualmente entre os dois sócios. No início, a empresa serviu para assinar os novos contratos de Otelo e para faturar os seus cachês. A Go-Up Produções também passou a receber os pagamentos das Óticas do Povo (quem ligasse para ele ouviria sua voz na secretária eletrônica dizendo: "Óticas do Povo, morou?") e da TV Educativa. Recebia ainda os cachês de Pratinha, que trabalhava na TV Manchete. Nesse mesmo ano, centenário da Proclamação da República, foi convocado pela TV Globo para participar da série *República*, com direção de Walter Avancini. Outra fonte de renda de Grande Otelo era sua atuação em *O Dia em Que o Mico Leão Chorou*, peça infantil extraída do livro homônimo de Arnaldo Niskier, com adaptação de Ilclemar Nunes e direção de José Roberto Mendes. O espetáculo era apresentado no Teatro Benjamim Constant, na Avenida Pasteur.

Otelo sabia que, depois de certa idade, certos cuidados com a saúde são fundamentais. Por isso, anotou na agenda: "Remédio para vigor sexual: Maripuana com catuaba. Fortificante: uma xícara de leite quente, uma colher de açúcar mascavo, um quarto de limão, uma colher de sopa cheia de tutano. Tomar de quinze em quinze dias". A entrada nos setenta anos, por sinal, foi um dos temas abordados na entrevista que ele deu no dia 31 de outubro ao programa *Jô Soares Onze e Meia*, na época transmitido pelo SBT.

Sua preocupação com a falta de recursos para fazer o filme sobre a gafieira Elite era cada vez maior. Em seu acervo foi encontrado o rascunho de uma carta destinada a um homem chamado Ariel, escrita em papel timbrado da Corisco, empresa do cineasta Roberto Moura, comunicando que já assinara contrato com a Embrafilme para finalizar o projeto e que esperava assinar o contrato de produção "nesses meses". O próximo passo era buscar patrocinadores, pois pretendia começar as filmagens em 1990. Concluiu a carta com uma proposta:

> "Pensamos também em parceiros internacionais para o projeto e me lembrei de você com seu conhecimento do meio como um primeiro contato. Assim, aguardo uma palavra sua, informações, idéias, e até uma participação profissional se lhe interessar".

De fato, no dia 14 de março de 1990 a Go-Up Produções Artísticas assinou um contrato de co-produção com a Embrafilme, mediante o qual a empresa se comprometia a investir até 1991 a quantia de 2 milhões e 470 mil cruzados novos para dar início às filmagens. Foi, possivelmente, um dos últimos contratos desse gênero assinado pela Embrafilme, porque, a partir de 1990, o Brasil passou a ser governado por Fernando Collor, que não só acabaria com a empresa como condenaria o cinema brasileiro a uma das piores crises da sua história.

Depois de participar da Primeira Noite das Estrelas Negras, promovida pela Casa de Cultura Afro Brasileira de Volta Redonda, acertou com a produtora Maria Teresa Barroso a realização de um espetáculo musical intitulado "Prata 90". Recebeu imediatamente o roteiro e deu início aos ensaios remunerados, pagando sempre 20% à empresária Hela de Castro. O espetáculo teria início em maio, mas nunca foi apresentado por causa de desentendimentos com Maria Teresa, que, segundo ele, não queria pagar direitos autorais.

Dois outros compromissos ocuparam Otelo em abril de 1990. O primeiro deles foi como mestre de cerimônias em um show realizado no Mônaco Restaurante e Piano Bar, em Copacabana, em que vários artistas foram convidados (nem todos apareceram) para ler as suas poesias. O outro foi a filmagem de *Fronteiras: A Saga de Euclides da Cunha*, de Noilton Nunes, que, em 1966, havia sido o vencedor de um concurso de monografias do então Ministério da Educação e Cultura, a propósito do centenário de Euclides. Otelo fez o papel de Abelão, escravo que se torna "voluntário da pátria" na guerra do Paraguai e anos depois reaparece em Canudos lutando ao lado de Antônio Conselheiro. Numa entrevista ao *Jornal do Comércio*, do Rio, Noilton Nunes disse que os produtores do filme aguardavam o apoio do governo federal já deferido pela Fundação do Cinema Brasileiro, que teve suas funções transferidas para o Instituto Brasileiro de Arte e Cultura, subordinado à Secretaria de Cultura da Presidência da República, dirigida por Ipojuca Pontes. A matéria terminava com uma mensagem de Noilton: "Grande Otelo, tenho certeza de que nós vamos terminar este filme juntos. Força aí!". Mal sabia ele que o ator vivia o mesmo drama com seu projeto de filme sobre a gafieira Elite.

Pelos registros em sua agenda, sabe-se que ele começava a fazer planos de viajar para a Europa, pois anotou a cotação do dólar e o preço da passagem aérea Rio de Janeiro-Roma pela Aerolineas Argentinas. A mesma agenda registrava, ainda, sua intenção de ir, no dia 27 de abril, ao centro espírita de Herivelto Martins (onde Xangô, seu protetor, determinou que ele bebesse, no máximo, um copo de vinho por dia). No dia 7 de maio, recebeu a comunicação da TV Globo de que a empresa pagaria ao Copacabana Hotel Residência, onde morava, somente até o dia 16 de junho. Mas não se preocupou muito com isso porque as obras que realizava com a ajuda dos filhos (especialmente de Mário, que trabalhava na empresa Bloch Editores) no apartamento da família, na Rua Siqueira Campos, seriam concluídas em pouco tempo.

Dias depois, entretanto, acordou de madrugada com diarréia, intensas dores no peito e um cansaço insuportável. O primeiro cuidado foi tomar os medicamentos que usara nos dois últimos enfartes. Como não melhorou, desceu para o saguão do *apart-hotel*, suando muito e com dificuldade para andar e até respirar. Desmaiou e, ao acordar, estava no quarto 610 do Hospital Pró Cardíaco, entubado e "com fios enfiados no corpo inteiro", como contaria à revista *Amiga*. Para ele, tudo aquilo foi decorrente das brigas com a produção de *Prata 90*. "Sou muito emotivo para uma pessoa de 74 anos. Qualquer emoção é uma batalha enorme. Esse musical era tudo que eu queria fazer porque contava a minha vida", disse.

No dia 17, o Pró Cardíaco recebeu um memorando da TV Globo, assinado por Maria Aparecida Nogueira, do setor de Higiene e Segurança do Trabalho da emissora, comunicando que a empresa se responsabilizaria "pelas despesas médico-hospitalares decorrentes da internação do sr. Sebastião Bernardes Souza Prata, Grande Otelo. Informamos que a nota fiscal bem como os recibos médicos deverão ser em nome da TV Globo Ltda.. Para que possamos efetuar o pagamento, solicitamos que nos envie o laudo médico e que a nota discriminada seja assinada pelo paciente ou seu responsável". Dois dias depois, o hospital emitiu um boletim médico informando que "o paciente Sebastião Prata encontra-se em estado grave. Contudo, houve algumas modificações evolutivas clínicas que puderam determinar alterações terapêuticas, tais como o reinício de dieta por sonda. O prognóstico é reservado". O boletim do dia seguinte era mais animador:

> "O paciente Sebastião Prata apresentou significativas melhoras. No momento, apresenta-se acordado, respirando por seus próprios meios, portanto fora do respirador artificial, e falando. Voltou à alimentação por via oral e de consciência normal. Seu estado ainda inspira cuidados hospitalares. Contudo, acreditamos na possibilidade de alta da unidade de terapia intensiva nas próximas 24 horas, dependendo da evolução clínica".

Enfarte no Rio, edema em Paris

De fato, naquele dia mesmo Otelo saiu da UTI. O boletim médico informou que, enquanto esteve lá, ele

> "foi tratado de complicações de insuficiência respiratória aguda e cardiocirculatórias decorrentes de pneumonia, infarto agudo do miocárdio, insuficiência cardíaca e hemorragia digestiva alta por úlcera gástrica, necessitando de suporte ventilatório artificial por pressão intermitente, hemotransfusões, antibioticoterapia venosa, injeção de amina, vasopressores e a realização de endoscopia digestiva alta".

Este boletim foi assinado pelo médico Onaldo Pereira, mas o tempo todo Otelo foi acompanhado também pelo médico Fernando Vasconcelos Teófilo, que lhe fora apresentado por Carlos Machado na década de 1950, e que atendeu o artista todas as vezes que este precisou de tratamento médico. O velho amigo Josias de Freitas também apareceu lá todos os dias.

Fora da UTI, passou a receber visitas dos filhos e dos amigos e colegas, entre eles Zezé Macedo, Bráulio Pedroso, Babaú da Mangueira, J. B. Tanko, Osvaldo Éboli (antigo integrante do conjunto Bando da Lua) e seu filho João Carlos de Camargo Éboli, Daniel Filho, Elizângela, Pepita Rodrigues e muitos outros. Os jornalistas também o visitavam diariamente. Deixou o hospital no dia 8 de junho e, no dia seguinte, já dava entrevista a *O Globo*, que lhe perguntava como era escapar da morte. "É ressuscitar. Contam o que aconteceu e a gente não percebeu nada. Foi a quarta vez e em nenhuma delas tive a consciência da morte. O que fica é a sensação de que tudo é novo, até a gente", respondeu. *O Globo* também quis saber como encarava, às vésperas de completar 75 anos, um susto como aquele:

> "Ora eu vou chegar aos 85. E cheio de projetos de vida, como agora. Vou descansar na Itália por algum tempo e volto para encenar *Prata 90*, de Paulo Afonso Lima e Bastião Prata. É a história da minha vida. Infartei por causa de problemas que tive com a produtora Maria Teresa Barroso, que não queria me dar meus direitos autorais. No final, tive de ceder",

disse ele, acrescentando que, entre os seus planos, estava o de se candidatar a deputado pelo Partido da Social Democracia Brasileira, o PSDB: "Serei uma voz desassombrada contra as discriminações", prometeu. E

Entre os filhos Pratinha e Mario Luiz, num momento de descontração.

tinha também outros planos, como, por exemplo, abrir a firma Brasil-África, uma subsidiária da Go-Up Produções, destinada a "gerar e arrecadar recursos em prol da criança negra de todo o mundo". Tinha planos ainda de escrever sua autobiografia e um livro de poemas, que ainda não tinham saído porque as editoras procuradas haviam se negado a pagar um adiantamento. "Os negros são muito discriminados economicamente neste país", comentou, lembrando do compositor e cômico da TV Monsueto, quando pedia 50 mil e davam 5 mil, que ele aceitava "pela sobrevivência". Falando da discriminação, afirmou que "pela bagagem artística" que possuía "deveria estar ganhando tanto quando Tarcísio Meira. A única coisa que me falta é físico". E as relações com as mulheres? "Isso é um negócio de energia de Xangô menino. As Iansãs sempre estão comigo. Mas não estou namorando."

No dia 2 de julho, os filhos de Grande Otelo convidaram os amigos para a reinauguração do apartamento da Rua Siqueira Campos, agora reformado para receber o pai de volta. Na época, Carlos Sebastião (Nininho), o mais velho, vivia em Manaus, cidade da sua mulher, Mario Luiz continuava na Bloch Editores, onde tinha grande prestígio com Adolfo Bloch pela atuação no departamento de assinaturas das revistas da casa, Pratinha trabalhava na TVE e Osvaldo Aranha na Soarte Produções. A recepção serviu também como despedida, pois, no dia seguinte, Otelo embarcaria para Roma em companhia de uma namorada chamada Cátia de Souza, que trabalhava como revisora da editora Nova Fronteira. Se sonhava com uma lua-de-mel, fracassou, como indicam as anotações de viagem registradas na agenda:

24 de julho. "Hoje, Cátia se aborreceu. Saudades, capricho, sei lá. Fomos à Varig acertar a ida para Paris. Ela saiu do escritório para fumar. Foi até um monumento, quis fotografar, mas a máquina estava comigo. Voltou para buscar, não dei. Eram 2 horas. São quase 5 horas da tarde em Roma. Acho que ela deve voltar sozinha a Roma. Eu também."

25 de julho. "Você tem trinta anos. Roma eterna sempre estará onde está. Não se aborreça, você voltará."

27 de julho. "Hoje e sempre Cátia acorda mal humorada. É o jeito, não posso fazer nada, até porque não saiu nada errado. Saí. Troquei os poucos dólares e ainda fiquei com 100. É uma hora da tarde, espero Cátia para almoçarmos com uma amiga dela, que mora em Paris."

31 de julho. "As palavras com Cátia começaram a cair no vazio. O diálogo, que ficou um tempo parado em Roma, parou aqui em Paris outra vez. Que troço chato! Não foi assim que sonhei Paris e Cátia, a revisora, parece que ela está 'revisando' o relacionamento comigo. Será que tem muita coisa errada? Não sei. Veremos. No momento, parece-me aconselhável serenar. Se não... Acho que não tem 'se não'. O jeito é serenar."

1º de agosto. "Estou em Paris, no Hotel Taranne (Boulevard Sain-Germain, 153), no mesmo apartamento 23 que estive com Josephine em 1982. Estou com Cátia, revisora do Sérgio Lacerda. São 18h15. Ela foi ao Louvre."

A viagem mexeu com a cabeça e com os sentimentos de Otelo, como diagnosticaria qualquer psicanalista de botequim ao ler o que escreveu na agenda no dia 14 de agosto, já de volta ao Rio de Janeiro havia mais de uma semana:

"De terça para quarta não consegui dormir direito. Quarta para quinta também. Sonhei com Cátia, que dirigia o carro para muitos lugares, até que parou num bar de estrada. No carro, várias pessoas: rapaz da casa de Pascoal Carlos Magno, Armando Queiroz, Josephine e outros. Fui pagar a conta do bar, onde devia 100 cruzeiros. Procurei intervenção do Zé Antônio, que bateu na minha cara. Bati na cara dele também. Acho que vou dar um tempo".

Duas semanas depois, foi focalizado em *Ensaio*, de Fernando Faro, da TV Cultura de São Paulo, um dos melhores programas da televisão brasileira. Disse que se sentia bem depois do enfarte, apesar de uma ameaça de edema pulmonar, já controlada. Entre os seus planos, constavam realizar um vídeo em que recitaria o monólogo *Ribalta Apagada*, de sua autoria, e lançar-se candidato a deputado pelo PSDB, "partido que tem no bojo muitas idéias que já passaram pela minha cabeça". Confessou ser "mulherengo, cachaceiro, rebelde e terno" e apontou os mestres que encontrou no teatro e no cinema: Oscarito, Mesquitinha, Eduardo Vieira, Walter Pinto, Pablo Palitos e Antônio Ramos.

Mas a saúde não ia mesmo bem. Passou os dias 10 e 11 de setembro internado no Pró Cardíaco com quadro de edema pulmonar agudo e hipertensão arterial. Levou a agenda para o hospital e escreveu no dia 11 um texto com o título de "O assumido":

"Não sou tão importante quanto penso que sou nem quanto as pessoas tentam me convencer. Sou um sujeito dentro da vida, humano na medida em que um homem de 74 anos pode ser, com todos os defeitos de um ser humano. Sendo assim, hoje, aqui neste quarto de hospital, agora, assumo tudo quanto possa me acontecer sem admitir interferência. Este é um recado, curto e grosso, para a vida. Vou viver como quero ou como me seja possível pelas minhas próprias condições".

Saindo do hospital, viajou a Salvador (onde já estivera para participar da campanha "Viva o Teatro") a convite de Fernando Santana, e, na volta, recebeu carta de São Paulo, enviada por Raquel Gerber, acompanhada de um troféu que ela trouxe da Martinica, concedido pelo Festival Images Caraibes. Escreveu ela que o festival "abordou a importância da contribuição africana à formação das Américas, ressaltando a impor-

Enfarte no Rio, edema em Paris

tância da cultura *créole* para o Caribe" e que a ausência dele "foi muito sentida no evento, que também homenageou o grande ator negro de origem caribenha, Norman Beaton. Tive a honra de participar como realizadora do filme *Ori*, documentário sobre a continuidade da história e da cultura africana no Brasil".

No dia seguinte, ele estava em São Paulo, convidado pelo Corpo Municipal de Voluntários para fazer uma palestra no Centro de Convenções Rebouças durante o seminário *Diagnóstico: Envelhecer em São Paulo*. Ganhou 18 mil cruzeiros de cachê. Na volta, foi entrevistado em casa pela *Tribuna da Bahia* e deu um susto na repórter Luzia Elisa de Salles ao dizer que estava cobrando 150 mil cruzeiros por entrevista. Escreveu ela: "Silêncio constrangedor antes da retirada estratégica e da nova surpresa: 'Não, fique, vamos bater um papo'", disse ele, que, na época, participava do programa *Escolinha do Professor Raimundo*, comandado por Chico Anísio. Repetiu a previsão de que viveria até os 85 anos, "apesar dos quatro infartos", e que faria em breve o espetáculo *Prata 90*.

Anotou na agenda em 29 de setembro que Cátia fazia aniversário naquele dia, gravou no dia 3 de outubro um anúncio para as sandálias Havaianas e, no dia 15, viajou para Paris, dessa vez para dar uma entrevista à emissora de televisão Antenne 2, pela qual iria receber 17 mil francos, além da passagem de avião e hospedagem. A passagem de volta estava marcada para o dia 18. Foi entrevistado por Frederic Mitterand, irmão do presidente da França, no programa *Etoile Palace* e, ao chegar de volta Hotel George V, onde estava hospedado, passou mal. A recepção foi acionada e ele foi imediatamente conduzido para o Hospital Américain de Paris, onde o médico Florent de Vernejout diagnosticou edema pulmonar. As despesas do hospital ficaram por conta da produção do programa *Etoile Palace*. O escritor Jorge Amado pagou a conta do hotel e a TV Globo financiou a ida de Pratinha para acompanhá-lo na volta. "Foi uma viagem dramática", lembra Pratinha, que, ao chegar, levou-o mais uma vez para o Pró Cardíaco, onde permaneceu internado até o dia 1º de novembro. Seu problema de saúde repercutiu no Brasil e foi notícia em todos os veículos de comunicação. Um deles, porém, inventou uma fuga de Otelo do hospital parisiense e a falsa notícia se espalhou imediatamente, o que o obrigou a desmenti-la várias vezes depois de receber alta.

25.
A ÚLTIMA VIAGEM

Como tantos brasileiros, Otelo contava os dias que faltavam para ter restituída sua poupança confiscada pelo governo Collor de Melo. No dia 29 de novembro de 1990, anotou na agenda que faltavam nove meses e dezoito dias para que a devolução fosse feita. O dinheiro (ou melhor, a falta dele) continuava preocupando-o e uma das soluções seria vender o sítio de Marambaia. Já havia um interessado em comprá-lo por 1 milhão de cruzeiros, segundo lhe disse um amigo pelo telefone. Mas o negócio não se concretizou.

No dia 2 de janeiro de 1991, recebeu do presidente da Fundação Roquete Pinto, que administrava a TVE, Frederico Lamachia Filho, a comunicação de que ele, "em cumprimento ao artigo 186 inciso II da lei 8.112, de 11 de dezembro de 1990", estava fora da emissora pois fora contemplado com a aposentadoria compulsória a partir do dia 12 de dezembro do ano anterior. "Nesta oportunidade", dizia o comunicado, "manifesto os sinceros agradecimentos de todo o corpo funcional desta casa pela valiosa colaboração prestada por tantos anos com dedicação, carinho e, principalmente, competência".

Continuava na TV Globo trabalhando na *Escolinha do Professor Raimundo* e no *Chico City*. Na *Escolinha*, onde fazia o Moleque Eustáquio, Otelo não perdia a oportunidade de olhar as pernas de dona Bela (Zezé Macedo). Cininha de Paula, diretora do programa, dizia que sua interferência no quadro era mínima, deixando-os inclusive improvisar. As Óticas do Povo, por sua vez, davam início à campanha Venha Economizar, pela qual Otelo recebeu 1 milhão e 500 mil cruzeiros [quantia que não era tão grande quanto hoje parece, pois a inflação desmoralizava terrivelmente a moeda brasileira]. Comprou na Mesbla uma máquina de escrever Olivetti e, em abril, foi convidado pela Casa de Teatro Produções para fazer o papel de Guilherme, um filósofo que adorava uma bebidinha, na adaptação da peça *Hoje é Dia de Rock*, de José Vicente, que seria apresentada no Parque da República, no Palácio do Catete. Aceitou,

A última viagem

mesmo sabendo que eram cada vez maiores as dificuldades para decorar textos, porque estava com saudades de fazer teatro. Aliás, estava numa fase bem teatral, registrando várias vezes na agenda a sua indignação porque Gilberto Braga, o grande novelista da TV Globo e antigo crítico teatral, colocou em dúvida, numa conversa informal na emissora, o futuro do teatro. "Houve protestos, inclusive o meu", escreveu Otelo na agenda, lembrando que Walmor Chagas, um dos que também discordaram, acabara de abrir um teatro na Tijuca, ao qual deu o nome do diretor e ator Ziembinski. Concluía: "Nesse e em outros espaços do Rio, São Paulo, Salvador etc., o teatro encontra o caminho de andar, apesar das inúmeras dificuldades, e se alastra por todo o país, resultando no vigoroso momento teatral que hoje existe em nossa terra, desmoralizando qualquer vaticínio em contrário".

Em junho de 1991, preparava um show com Vanja Orico e direção de Renata Fronzi, que seria apresentado na boate Jacuri, no Hotel Intercontinental, em julho e agosto. Durante o show, foram apresentadas cenas de filmes com a participação de Otelo, graças ao produtor Herbert Richers, que cedeu cópias dos filmes *Metido a Bacana* e *O Homem Que Roubou a Copa do Mundo*. A propósito do show, Otelo concedeu mais uma entrevista à revista *Amiga*, em que dizia não fumar mais dois maços de cigarro por dia, mas "dois ou três cigarros", afirmação que o autor destas linhas, na condição de testemunha, põe em dúvida. Sobre a saúde, afirmou estar preparado para a morte, mas não para adoecer. E completou: "O que passei não desejo ao meu pior inimigo".

Quem apareceu em setembro, vinda da Austrália, onde estava morando, foi Josephine, mas tudo indica que não abalou o coração do ex-marido, na época ainda fixado em Cátia Maria. Na agenda, deixou o rascunho de uma carta que pretendia enviar a Cátia, propondo uma reconciliação. "Sinto falta das coisas que praticávamos, em uma mulequeira sem fim. Como era verde o meu vale! Teu carinho, o carinho morno de tuas mãos, da tua voz sem alteração, sem monotonia. Quantas saudades do telefonema livre e solto na madrugada". E continuava, numa mudança de tom:

> "Serei digno de recebê-la de novo?
> Meu amor, pensa bem no que vais fazer.
> Outro amor igual ao meu jamais encontrarás.
> — Seu burro! Não vê que ela já encontrou?
> Vou pro banco de reserva."

Pelo menos, fazia o possível para agradar a sua mais recente amada. Em outubro, assumiu o papel de pistolão para que ela realizasse o sonho que tinha de estudar na França, mandando uma carta ao "estimado sr. Jack Lang", ministro da Cultura francês:

"Saúde, saudade. Vou bem, graças a Deus, e espero que Vossa Excelência também. O motivo de vir à sua presença, através desta carta, é solicitar-lhe uma bolsa de estudos na Sorbonne para minha afilhada Cátia Maria de Souza. Formou-se recentemente pela UFRJ e me daria muita satisfação que isso se concretize. É uma boa jovem senhora, lexicógrafa. Sou um homem que vive de salário e aposentadoria, que o considera amigo".

Outra carta foi dirigida também em outubro ao governador do estado do Rio de Janeiro, Leonel Brizola, desta vez para ajudar a filha Jaciara:

"Eu, Sebastião Bernardes de Souza Prata, brasileiro, desquitado, aposentado do serviço público, domiciliado nesta cidade, venho muito respeitosamente solicitar a Vossa Excelência se digne conceder uma moradia para minha filha, Jaciara Prata da Silva. Motiva tal pedido o fato de ser minha filha desquitada, mãe de quatro filhos menores, estando com dificuldades para pagar o aluguel".

Assinou como Grande Otelo e, por vias das dúvidas, deixou seu telefone.

Em fins de novembro, o senador Nei Maranhão apresentou um projeto instituindo a pensão de 840 mil cruzeiros para Otelo. Em dezembro, foi homenageado pela Fundação Cultural Palmares, no Centro Unificado de Brasília, com uma série de eventos, sendo que no dia 20 ele fez uma palestra sob o tema "O negro e as artes do Brasil, meninos de rua, o passado não condena". Ao retornar ao Rio, encontrou um memorando de Marluce Dias da Silva, superintendente executiva da TV Globo: "Valeu a pena tentar. Tenho visto sua mensagem de final de ano e fico encantada com o talento, sobretudo, com a emoção que você transmite. Com este entusiasmo, a gente pode mesmo construir um 1992 diferente".

O primeiro compromisso de 1992 foi a assinatura de mais um contrato de cinco meses com as Óticas do Povo, por 2 milhões de cruzeiros. A metade desta quantia recebeu, às vésperas do carnaval, somente para comparecer ao Baile das Atrizes, no Teatro Gregório de Matos, em Salvador. O responsável pelo pagamento foi o Sindicato dos Artistas e Técnicos em Espetáculos e Diversões da Bahia.

Em março, a jornalista Regina Moura foi a curadora de uma exposição sobre ele na galeria da sede do BNDES, no Rio, que ocupou 350 metros com fotografias, cartazes etc. A mostra foi mais um motivo para ele voltar aos jornais, sempre falando da sua pretensão de levantar recursos para seu filme *Gafieira, Saudades do Elite*. Também queria realizar outro filme, que se chamaria *Ipanema Joe*, e contava a história de um negro conhecido como Zé Ipanema, dono de uma empresa especializada em colocar à disposição das mulheres um numeroso elenco de negros bonitos. Mas o empreendimento ia à falência por causa da inveja dos próprios negros. Pretendia também ocupar com um show o andar superior do tradicional bar Amarelinho, na Cinelândia. A ser escrito por Mário Lago Filho, seria um espetáculo no estilo das revistas teatrais, com a participação de Pratinha, da compositora Saionara e da cantora Tânia Machado.

Confissão na agenda: "Na minha idade, não quero mais ninguém. Pode não ter tempo de fazer as pazes". Adiante, uma quadrinha: "Quisera ver-te, amada/ Correndo pelos caminhos/ Desta floresta encantada/ Distribuindo carinhos". O registro do dia 8 de junho foi triste: "Gisela Machado faleceu". Dois dias depois, estava na Bahia comemorando os oitenta anos de Jorge Amado ao lado de amigos de todo o Brasil e, naturalmente, de baianos ilustres, entre os quais Dorival Caymmi. Abordado pelo *Correio da Bahia*, falou de novos planos, como o de escrever uma peça teatral intitulada *A Porta do Barraco Era sem Trinco*, mas procurava um autor para parceiro, pois lhe faltava a carpintaria teatral. Quanto ao próximo show, dessa vez seria um chamado *Mistura das Raças*, com dança, teatro e canto. Ele aproveitou a viagem e levou algumas poesias para Jorge Amado ler e dizer se mereciam sair em livro. Jorge disse que sim.

No início de setembro, usou a coluna de Carlos Swann no *Globo* para cobrar do senador Nei Maranhão a lei que lhe daria uma pensão vitalícia. "Não pedi nada. Foi ele quem prometeu. Agora, vai ter de pagar", disse ele. Ganhou 500 mil cruzeiros ("quantia simbólica", explicou o produtor Valnei Costa) pela leitura encenada da peça *A Tragédia do Fim de Atan Wallipa*.

Em novembro, foi a Brasília, para participar do XXV Festival de Brasília do Cinema Brasileiro, que apresentaria a Mostra Grande Otelo

Grande Otelo em seu escritório, cercado por lembranças do trabalho.

no cinema Brasília, organizada pelo amigo, sócio, cineasta e futuro biógrafo, Roberto Moura, que também promoveu uma homenagem a ele no Centro Cultural Banco do Brasil. Roberto entregou a ele uma escultura intitulada O *muiraquitã*, amuleto que é um motivo central do enredo de *Macunaíma*, personagem que Otelo encarnara à perfeição. Saudado pelo amazonense Tiago de Mello, Otelo chorou quando o poeta o considerou "a maior lenda viva do cinema brasileiro" e que era "um orgulho ser brasileiro quando se homenageia Grande Otelo". Este respondeu fazendo uma declaração de amor e um apelo: "Eu amo o cinema brasileiro. Por favor, não o deixem morrer". No CCBB, também foi promovida a exibição do filme *Amei um Bicheiro*, com a presença do diretor Jorge Ileli.

Em dezembro, foi a Belo Horizonte para prestigiar a entrega do I Prêmio Grande Otelo para o melhor texto de dramaturgia de autor mineiro, cujo vencedor foi Eid Ribeiro, nascido na cidade de Baependi, que desde 1963 atuava como ator, encenador, roteirista e dramaturgo.

Dia 24 de janeiro de 1993, Otelo anotava na agenda que se sentia bem por estar sozinho. Curiosamente, no dia seguinte, teve de recorrer à polícia para se proteger do próprio filho caçula, Osvaldo Aranha. Segundo a queixa de Otelo, este, apesar de já ter chegado aos 32 anos, não tra-

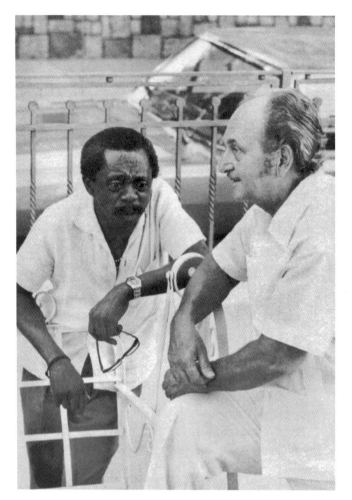

Uma longa trajetória comum, feita de sambas, boêmia e anedotas, uniu a vida toda os amigos e compadres Grande Otelo e Herivelto Martins.

balhava e constantemente lhe pedia dinheiro. Como não podia atendê-lo todos os dias, o filho passou a ameaçá-lo. Ao mesmo tempo, Otelo continuava sonhando com obter os recursos para seu filme, cujo custo, com a inflação da época, ia para a casa dos bilhões de cruzeiros. No dia 8 de março, relacionou vários nomes de pessoas que poderiam ser úteis a sua pretensão: os empresários Alfredo Marques Viana e Antônio Moreira Leite, Pelé, o banqueiro Eduardo Magalhães Pinto, o político José Aparecido de Oliveira e o jornalista Arnaldo Niskier, cujo nome era seguido do nome de uma grande empresa — White Martins — colocada entre parênteses. Relacionou também uma instituição, a Associação Comercial do Rio de Janeiro.

Embora aposentado, voltou à TVE para apresentar *Quando Conheci Teu Pai*. Era um programa em que Otelo tinha muito mais a falar do que os entrevistados — e falava. No programa de 28 de março, conversou com Peri Ribeiro, com quem falou de vários momentos da sua amizade com Herivelto Martins, que morrera em setembro de 1992. Revelou que já sabia da existência do amigo desde o tempo em que morava em São Paulo, pois cantava "Caboclo Apaixonado", de Herivelto, na rádio Educadora paulista. Lembrou também que os artistas saíam do Cassino da Urca e iam direto para a casa do compositor, que morava na Urca, comer a macarronada preparada por Dalva de Oliveira, mãe de Peri. Confessou que, no tempo do trabalho com Orson Welles, Herivelto obrigava-o a dormir na casa dele e dizia por quê: "Se dormir em outro lugar, você nunca vai aparecer no estúdio". Otelo disse que foi ele quem sugeriu a contratação do Trio de Ouro pelo Cassino da Urca.

Depois do programa, assinou contrato com a empresa New Tek Vídeo e Fotografia, da Bahia, para atuar no vídeo *Troca de Cabeça*, do jovem cineasta Sérgio Machado, que contou com a colaboração de alunos das escolas de Comunicação, Teatro e Música da Universidade Federal da Bahia. O vídeo, de trinta minutos, contava a história de uma mulher (Lea Garcia), doente grave que faz um pacto com o diabo (Harildo Deda) e troca sua sobrevivência pela vida do primeiro filho que tivesse. No dia em que o filho adolescente é encarregado de pagar a dívida ao demônio, apareceram no caminho um pastor (Mário Gusmão) e um anjo (Grande Otelo). O vídeo receberia o prêmio de melhor obra de ficção da II Jornada Internacional de Cinema e Vídeo da Bahia.

Uma carta escrita para Carlos Sebastião, dia 31 de março, revelava que o filho enfrentava problemas em Manaus, onde morava e trabalhava. Eis a carta:

> "Saúde pra você e sua família é o que deseja este negro velho, que é teu pai. Desejo que tua família esteja na paz do Senhor, que é quem rege nossos destinos.
>
> O legado que você deve carregar até o fim da vida é um legado muito difícil, eu sei. Mas é isso que vamos fazer.
>
> A vida é um vale de lágrimas, por mais que nos esforcemos. Estás passando por tudo quanto teu pai passou e está passando. Pode acreditar. Não temos o direito de termos amigos certos. É a nossa sina. Temos amigos apenas quando somos úteis, salvo poucas exceções, inclusive dentro da nossa própria

família. Neste caso, só temos um caminho: fé em Deus e sermos úteis não às pessoas, mas sim à comunidade em que estejamos vivendo, sem nos atermos a pequenos sentimentos.

Temos a felicidade que nos foi dada por Deus de sermos grandes almas e corações em face das grandes causas. Envelheci pensando nisso, sem me dar conta. Hoje, aos 77 anos, é que compreendo realmente o destino de gente como nós, e não fujo da raia. Enfrento como posso. Tu fazes o mesmo. O Pratinha, o Mário e o Osvaldo chegarão com o tempo a conclusões que eu cheguei, e até quando Deus quiser, eu vou, tu vais, eles vão compreender que a vida que nós temos não é a de qualquer um. É sinceramente que escrevo estas palavras. Peço a Deus que te faça compreender a minha sinceridade.

Parei, acendi um cigarro (não posso fumar, mas o cigarro é Free e só fumo quando fico nervoso ou preocupado) e devo dizer que, pelo menos para nós e alguns outros, a liberdade é uma utopia. Somos todos escravos das obrigações assumidas e dos deveres. Um abraço do teu pai para os teus e até qualquer dia".

Nessa mesma época, tomou uma decisão que vinha amadurecendo havia algumas semanas: deixar a *Escolinha do Professor Raimundo*, que lhe tomava muito tempo para aparecer apenas aos sábados à noite. Aos repórteres que perguntavam se havia alguma outra coisa para deixar o programa, ele dizia que não e que, em matéria de dinheiro, "Chico Anísio sempre foi muito decente". Novas revelações do tempo do Cassino da Urca foram feitas no programa *Quando Conheci Teu Pai*, quando Otelo entrevistou a bela Dayse Paiva, filha de Vicente Paiva. Contou que a primeira música que ele e Linda Batista cantaram juntos foi "Nega Saliente", do pai dela, e que no espetáculo *Bahia* (cuja música principal era "Exaltação à Bahia", de Vicente Paiva e Chianca de Garcia), ele fazia o papel de um inglês que rezava para o Senhor do Bonfim pedindo que mandasse uma baiana para ele. Ainda no cassino, cantou, vestido de baiana ao lado de Emilinha Borba, "Voltei pro Morro", samba feito por Vicente Paiva e Luís Peixoto especialmente para Carmen Miranda.

Esperançoso de levantar 1 milhão e meio de dólares em pouco tempo, Grande Otelo disse à *Folha de S. Paulo* que pretendia começar em outubro o trabalho em estúdio de seu filme sobre o Elite. A história, criada por ele, tinha início no dia em que o Flamengo conquistava o tricampeonato carioca, em 1955, vencendo o América na melhor de três. No filme, um jogador iniciante salvaria o Flamengo no primeiro jogo da decisão e, no dia seguinte, participaria de uma festa no Elite, em que a casa homenageava Ogum no dia de São Sebastião. Na festa conheceria a mulher com quem teria um agitado romance. Passaria a sofrer pressões da família e acabaria jogando mal no segundo jogo e, por isso, seria apontado como responsável pela derrota do Flamengo. O filme terminaria com a vitória rubro-negra no último jogo graças ao gol do personagem.

> "O Elite era para mim uma paixão. Eu não podia passar um fim de semana sem ir ao Elite. Júlio Simões me adotou como um pai profano, convencendo-me de que eu seria mais do que apenas um outro artista, mas representante de uma experiência de vida e de liberdade que iria reinventar este país",

disse Otelo, que deu notícias também do filme *História dos Anos 80*, de Roberto Moura, cujo enredo narrava a história de um cineasta que passava a década fazendo filmes sobre a rejeição dos negros no mercado de trabalho. Segundo ele, o filme, em que fazia o papel de Zé Pelintra, entidade da umbanda, tinha um "realismo mágico carioca".

Precisando de dinheiro para seu filme, ele achava que não podia ficar longe do poder, razão pela qual tratou de comunicar-se imediatamente com Nascimento Silva, quando este foi nomeado ministro da Cultura pelo presidente Itamar Franco, enviando uma correspondência para ele:

> "Excelência, foi um dia abençoado aquele em que nosso amigo comum Aécio Neves, filho (*sic*) do grande Tancredo Neves, nos apresentou naquela vernissagem. Meu Xangô e seu Ogum estavam vibrando juntos. Meus parabéns pelo cargo assumido, que Xangô nos ajude a fazer com que levemos nosso querido país aos termos que ele merece. Um abraço grande do modesto ator Grande Otelo e meus parabéns ao presidente Itamar Franco pela bela escolha".

Ele e Vanja Orico juntaram-se novamente para apresentarem o show denominado *Tempo Bom* no auditório da Associação Brasileira de Imprensa, com textos de Sebastião Valentim, participação do bailarino Luís Carlos Cavalcanti, direção musical de Décio Paiva e programação visual de Sérgio Lourenço. Uma semana depois, Otelo assinou contrato para fazer uma palestra ilustrada pela cantora Mariúza na Cervejaria Amada,

A última viagem

Ator, compositor, intérprete, comediante — dos muitos papéis que exerceu ao longo da vida uma constante se sobressai: a grande vocação de Otelo foi sempre o palco, entretendo seus convidados. Aqui o artista numa caricatura de Mendez, de 1994.

em Vila Isabel, que lhe garantiu 6 milhões de cruzeiros, ficando um milhão com seus agentes D'Antino & Lima Agentes Artísticos. No dia 25 de junho, estava no Palácio do Planalto em Brasília como convidado para o lançamento da campanha Decola, Brasil, do governo federal. Terminada a solenidade, entregou a Itamar um poema em que dizia que "é preciso um brasileiro para salvar o Brasil" e perguntava: "É você?". Depois, comparou o presidente a Xangô, dono da justiça, e Fernando Henrique Cardoso, ministro da Fazenda, a Ogum, "que vence as barreiras".

No dia 7 de julho, uma tragédia que, tudo indica, tem muito a ver com os problemas de saúde que Grande Otelo enfrentaria dali por diante: o filho mais novo, Osvaldo Aranha de Souza Prata, morre em conseqüência de parada cardiorrespiratória, pneumonia bacteriana, desnutrição e desidratação. Depois de providenciar o enterro no cemitério de Irajá e pagar as despesas, Otelo foi para São Paulo para cumprir compromissos de trabalho. Chegou lá passando mal e foi atendido no Hospital e Maternidade São Paulo. Poucos dias depois da volta ao Rio, sentiu-se mal novamente e foi levado para o consultório do cardiologista Domingos Labanca.

No dia 4 de agosto, recebeu o cachê pela participação num show promovido pela Associação Nacional de Rádio e Televisão, numa moeda ainda inédita nestas páginas: dez mil cruzeiros reais. No dia 9, recebeu de Herbert de Souza, o grande Betinho, o diploma da Ação da Cidadania Contra a Miséria Pela Vida, porque se comprometeu a abastecer de alimentos uma associação de mulheres de um conjunto residencial da Zona Oeste do Rio de Janeiro.

Em Uberlândia, a Câmara Municipal aprovou em setembro uma lei mudando o nome do Teatro Vera Cruz para Teatro Grande Otelo. A aprovação não foi fácil, já que vários vereadores manifestaram-se contrários por causa da posição do conterrâneo durante a votação da proposta de criação do estado do Triângulo, do qual Uberlândia, provavelmente, seria a capital por ser a cidade mais importante da região. Os vereadores e a secretária de Educação do município pretendiam realizar uma festa com a presença de Otelo no aniversário dele, mas o ator pediu um adiamento para o dia 12 de novembro por causa de compromissos já assumidos. O jornal O *Triângulo* publicou editorial aprovando a mudança do nome do teatro, apesar das restrições: "Trata-se de uma homenagem que somente agora foi possível, face a questões de somenos importância no campo político, por uma posição adotada por Otelo, cujas barreiras somente o tempo pode quebrar", escreveu o editorialista do jornal. Entrevistado, Grande Otelo mandou abraços para os amigos de Uberlândia,

A última viagem

"em particular para a família Simão, na pessoa de dona Maria Simão, a minha querida Pequena". A homenagem, de fato, deixou-o emocionado. Tanto que conversou com a filha Jaciara, dizendo, entre outras coisas, que a morte não estava longe e que, quando ela chegasse, providenciasse que seu corpo fosse sepultado na cidade em que nasceu.

No dia 7 de outubro, o presidente Itamar Franco e o ministro Fernando Henrique Cardoso sancionaram uma lei aprovada pelo Congresso Nacional, nos seguintes termos:

> *Artigo 1º* — É concedida a Sebastião Bernardes de Souza Prata uma pensão especial de 840 mil cruzeiros, valor este referente ao mês de novembro de 1991.
> *Parágrafo único* — A pensão a que se refere o *caput* não se estenderá a dependente ou a eventuais herdeiros do beneficiado.

Um dos sonhos de Otelo foi realizado em fins de outubro, com o lançamento pela editora Topbooks do seu livro de poemas. Organizado por Luís Carlos Prestes Filho, o livro ganhou o título de *Bom dia, manhã* e teve prefácio de Jorge Amado e Antônio Olinto. Escreveu Amado:

> "Não sei de brasileiro vivo mais importante no cenário da vida nacional — seja ele político, esportista, artista, escritor — do que Sebastião Prata, pouco conhecido pelo nome inscrito no registro civil. Mas quem não conhece Grande Otelo? Os brasileiros mais célebres e amados — o poeta Drummond, o arquiteto Niemeyer, a atriz Fernanda Montenegro, o atleta Pelé, para citar apenas quatro expoentes — serão tão grandes mas não serão maiores do que este pequeno homem de carapinha grisalha, nascido na pobreza do povo brasileiro, de imenso talento, de irremediável vocação para a arte, criador sem igual, a força e a graça. Nosso povão não possui quem seja tão sua imagem, que o simbolize com tamanha verdade".

A Prefeitura de Uberlândia pretendia aproveitar a festa de Nossa Senhora do Rosário para juntá-la a uma série de eventos em homenagem a Otelo, como o lançamento do seu livro de poesias, abertura de uma exposição sobre ele na Casa de Cultura, outra de fotografias de congados, moçambiques e catupés, além dos instrumentos tradicionalmente utilizados na festa. Já estavam confirmadas apresentações do grupo de capoeira Cordão de Ouro, do terno de congo Sainha, da bateria da Escola de Samba Garotos do Samba e do Xirê dos Orixás, além de sessão solene na Câmara Municipal. Mas na última hora ele telefonou para a Secretaria de Cultura comunicando que não poderia embarcar porque enfrentava "problemas de saúde".

Dias depois, porém, já recuperado, viajou a Brasília para lançar o livro na abertura do festival de cinema. Circulou pela cidade, bebeu vinho e deu várias entrevistas, nas quais falava com entusiasmo da viagem que faria dia 25 de novembro para Paris, de onde iria para Nantes participar do Festival de Cinema dos Três Continentes, no qual seria o grande homenageado. (Poucos dias antes de embarcar, em entrevista à *Tribuna da Imprensa*, falou da viagem, mas se esqueceu do nome da cidade para onde ia. Desculpou-se com a repórter: "São coisas da idade. Quando você estiver com oitenta anos também não vai se lembrar de tudo".) No dia 24, o importante jornal francês *Le Monde* publicou uma reportagem sobre o festival, dedicando meia página a Grande Otelo. Entre os filmes brasileiros programados para o festival, estavam *Macunaíma* e *Amei um Bicheiro*.

Otelo embarcou no vôo 720 da Varig em companhia de uma moça chamada Teresa Brandão Costa, bebeu dois copos de vinho durante a viagem, conversou com um grupo de passageiros uruguaios que estavam a caminho da China e cantou tangos para eles. Parecia muito animado. Chegou ao aeroporto Charles De Gaulle às catorze horas, desceu as escadas do avião e abraçou efusivamente Regina Hellin, funcionária da Varig, que o esperava na pista. Passou pelo controle dos passageiros e se dirigia ao local onde pegaria a bagagem quando desmaiou ao descer a escada rolante. Uma passageira, médica, socorreu-o aplicando massagem cardíaca e fazendo a respiração boca a boca. O serviço médico do aeroporto agiu prontamente, participou dos esforços para reabilitá-lo e levou-o para a enfermaria. Pouco depois, às 16h30m do dia 26 de novembro, Grande Otelo era declarado morto, vítima de acidente cardiovascular.

P.S.: Trecho de um poema de Grande Otelo publicado em seu livro *Bom dia, manhã*:

> "Sabe de uma coisa, João?
> Tão cedo, não quero ir a Paris, não".

A última viagem

GRANDE OTELO NA TELA

1935 *Noites cariocas* (Caio Brant)
Direção de Enrique Cadicamo. Roteiro de Enrique Cadicamo, Jardel Jércolis e Luís Iglesias.
Com Mesquitinha, Lódia Silva, Carlos Vivan, Maria Luísa, Palomero, Manuel Vieira, Oscarito, Jardel Jércolis.

1937 *João Ninguém* (Waldow Filmes)
Direção de Mesquitinha. Argumento de João de Barro e Alberto Ribeiro. Roteiro de Rui Costa.
Com Mesquitinha, Déia Silva, Barbosa Júnior, Darci Cazarré, Paulo Gracindo.

1938 *Futebol em família* (Sonofilmes)
Direção e roteiro de Rui Costa.
Com Dircinha Batista, Jaime Costa, Arnaldo Amaral, Heloísa Helena, Ítala Ferreira, Jorge Murad e o time de futebol do Fluminense.

1939 *Onde estás, felicidade?* (Cinédia)
Direção e roteiro de Mesquitinha, baseado na peça de Luís Iglesias.
Com Mesquitinha, Alma Flora, Rodolfo Mayer, Paulo Gracindo, Manuel Pêra, Nilza Magrassi.

1940 *Pega ladrão!* (Sonofilmes)
Direção e roteiro de Rui Costa.
Com Mesquitinha, Heloísa Helena, Manuel Pêra, Jorge Murad, Armando Lousada, Manezinho Araújo, Lídia Matos, Nair Alves, Celina Moura.

Laranja da China (Sonofilmes)
Direção e roteiro de Rui Costa.
Com Barbosa Júnior, Dircinha Batista, Arnaldo Amaral, Nair Alves, Lauro Borges, Francisco Alves, Alvarenga e Ranchinho.

1941 *Céu azul* (Sonofilmes)
Direção e roteiro de Rui Costa.
Com Jaime Costa, Heloísa Helena, Oscarito, Déia Silva, Arnaldo Amaral, Laura Suarez, Francisco Alves, Sílvio Caldas, Alvarenga e Ranchinho.

Sedução do garimpo (Cinédia)
Direção e roteiro de Luís de Barros.
Com Rodolfo Mayer, Roberto Lupo, Frank Mazzone, Marie Abbate.

1942   *It's all true* (RKO, inacabado)
Direção e roteiro de Orson Welles.
Com Linda Batista, sambistas do Rio e jangadeiros do Nordeste.

1943   *Astros em desfile* (Atlântida)
Direção e roteiro de José Carlos Burle.
Com Manezinho Araújo, Emilinha Borba, Déo, Luís Gonzaga, Quatro Ases e Um Coringa.

Samba em Berlim (Cinédia)
Direção de Luís de Barros. Roteiro de Ademar Gonzaga e Luís de Barros.
Com Mesquitinha, Laura Suarez, Dercy Gonçalves, Léo Albano, Brandão Filho, Humberto Catalano, Francisco Alves, Edu da Gaita, Virgínia Lane, Jararaca e Ratinho.

Caminho do céu (Cinédia)
Direção de Milton Rodrigues. Roteiro de Milton Rodrigues. Diálogo de Diná Silveira de Queiroz.
Com Rosina Pagã, Celso Guimarães, Eros Volúsia, Sara Nobre, Luís Tito, Nilza Magrassi.

Moleque Tião (Atlântida)
Direção de José Carlos Burle. Argumento de Alinor Azevedo. Roteiro de Alinor Azevedo, José Carlos Burle e Nélson Schultz.
Com Custódio Mesquita, Lourdinha Bitencourt, Sara Nobre, Nelson Gonçalves.

1944   *Berlim na batucada* (Cinédia)
Direção de Luís de Barros. Argumento de Herivelto Martins. Roteiro de Luís de Barros, Ademar Gonzaga e Herivelto Martins.
Com Procópio Ferreira, Delorges Caminha, Francisco Alves, Herivelto Martins, Solange França, Alvarenga e Ranchinho, Jararaca e Ratinho.

Tristezas não pagam dívidas (Atlântida)
Direção de José Carlos Burle e Rui Costa. Roteiro de Luís Costa.
Com Oscarito, Ítala Ferreira, Jaime Costa, Restier Júnior, Antônio Spina, Ataulfo Alves, Emilinha Borba, Sílvio Caldas.

Romance proibido (Cinédia)
Direção e roteiro de Ademar Gonzaga.
Com Lúcia Lamur, Milton Marinho, Nilza Magrassi, Jararaca, Dercy Gonçalves, Eros Volúsia, Aurora Aboim, Roberto Lupo, Modesto de Souza.

1945 *Não adianta chorar* (Atlântida)
Direção e roteiro de Watson Macedo.
Com Oscarito, Mary Gonçalves, Madame Lou, Humberto Catalano, Dircinha Batista, Emilinha Borba, Sílvio Caldas, Ciro Monteiro.

O gol da vitória (Atlântida)
Direção e roteiro de José Carlos Burle. Argumento de Silveira Sampaio.
Com Ribeiro Martins, Cléia Barros, Humberto Catalano, Ítala Ferreira, Restier Júnior, Domingos Martins.

1946 *Segura esta mulher* (Atlântida)
Direção de Watson Macedo. Argumento de Hélio do Soveral e Watson Macedo.
Com Marion, Mesquitinha, Humberto Catalano, Colé Santana, Araci de Almeida, Emilinha Borba, Jorge Goulart, Ciro Monteiro, Orlando Silva, Jorge Veiga, Alvarenga e Ranchinho.

1947 *Luz dos meus olhos* (Atlântida)
Direção de José Carlos Burle. Argumento de Alinor Azevedo Roteiro de Alinor Azevedo, José Carlos Burle e Paulo Vanderlei.
Com Cacilda Becker, Celso Guimarães, Heloísa Helena, Luísa Barreto Leite, Sílvio Caldas, Manuel Pêra.

1948 *É com este que eu vou!* (Atlântida)
Direção de José Carlos Burle. Argumento de José Carlos Burle, Carlos Eugênio e Paulo Vanderlei. Roteiro de José Carlos Burle e Paulo Vanderlei.
Com Oscarito, Humberto Catalano, Marion, Celso Guimarães, Luísa Barreto Leite, Grande Otelo, Emilinha Borba, Quitandinha Serenadres, Jorge Murad, Ciro Monteiro.

Terra violenta (Atlântida)
Direção de Eddie Bernoudy, Plínio Campos e Paulo Machado. Roteiro de Eddie Bernoudy e Alinor Azevedo, baseado no romance *Terras sem fim*, de Jorge Amado.
Com Anselmo Duarte, Maria Fernanda, Graça Melo, Celso Guimarães, Luísa Barreto Leite, Aguinaldo Camargo, Mário Lago, Modesto de Souza, Jorge Murad, Luís Gonzaga.

1949 *E o mundo se diverte* (Atlântida)
Direção e roteiro de Watson Macedo. Argumento de Max Nunes, Hélio do Soveral e Watson Macedo.
Com Oscarito, Humberto Catalano, Modesto de Souza, Eliana Macedo, Made Lou, Alberto Ruschel, Adelaide Chiozzo, Luís Gonzaga, Alvarenga e Ranchinho.

Caçula do barulho (Atlântida)
Direção de Ricardo Freda. Argumento de Ricardo Freda. Roteiro de Ricardo Freda e Alinor Azevedo.
Com Anselmo Duarte, Giana Maria Canale, Luís Tito, Beila Genauer, Oscarito, Sérgio de Oliveira.

Também somos irmãos (Atlântida)
Direção de José Carlos Burle. Roteiro de Alinor Azevedo.
Com Vera Nunes, Aguinado Carmargo, Jorge Dória, Ruth de Souza, Aguinaldo Raiol, Sérgio de Oliveira, Jorge Goulart.

1950 *Carnaval no fogo* (Atlântida)
Direção de Watson Macedo. Roteiro de Alinor Azevedo, Anselmo Duarte e Watson Macedo.
Com Oscarito, Anselmo Duarte, Modesto de Souza, Eliana Macedo, José Lewgoy, Marion, Rocir Silveira, Adelaide Chiozzo, Jorge Goulart, Benê Nunes, Jece Valadão.

1951 *Aviso aos navegantes* (Atlântida)
Direção de Watson Macedo. Argumento de Watson Macedo. Roteiro de Watson Macedo e Alinor Azevedo.
Com Oscarito, Anselmo Duarte, Eliana Macedo, José Lewgoy, Renato Restier, Adelaide Chiozzo, Emilinha Borba, Jorge Goulart, Bene Nunes, Ivon Curi, Mara Rúbia, Chiquita Carballlo, Sérgio de Oliveira.

1952 *Barnabé, tu és meu* (Atlântida)
Direção e roteiro de José Carlos Burle. Argumento de Berliet Júnior e Vitor Lima.
Com Oscarito, Fada Santoro, Cil Farney, José Lewgoy, Renato Restier, Adelaide Chiozzo, Emilinha Borba, Pagano Sobrinho, Benê Nunes, Ivon Curi, Marion, Os Cariocas.

Os três vagabundos (Atlântida)
Direção de José Carlos Burle. Argumento de Berliet Júnior e Vitor Lima. Roteiro de Berliet Júnior, Vitor Lima e José Carlos Burle.
Com Oscarito, Cil Farney, Ilca Soares, José Lewgoy, Josete Bertal.

1953 *Carnaval Atlântida* (Atlântida)
Direção de José Carlos Burle. Argumento de Berliet Júnior e Vitor Lima. Roteiro de Berliet Júnior, Vitor Lima e José Carlos Burle.
Com Oscarito, Cil Farney, Eliana Macedo, José Lewgoy, Colé Santana, Iracema Vitória, Renato Restier, Maria Antonieta Pons, Carlos Alberto, Nora Nei.

Amei um bicheiro (Atlântida)
Direção de Jorge Ileli e Paulo Vanderlei. Argumento de Jorge Dória. Roteiro de Jorge Ileli.
Com Cil Farney, José Lewgoy, Eliana Macedo, Josete Bertal, Aurélio Teixeira, Jece Valadão.

Dupla do barulho (Atlântida)
Direção de Carlos Manga. Roteiro de Vitor Lima e Carlos Manga.
Com Oscarito, Edite Morel, Mara Abrantes, Renato Restier, Wilson Grey, Madame Lou, Átila Iório, Ambrósio Fregolente.

1954 *Malandros em quarta dimensão* (Atlântida)
Direção e roteiro de Luís de Barros.
Com Jaime Costa, Colé Santana, Julie Bardot, Sérgio de Oliveira, Wilson Grey, Inalda de Carvalho.

Matar ou correr (Atlântida)
Direção de Carlos Manga. Roteiro de Amleto Daissé e Vitor Lima.
Com Oscarito, José Lewgoy, Renato Restier, John Herbert, Julie Bardot, Wilson Grey, Inalda de Carvalho.

1955 *Conchita und der ingenieur/Paixão nas selvas* (Atlântida-Astra)
Direção de Franz Eichorn.
Com Vanja Orico, Cil Farney, Josephine Kipper, Alexandre Amorim, Gilberto Martinho, Wilson Grey.

1956 *Depois eu conto* (Cinedistri)
Direção de José Carlos Burle. Produção de Watson Macedo. Argumento de Alinor Azevedo, Berliet Júnior, José Carlos Burle e Anselmo Duarte.
Com Anselmo Duarte, Eliana Macedo, Dercy Gonçalves, Ilca Soares, Zé Trindade, Heloísa Helena, Humberto Catalano, Marion, Déia Silva, Carmem Costa, Linda Batista, Dircinha Batista, Jamelão e Jorge Veiga.

1957 *Metido a bacana* (Cinedistri-Sino)
Direção de Josip B. Tanko. Roteiro de Vitor Lima.
Com Ankito, Renato Restier, Neli Martins, Ângela Maria, Dircinha Batista, Nelson Gonçalves, Carlos Galhardo, Jorge Veiga.

A baronesa transviada (Watson Macedo-Cinedistri)
Direção de Watson Macedo. Argumento de Chico Anísio e Watson Macedo. Roteiro de Watson Macedo e Ismar Porto.
Com Dercy Gonçalves, Humberto Catalano, Badaró, Zaquia Jorge, Otelo Zelloni, Renato Consorte, Apolônio Correia, Átila Iório.

Com jeito vai (Cinedistri-Sino)
Direção de Josip B. Tanko. Argumento de Berliet Júnior e Renato Restier. Roteiro de Berliet Júnior, Renato Restier e Josip B. Tanko.
Com Fred, Carequinha, Renato Restier, Anilza Leoni, Costinha, Emilinha Borba.

De pernas pro ar (Herbert Richers)
Direção e roteiro de Vitor Lima.
Com Ankito, Renata Fronzi, Darci Cória, Wilson Grey, Costinha, Roberto Duval, Otelo Zelloni, Jorge Murad, Emilinha Borba.

Rio, Zona Norte (Nelson Pereira dos Santos)
Direção e roteiro de Nelson Pereira dos Santos.
Com Malu, Jece Valadão, Paulo Goulart, Ângela Maria, Haroldo de Oliveira, Édson Vitoriano, Iracema Vitória, Zé Kéti.

Grande Otelo na tela

Brasiliana (Cosmos)
Direção de Helmut Wiesler.
Com Monika Klinger, Roberto Linhares, Walter Hardt e o elenco do espetáculo
Banzo Aiê, de Carlos Machado.

1958 *É de chuá!* (Sino-Cinedistri)
Direção de Vitor Lima. Argumento de Vitor Lima, Renato Restier e Josip B. Tanko. Roteiro de Vitor Lima, Renato Restier, Josip B. Tanko, Haroldo Barbosa e
Sérgio Porto.
Com Ankito, Renata Fronzi, Renato Restier, Costinha, Bill Far, Zezé Macedo,
Malu, Pedro Dias, Emilinha Borba, Nelson Gonçalves, Dircinha Batista, Jorge
Goulart, Jamelão, Fred e Carequinha.

Lina, mujer de fuego/A mulher de fogo (Mier y Brooks-Artistas Associados)
Direção de Tito Davison. Roteiro de Neftall Beltrán, Tito Davison, Orígenes Lessa
e Ulisses Petit de Murad, baseado no romance Vazante, de José Mauro Vasconcelos.
Com Ninón Sevilla, Carlos Baena, Osvaldo Lousada, Carlos Cotrim, Jece Valadão, Alicia Montoya, Joãozinho da Goméia.

E o bicho não deu (Herbert Richers)
Direção de Josip B. Tanko. Roteiro de Sérgio Porto e Josip B. Tanko.
Com Zé Trindade, Aída Campos, Paulo Goulart, Vera Regina, Costinha, Julie Joy,
Pedro Dias, Irmãs Marinho.

1959 *Mulheres à vista* (Herbert Richers)
Direção e roteiro de Josip B. Tanko. Argumento de Chico Anísio e Zé Trindade.
Com Zé Trindade, Renato Restier, Consuelo Leandro, Bill Far, Aída Campos,
Carlos Imperial, Virgínia Lane, Dircinha Batista, Nelson Gonçalves, Emilinha
Borba, Jorge Goulart.

Garota enxuta (Herbert Richers)
Direção de Josip B. Tanko. Argumento de Herbert Richers, Chico Anísio e Josip
B. Tanko.
Com Ankito, Neli Martins, Jaime Costa, Renato Restier, Iracema de Alencar,
Emilinha Borba, Elisete Cardoso, Marion, Vera Regina, Moreira da Silva, Orlando
Silva.

Pé na tábua (Herbert Richers-Nova América)
Direção e roteiro de Vitor Lima.
Com Ankito, Renata Fronzi, Carlos Tovar, Neli Martins, Bill Far, Carlos Imperial, Vera Regina, Valdir Maia, Sérgio Ricardo.

1960 *Pistoleiro bossa nova* (Herbert Richers)
Direção e roteiro de Vitor Lima.
Com Ankito, Renata Fronzi, Renato Restier, Ana Maria Nabuco, Wilson Grey,
Aurélio Teixeira, Consuelo Leandro, Carlos Lira.

1961   *Os três cangaceiros* (Herbert Richers)
Direção e roteiro de Vitor Lima.
Com Ankito, Ronald Golias, Neide Aparecida, Átila Iório, Carlos Tovar, Neli Martins, Paulete Silva, Wilson Grey, Angelito Melo.

Um candango na Belacap (Herbert Richers)
Direção de Roberto Farias. Argumento de Roberto Farias e Herbert Richers. Roteiro de Roberto Farias e Mário Meira Guimarães.
Com Ankito, Marina Marcel, Vera Regina, Milton Carneiro, José Policena, Pedro Dias, Rafael de Carvalho, César Viola, Carlos Lira.

O dono da bola (Herbert Richers)
Direção e roteiro de Josip B. Tanko. Argumento de Josip B. Tanko. Diálogos de Mário Meira Guimarães.
Com Ronald Golias, Vera Regina, Norma Blum, Costinha, César Viola, Carlos Imperial.

1962   *Os cosmonautas* (Herbert Richers)
Direção e roteiro de Vitor Lima.
Com Ronald Golias, Neide Aparecida, Átila Iório, Álvaro Aguiar, Telma Elita, Carlos Tovar, Wilson Grey, César Ladeira.

Assalto ao trem pagador (Herbert Richers)
Direção e roteiro de Roberto Farias. Argumento de Roberto Farias e Luís Carlos Barreto, com a colaboração de Alinor Azevedo.
Com Eliézer Gomes, Luísa Maranhão, Reginaldo Farias, Ruth de Souza, Átila Iório, Helena Inês, Jorge Dória, Dirce Migliaccio, Osvaldo Lousada, Clementino Quelé, Gracinda Freire, Nélson Dantas.

1963   *O homem que roubou a Copa do Mundo* (Herbert Richers)
Direção de Vitor Lima. Roteiro de José Cajado Filho e Vitor Lima.
Com Ronald Golias, Renata Fronzi, Ângela Bonatti, Dorinha Duval, Maurício do Vale.

Quero esta mulher assim mesmo (Lupofilmes)
Direção de Ronaldo Lupo e Carlos Alberto de Souza Barros. Argumento de Roberto Mendes. Roteiro de Ronaldo Lupo. Diálogos de Pedro Anísio.
Com Ronaldo Lupo, Anilza Leoni, Renata Fronzi, Violeta Ferraz, Matinhos, Átila Iório, Herval Rossano, Amílton Ferreira.

1964   *Samba* (Cesareo González-Suevia-Condor)
Direção de Rafael Gil. Argumento de José López Rubio. Roteiro de José Lopez Rubio, Jesus Arosema e Rafael Gil.
Com Sara Montiel, Marc Michel, Fosco Giachetti, Carlos Alberto, Eliézer Gomes, Zeni Pereira, Nestor Montemar, Antônio Pitanga, Ciro Monteiro.

1965 *Crônica da idade amada*: episódio "Um pobre morreu" (Atlântida-Christensen)
Direção de Carlos Hugo Christensen. Argumento de Paulo Rodrigues. Roteiro de
Millôr Fernandes.

1966 *Arrastão/Les amants de la mer* (Antoine d'Ormeson)
Direção e roteiro de Antoine d'Ormeson. Argumento de Vinicius de Moraes.
Com Duda Cavalcanti, Cecil Thiré, Jardel Filho.

Uma rosa per tutti/Uma rosa para todos (Vides)
Direção de Franco Rossi. Roteiro de Eduardo Borras e Ennio de Concini, baseado na peça Procura-se uma rosa, de Gláucio Gil.
Com Claudia Cardinalle, Nino Manfredi, Mario Adorf, Akim Tamiroff, José Lewgoy, Milton Rodrigues, Osvaldo Loureiro.

Em ritmo jovem (Jaberlotti)
Direção de Mozael Silveira.
Com Adriana, Babete Castilho, Moacir Deriquém, Márcio Greik, Jorge Murad,
Vanja Orico, Taís Portinho, Paulo Sérgio, Teresinha Sarno, Lameri Faria.

1968 *Massacre no supermercado* (Herbert Richers)
Direção de J. B. Tanko. Roteiro de Ari Fontoura e Josip B. Tanko.
Com José Augusto Branco, Nestor Montemar, Taís Muniz Portinho, Nélson Xa-
vier, Jorge Cherques, Carlos Vereza.

Os marginais (Mariana Filmes Ltda.)
Direção e roteiro de Carlos Alberto Prates Correia e Moisés Kendler.
Com Paulo José, Helena Inês, Delorges Caminha, Cartola e Zica.

Enfim sós... com o outro (Hórus)
Direção de Wilson Silva. Roteiro de João Bitencourt e Sanin Cherques.
Com Augusto César Vanucci, Rossana Ghessa, Emiliano Queiroz, Vera Regina,
Rogéria, Abel Pêra e Vera Regina.

1969 *Macunaíma* (Difilm/Filmes do Serro/Grupo Filmes/Condor Filmes)
Direção e roteiro de Joaquim Pedro de Andrade.
Com Paulo José (Macunaíma branco), Dina Sfat, Milton Gonçalves, Rodolfo Arena, Jardel Filho, Joana Fomm, Maria do Rosário, Rafael de Carvalho, Wilza Carla, Zezé Macedo.

Os herdeiros (J. B. Produções)
Direção de Cacá Diegues.
Com Sérgio Cardoso, Paulo Porto, Isabel Ribeiro, Mário Lago, Daniel Filho, Wil-
za Carlo, Hugo Carvana, Odete Lara, Nara Leão.

O álibi (*L'alibi*) (Cristaldi Film)
Direção de Adolfo Celi
Com Vittorio Gasmman, Tina Aumont, Adolfo Celi, Ugo Adinolfi, Franco Gia-
cobini, Maria Rodrigues, Luciano Lucignani, Lina Sadun, Jovana Knox.

A doce mulher amada (Royal Filmes/Eurofilme)
Direção de Rui Santos.
Com Irma Alvarez, Arduíno Colassanti, Mário Petraglia, Mário Brasini, Irene Stefânia, Neli Martins, Fábio Sabag, Emanuel Cavalcanti, Sônia Castro, Jurema Pena.

Por um amor distante (*Pour un amour lointain*) (Capac-Troty/Artistas Associados Ltda.)
Direção de Edmond Séchan.
Com Julien Guiomar, Cristina Jardim, Isabel Jardim, Jacques Jouanneau, Jean Rochefort, Henriette Morineau.

1970 *Não aperta, Aparício* (Cinegráfica Leopoldis Som)
Direção de Pereira Dias.
Com José Lewgoy, José Mendes, Alexandra Maria, Angelito Melo, Dimas Costa, Ana Amélia Lemos, Álvaro de Souza, Adolar Costa, Roque Araújo Viana.

A família do barulho (Belair Filmes)
Direção de Júlio Bressane.
Com Maria Gladys, Wilson Grey, Helena Inês, Poty, Kleber Santos, Guará Rodrigues.

O donzelo (Allegro Filmes/Roberto Baker Produções Cinematográficas)
Direção de Stefan Wohl.
Com Leila Diniz, Flávio Migliacio, Marília Pêra, Maria Gladys, Plínio Marcos, Márcia Rodrigues, José Lewgoy, Fregolente, Mara Rúbia.

Se meu dólar falasse (Oswaldo Massaini)
Direção de Carlos Coimbra.
Com Dercy Gonçalves, Zilda Cardoso, Milton Ribeiro, Sadi Cabral, Davi Cardoso, Dedé Santana, Manuel Vieira, Dino Santana.

1971 *O barão Otelo no barato dos bilhões* (Luiz Carlos Barreto Produções Cinematográficas)
Direção de Miguel Borges.
Com Dina Sfat, Ivan Cândido, Milton Morais, Wilson Grey, Hildegard Angel, Procópio Mariano, Henriqueta Brieba, Tânia Caldas, Rogério Fróes, Zilka Salaberry, Elke Maravilha.

Cômicos + Cômicos (Cinesul/Pel-Mex)
Direção, argumento e roteiro de Jurandyr Noronha. Reunião de filmes antigos com a participação de Paulo Silvino, Vittorio Alcânfora, Rafael de Carvalho, Welington Botelho, Santa Cruz, Costinha, Wilza Carla.

Sebastião Prata ou, bem dizendo, Grande Otelo (documentário)
Direção de Ronaldo Foster e Murilo Salles.

1972   *Cassy Jones, o magnífico sedutor* (Lauper Filmes)
Direção de Luís Sérgio Person.
Com Paulo José, Sandra Bréa, Sônia Clara, Glauce Rocha, Hugo Bidet, Gracinda Freire, Carlos Imperial, Susana Gonçalves, Henrique Brieba, Ilva Niño, Mano Rodrigues.

1973   *O Negrinho do Pastoreio* (Rancho Filmes)
Direção de Antônio Augusto Fagundes. Argumento de João Simões Lopes Neto. Roteiro de Rui Favell Bastide.
Com Breno Melo, Rejane Vieira Costa, Darci Fagundes, Édson Acri Ortunho, Antônio Augusto Fagundes, Darci Fagundes.

1974   *O rei do baralho* (Júlio Bressane Produções Cinematográficas)
Direção, produção e roteiro de Júlio Bressane.
Com Marta Anderson, Wilson Grey, Fininho, Cauê Filho.

A estrela sobe (I. C. B./Luiz Carlos Barreto Produções Cinematográficas)
Direção de Bruno Barreto.
Com Betty Faria, Álvaro Aguiar, Irma Alvarez, Roberto Bonfim, Nélson Dantas, Carlos Eduardo Dolabella, Wilson Grey, Labanca, Luís Carlos Mièle, Vanda Lacerda, Ordete Lara, Paulo César Pereio e Neila Tavares.

A transa do turfe (*"Sexo"*) (Meldy Filmes)
Direção de Fritz M. L. Mellinger.
Com Jacira Silva, Wilson Grey, Colé Santana, Fátima Braun, Vera Lúcia, Carmem Pascoal, Durval Silva, Michel Espírito Santo, Galeno Martins.

1975   *As aventuras de um detetive português* (Allegro Filmes)
Direção de Stefan Wohl.
Com Raul Solnado, Jorge Dória, Mara Rúbia, Nélson Dantas e Albino Pinheiro.

O flagrante (I.C.B.)
Direção de Reginaldo Faria.
Com Rodolfo Arena, Maria Cláudia, Carlos Eduardo Dolabella, Reginaldo Faria, Adele Fátima, José Lewgoy, Cláudio Marzo e Antônio Pedro.

Assim era a Atlântida (documentário com cenas de arquivo e depoimento de atores) (Atlântida)
Direção de Carlos Manga. Argumento e roteiro de Carlos Manga e Sílvio Abreu. Música de Lírio Panicalli e Léo Perachi.

Ladrão de Bagdá, o magnífico (Victor Éboli Produções Cinematográficas)
Direção de Vitor Lima.
Com Monique Lafond, Fernando José, Manfredo Colassanti, Anilza Leoni, Wilson Grey e Luís Mendonça.

Deixa, amorzinho, deixa (Belfilmes Produtora Cinematográfica)
Direção de Saul Lachtermacher.
Com Nei Latorraca, Sandra Barsoti, Bibi Vogel, Maria Lúcia Dahl, Emiliano Queiroz, Jaime Barcelos, Rubens de Falco e Moacir Deriquém.

1976 *Tem alguém na minha cama* (Kiko Filmes)
Três episódios dirigidos por Francisco Pinto Júnior, Pedro Camargo e Luís Antônio Piá.
Com Milton Carneiro, Nélson Caruso, Leila Cravo, Maria Lúcia Dahl, Rossane Ghessa, Wilson Grey, Josephine Helene, Carlos Kroeber e Mário Petraglia.

A fera carioca (*Carioca tigre*) (Seda Spettacoli S. P. A./Cinemática Produções Cinematográficas)
Direção de Giuliano Carnimeo.
Com Aldo Maccione, Antonio Cantafora, César Moreno, Luciana Turina, Renato Pinciroli e Milton Gonçalves.

1977 *Lúcio Flávio, o passageiro da agonia* (H. B. Filmes)
Direção de Hector Babenco. Roteiro de José Louzeiro, Hector Babenco, Jorge Duran.
Com Reginaldo Faria, Ana Maria Magalhães, Milton Gonçalves, Paulo César Pereio.

Ouro sangrento (*Tenda dos prazeres*) (Zodíaco Filmes)
Direção de César Ladeira Filho.
Com Toni Tornado, Átila Iório, Sandra Barsoti, José Lewgoy, Jonas Bloch, Zezé Mota.

Otália da Bahia (*Os pastores da noite*) (Orphee Arts/ C. I. C.)
Direção de Marcel Camus.
Com Mira Fonseca, Antônio Pitanga, Maria Viana, Jofre Soares, Jaime Barcelos, Wilza Carlos, Emanuel Cavalcanti, Virgínia Lane, Elke Maravilha, Telma Reston, Josephine Helene.

Ladrões de cinema (Lente Filmes/Embrafilme)
Direção e argumento de Fernando Coni Campos. Música de Mano Décio da Viola.
Com Milton Gonçalves, Antônio Pitanga, Wilson Grey, Procópio Mariano, Antônio Carnera, Lutero Luís, Luís Cavalcanti, Rodolfo Arena, Jesus Chediak, Josephine Helene, Ruth de Souza, Léa Garcia, Jorge Coutinho.

A força de Xangô (Cine TV Áudio-Visual)
Direção e roteiro de Iberê Cavalcanti.
Com Elke Maravilha, Geraldo Rosa, Dona Ivone Lara, Ana Maria Silva, Sônia Vieira, Carlão Elegante, Zezé Mota.

Grande Otelo na tela

1978 *A noite dos duros* (Gare Filmes)
Direção de Adriano Stuart.
Com Sandra Barsotti, Xandó Batista, Marcos Nanini, Antônio Fagundes, Iolanda Cardoso, Sandra Bréa, Rogaciano de Freitas, Bruna Lombardi, Helena Ramos.

A noiva da cidade (Catavento)
Direção de Alex Viany.
Com Elke Maravilha, Roberto Azevedo, Roberto Bonfim, Isolda Crestam, Denise Barroso, Hugo Bidet, Roberto Bataglin, Nélson Dantas, Alcir Damata, Sônia de Paula, Josephine Helene, Humberto Mauro, Paulo Porto.

A agonia (Júlio Bressane Produções Cinematográficas)
Direção de Júlio Bressane.
Com Joel Barcelos, Maria Gladys, Wilson Grey, Sandra Pêra, Kleber Santos.

1979 *As aventuras de Robson Crusoé* (J. B. Tanko Filmes)
Direção de Mozael Silveira.
Com Costinha, Francisco Di Franco, Ângelo Antônio, Milton Vilar, Admir de Souza, Luís Neves, Stela Alves.

1980 *Asa Branca: um sonho brasileiro* (Embrafilme/Secretaria de Estado da Cultura de São Paulo)
Direção de Djalma Limonge Batista.
Com Walmor Chagas, Édson Celulari, Manfredo Bahia, Gianfrancesco Guarnieri, Eduardo Abasm, Mário Américo, Rita Cadilac, Celso Batista.

1981 *O homem do pau brasil* (Filmes do Serro/Lynxfilm/Embrafilme)
Direção de Joaquim Pedro de Andrade.
Com Ítala Nandi, Oton Bastos, Patrício Bisso, Susana de Morais, Renato Borghi, Mário Carneiro, Xandó Batista, Maria Angélica Alves.

1982 *Fitzcarraldo* (Filmverlag der Autoren/Pro-ject Filmproduktion/Werner Herzog Filmproduktion/Wildlife Filmes Peru/Zweites Deutsches Fernsehen)
Direção de Werner Herzog.
Com Cláudia Cardinalle, Klaus Kinski, José Lewgoy, Miguel Angel Fuentes, Paul Hittsher, Peter Berling, Milton Nascimento, Salvador Godinez, Dieter Milz, Rui Polanah.

1983 *Paraíba mulher macho* (CPC - Centro de Produção e Comunicação)
Direção de Tizuki Yamazaki.
Com Tânia Alves, Walmor Chagas, Luís de Lima, José Dumont. Osvaldo Loureiro, Isa Fernandes, Cristina Cavalcanti, Cláudio Marzo, Bráulio Tavares.

1984 *Quilombo* (CDK/Embrafilme/Gaumont)
Direção e roteiro de Cacá Diegues.
Com Antônio Pitanga, Toni Tornado, Daniel Filho, João Nogueira, Arduíno Colassanti, Camila Pitanga, Jorge Coutinho, Zózimo Bulbul, Vera Fischer, Milton Gonçalves, Zezé Mota, Lea Garcia.

1985 *Brasa adormecida* (Cinema do Século XXI Produções Artísticas/Raiz)
Direção de Djalma Limonge Batista.
Com Paulo César Grande, Anselmo Duarte, Edson Celulari, Marcelia Cartaxo, Sérgio Mamberti, Zeni Pereira, Cristina Mutarelli, Miriam Pires, Maitê Proença, Ilca Soares.

Nem tudo é verdade (RS/Embrafilme)
Direção, roteiro, argumento e música de Rogério Sganzerla.
Com Arrigo Barnabé, Helena Inês, Nina de Paula.

1986 *Jubiabá* (*Bahia de todos os deuses*) (Regina Filmes/S. F. P.)
Direção e roteiro de Nelson Pereira dos Santos. Fotografia de José Medeiros. Adaptação da novela de Jorge Amado.
Com Antônio José Santana, Luís Santos de Santana, Charles Baiano, Tatiana Issa, Françoise Goussard, Eliana Pitman, Betty Faria, Zezé Mota.

1987 *Exu Piá, coração de Macunaíma* (Marupiara/Centro Cultural Mário Macunaíma)
Direção de Paulo Veríssimo.
Com Joel Barcelos, Paulo Gracindo, Marco Ribas, Mano Melo, Jair Assunção, Cacá Carvalho.

Éclats noirs du samba (*Glórias negras do samba*) (TF1/Centre National de la Cinematographie et du Mistere dês Affaires Estrangeres)
Direção de Ariel de Bigault.
Com Os Cariocas, Gilberto Gil, Paulo Moura, Zezé Mota.

Running out of luck (Nitrat Films)
Direção de Julien Temple.
Com Mick Jagger, Norma Benguel, Rae Daw Chong, Dennis Hopper, Jerry Hall, Jorge Coutinho, Márcia de Souza, José Dumont, Raul Gazzola, Carlos Kroeber, Marcelo Madureira, Toni Tornado, Tonico Pereira.

1988 *Natal da Portela* (Santana-Produtora Brasil de Filmes/Coup de Coeur)
Direção de Paulo César Saraceni.
Com Milton Gonçalves, Almir Guineto, Zezé Mota, Adele Fátima, Antônio Pitanga, Tijolo, Toni Tornado, Ana Maria Nascimento e Silva.

Abolição (documentário) (MinC/Embrafilme)
Direção de Zózimo Bubul.

Fronteiras: a saga de Euclides da Cunha (Noilton Nunes)
Direção de Noilton Nunes. Filme jamais concluído. Por algum tempo, teve como título A paz é dourada, expressão extraída de uma frase de Grande Otelo.

1989 *Jardim de Alá* (Júpiter Filmes/Morena Produtores de Arte/Embrafilme)
Direção de David Neves.
Com Raul Cortez, Isabela Garcia, Betina Vianny, Françoise Forton, Carlos Kroeber, Imara Reis.

1990 *A linguagem de Orson Welles* (Bel-Air Produtora)
Direção de Rogério Sganzerla.

Boca de ouro (JN Filmes)
Direção de Válter Avancini.
Com Tarcísio Meira, Hugo Carvana, Cláudia Raia, Luma de Oliveira, Ricardo Petraglia, Osmar Prado.

1992 *Katharsys: História dos anos 80*
Direção de Roberto Moura.

1993 *It's all true* (Co-produção França-USA)
Direção de Norman Foster e Bill Krohn.

Troca de cabeça (vídeo)
Direção e roteiro de Sérgio Machado.
Com Lea Garcia, Harildo Deda, Mário Gusmão.

1997 *Tudo é Brasil*
Direção de Rogério Sganzerla.
Com Orson Welles, Dalva de Oliveira, Linda Batista, Herivelto Martins, Helena Inês, Carmen Miranda.

GRANDE OTELO NO PALCO

192(?)   *O tesouro de Serra Morena* (ou *Os bandidos de Serra Morena*), Circo Serrano

192(?)   Companhia de Comédia e Variedades Sarah Bernhardt

1924/25   *O Mártir do Calvário*, de Eduardo Garrido

1925   *Nhá Moça*

1926/27   *Tudo preto*, Companhia Negra de Revistas

1926/27   *Preto no branco*, Companhia Negra de Revistas
          Café torrado, Companhia Negra de Revistas
          Carvão nacional, Companhia Negra de Revistas
          Revista das revistas, Companhia Negra de Revistas

1932   *O flagelo dos mares*, Liceu Coração de Jesus

1934   Companhia de Zaíra Cavalcante
          Ensaio geral, de Jardel Jércolis

1935   *Gol*, de Jardel Jércolis e Luís Iglesias
          Carioca, de Geisa Bôscoli
          Rio follies, de Jorge Murad
          De ponta a ponta, de Jorge Murad
          Maravilhosa, de Jardel Jércolis e Geisa Bôscoli

1937   *No tabuleiro da baiana*, de Jardel Jércolis e Nestor Tangerini

1938   Cassino da Urca
          Algemas quebradas, de De Chocolat

1939   *Gandaia*, de Geisa Bôscoli e Custódio Mesquita

1939/46   Cassino da Urca

1946   *Sonho carioca*, de Chianca de Garcia

1947	*Um milhão de mulheres*, de Chianca de Garcia
	Samba, Brasil, de Nestor Tangerini e J. Maia
1948	*Só pra chatear*, de J. Maia
	Fiu fiu, de Geisa Bôscoli
	Saia comprida, de Luís Iglesias
	Miss Brasil, de Freire Júnior
	O petróleo é nosso, de Geisa Bôscoli
1949	*Está com tudo e não está prosa*, de Freire Júnior e Walter Pinto
1950	*Rapsódia de ébano*, Teatro Folclórico Brasileiro
	Tô de olho, de Maria Daniel e Jorge Murad
	Boa noite, Rio, de Alberto Flores
	Muié macho, sim senhor, de Freire Júnior, Luís Iglesias e Walter Pinto
1951	*Boa até a última gota*, de Freire Júnior
1952	*Branco, tu és meu*, de Humberto Cunha e Roberto Font
	Zona Sul, de Acioli Neto
	Burlesque, de Carlos Machado
	Ponto e banca, de Miguel Khair
	A filha da tirolesa, de Silveira Sampaio
	Barnabé, de Paulo Magalhães
	Paris c'est comme ça (depois *L'Amour toujour l'amour*), de Carlos Machado
	O terceiro homem, de Silveira Sampaio
	O bode está solto, de Max Nunes e J. Maia
1952/53	*Folias de Monte Carlo*, de Paulo Soledade e Nei Machado
1953	*Como é diferente o amor em Portugal*, de Acioli Neto
	Cherchez la femme, de Carlos Machado
	Feitiço da Vila, de Carlos Machado e Paulo Soledade
1953/54	*O que é que o biquíni tem?*, de Alberto Flores e Paulo Orlando
	Esta vida é um carnaval, de Paulo Soledade e Carlos Machado
1955	*Este Rio moleque*, de Fernando Lobo e Pedro Bloch
1956	*A grande revista*, de Carlos Machado
	Banzo aiê, de Acioli Neto e Grande Otelo
	Gente bem do morro, de Chianca de Garcia e Sílvia Autuori
	Botando pra jambrar, de Luís Iglesias e Meira Guimarães
	Rio de Janeiro a janeiro, de Chico Anísio
1957	*Mister Samba*, de Carlos Machado e Acioli Neto

1958	*Que pedaço de mau caminho*, de Luís Iglesias e Meira Guimarães *Bela época de 1900... e 58*, de Carlos Machado
1959	*Tem mulher, tô lá*, de Max Nunes, J. Maia e Mário Meira Guimarães *The Million Dollar Baby*, de Carlos Machado
1959/60	*Te futuco não futuca*, de Fernando Dávila e Meira Guimarães
1960	*Festival*, de Acioli Neto
1961	*Samba, carnaval e café*, de Carlos Machado *Vive les femmes*, de Carlos Machado *Obrigado, Rio*, de Carlos Machado *Joãozinho Boa Pinta*, de Luís Peixoto e Chianca de Garcia
1962	*Elas atacam pelo telefone*, de Carlos Machado
1963	*Chica da Silva*, de Acioli Neto e Meira Guimarães
1964	*Tem Shakespeare no samba*, de Nei Machado
1965	*Grande Otelo é grande*, de Nei Machado *Auto do guerreiro*, de Cláudio Ferreira *Frenesi*, de Carlos Manga *Vanja vai, Vanja vem, com Grande Otelo também*, de Grande Otelo e Vanja Orico
1971	*Carnavália*, de Paulo Afonso Grisoli e Sidnei Miller *Samba de chinelo novo* *Que saudades da estrada velha*, de Carlos Machado
1972	*Rainha da gafieira*, de Grande Otelo e Dílson Noronha *Grande Otelo saúda o público e pede passagem*, de Grande Otelo
1973	*A Lapa morreu? Viva a Lapa!*, de Grande Otelo *O homem de La Mancha*, de Dale Wasserman, tradução de Flávio Rangel e Paulo Pontes *Cassino da Urca*, de Carlos Machado
1974	*Jantou o marido e dormiu com o leitão*, direção de Lauro Góes
1975	*Vivaldino, o criado de dois patrões (arlequim)*, de Carlos Goldini, tradução de Millôr Fernandes *Branco que te quero preto*, de Sheila Lobato
1977	*Os saltimbancos*, de Enriquez Bardotti e Chico Buarque
1978	*A revolução dos patos*, de Walter Quaglia

1979	*Lola Morena*, de Bráulio Pedroso
1980	*Tempo bom*, de Grande Otelo
1981	*Cabaré S. A.*, de vários autores
1982	*Espetáculo Ionesco*, de Luís de Lima
1983	*Doutor Getúlio, sua vida e sua obra*, de Dias Gomes e Ferreira Gullar
1984/89	*Golden Rio*, de Maurício Sherman
1988	*O dia em que o mico leão dourado chorou*, de Arnaldo Niskier
1990	*Hoje é dia de rock*, de José Vicente

GRANDE OTELO EM DISCO

1939 *Maria Bonita*, de Odaurico Mota, com Grande Otelo (Columbia)

1940 *Vou pra orgia*, de Secundino Silva e Grande Otelo, com Nuno Roland (Odeon)
Paulo, Paulo, de Gadé, com Aurora Miranda e Grande Otelo (RCA Victor)

1941 *Praça Onze*, de Herivelto Martins e Grande Otelo, com Trio de Ouro e Castro Barbosa (Columbia)

1942 *Desperta, Brasil*, de Grande Otelo, com Linda Batista (RCA Victor)
Vitória amarga, de Grande Otelo e Popeye do Pandeiro, com Linda Batista (RCA Victor)

1943 *Bom dia, avenida*, de Herivelto Martins e Grande Otelo, com Trio de Ouro (Odeon)
Mangueira, não!, de Herivelto Martins e Grande Otelo, com Francisco Alves e Trio de Ouro (Odeon)

1944 *Botafogo*, de Grande Otelo, com Grande Otelo (Odeon)
Já tenho compromisso, de Carvalhinho e Romeu Gentil, com Grande Otelo (Odeon)
Os direitos são iguais, de Grande Otelo, com Linda Batista (RCA Victor)
São João de Barro Preto, de Grande Otelo, com Linda Batista (RCA Victor)

1945 *Avec vous, madame*, de Vicente Paiva e Luís Peixoto, com Grande Otelo (RCA Victor)
Mano a mano, de Carlos Gardel e Razzano, com Grande Otelo (RCA Victor)
O outro palpite, de Garoto e Grande Otelo, com Emilinha Borba (Continental)

1954 *Couro de gato*, de Rubens Silva, Popó e Grande Otelo, com Jorge Goulart (Continental)
Marcha do tatu, de Buci Moreira, Amauri Silva e Almeida Filho, com Grande Otelo (Sinter)
É tarde demais, de Oscar Gomes Cardim, com Grande Otelo (Sinter)
Vida vazia, de Grande Otelo e Herivelto Martins, com Dircinha Batista (RCA Victor)

1955 LP *A grande revista*, gravação do show do mesmo nome apresentado por Carlos Machado no Night and Day (Mocambo)

1957 *Samba comunicado*, de João Correia da Silva e Paulo Soledade, com Grande Otelo
(Continental)
Adeus, Mangueira, de Herivelto Martins e Grande Otelo, com Trio de Ouro e a
Escola de Samba de Herivelto Martins (RCA Victor)

1959 *Carnaval com quem?*, de Herivelto Martins e Grande Otelo, com Grande Otelo
(Columbia)
Mulheres à vista, de Bebeto e Grande Otelo, com Grande Otelo e Vera Regina
(Columbia)
Có có có ri co, de Jota Júnior e Castelo, com Grande Otelo (Columbia)
Umbigo de vedete, de Klecius Caldas e Armando Cavalcante, com Grande Otelo
(Columbia)

1960 LP *Carnaval do povo* (Columbia)
LP *Reinado de Momo* (Columbia)

1962 *Tá certo, sim*, de Vali de Souza e Grande Otelo, com Grande Otelo (Columbia)
Neném transviado, de Mário Barcelos e Pedro Vargas, com Grande Otelo (Columbia)

1965 *A bala assassina* (Grande Otelo), com Grande Otelo, no LP *Rio Carnaval Brasil
1965* (Mocambo)

1969 *A mulher da gente* (Grande Otelo e Davi Porto), com Grande Otelo, no LP *Hot
Carnaval 69* (Hot/Rioson)

1973 *Último rancho*, de Grande Otelo e Maria Dolabella, com Jacira Silva, no LP *Carnaval para 100 milhões* (RCA Victor)

1976 LP *Assim era a Atlântida*, diálogos com Oscarito

1977 LP *Nina*, trilha sonora da novela da TV Globo (Som Livre)
LP *Levanta poeira* (Som Livre)

1981 LP *Arca de Noé 2* (Ariola)

1985 *Samba de um não dá*, de Benito de Paula, com Benito de Paula e Grande Otelo
(RGE)
Cinelândia, de Cláudio Cartier e Paulo César Feital, com Grande Otelo e Beth
Carvalho, no LP *Das bênçãos que virão com os novos amanhãs*, de Beth Carva-
lho (RCA Victor)

1986 *Cansei de implorar* e *Tipo zero*, de Noel Rosa, com Grande Otelo, no LP *A noiva
do condutor*, de Noel Rosa (Estúdio Eldorado)

1988 *Nego saliente*, de Grande Otelo, com Marlene e Grande Otelo, no LP *Ídolos do
rádio, Marlene* (Collectores)

BIBLIOGRAFIA

ANTUNES, Delson. *Fora do sério: um panorama do teatro de revista do Brasil*. Rio de Janeiro: Funarte, 2002.

AUGUSTO, Sérgio. *Este mundo é um pandeiro*. São Paulo: Companhia das Letras, 1889.

BARBOSA, Marília Trindade. *Consciência negra: depoimentos de Haroldo Costa, Zezé Mota e Grande Otelo*. Rio de Janeiro: MIS Editorial, 2003.

BARROS, Luís de. *Minhas memórias de cineasta*. Rio de Janeiro: Editora Artenova/Embrafilme, 1978.

BARROS, Orlando de. *Corações de Chocolat: a história da Companhia Negra de Revistas (1926-1927)*. Rio de Janeiro: Livre Expressão, 2005.

_____. *Custódio Mesquita: um compositor romântico no tempo de Vargas (1930-45)*. Rio de Janeiro: Funarte/Editora da UERJ, 2001.

BASTOS, Mônica Rugai. *Tristezas não pagam dívidas: cinema e política nos anos da Atlântida*. São Paulo: Olho d'Água, 2001.

CABRAL, Sérgio. *No tempo de Ari Barroso*. Rio de Janeiro: Lumiar Editora, 1993.

CASTRO, Ruy. *Carmen: a vida de Carmen Miranda, a brasileira mais famosa do século XX*. São Paulo: Companhia de Letras, 2005.

CAVALCANTI DE PAIVA, Salviano. *História ilustrada dos filmes brasileiros (1929-1988)*. Rio de Janeiro: Francisco Alves, 1989.

_____. *Viva o rebolado: vida e morte do teatro de revista brasileiro*. Rio de Janeiro: Nova Fronteira, 1991.

DEMASI, Domingos. *Chanchadas e dramalhões*. Rio de Janeiro: Funarte, 2001.

FERREIRA, Suzana Cristina de Souza. *Cinema carioca nos anos 30 e 40: os filmes musicais nas telas da cidade*. São Paulo: Annablume, 2003.

FILHO, Daniel. *Antes que me esqueçam*. Rio de Janeiro: Editora Guanabara, 1988.

GOMES, Dias; GULLAR, Ferreira. *Vargas ou Dr. Getúlio, sua vida e sua glória*. Rio de Janeiro: Civilização Brasileira, 1983.

HOLANDA, Firmino. *Orson Welles no Ceará*. Fortaleza: Edições Demócrito Rocha, 2001.

MACHADO, Carlos. *Memórias sem maquiagem*. São Paulo: Livraria Cultura Editora, 1978.

MENEZES, Ruy. *O espiral: história do desenvolvimento cultural de Barretos*. Barretos: Edição do autor, 1985.

MOURA, Roberto. *Grande Otelo*. Rio de Janeiro: Relume Dumará, 1996.

OTELO, Grande. *Bom dia, manhã*. Rio de Janeiro: Topbooks, 1993.

PAES, Licídio. *Brevidades: crônicas.* Organização e apresentação de Regma Maria dos Santos. São Paulo: EDUC/Oficina do Livro Rubens Borba de Morais, 2002.

RENATO, Sérgio. *Dupla exposição: Stanislaw Sérgio Ponte Porto Preta.* São Paulo: Ediouro, 1998.

RODRIGUES, João Carlos. *O negro brasileiro e o cinema.* Rio de Janeiro: Pallas Editora, 2001.

SANTOS, Nelson Pereira dos. *Três vezes Rio.* Rio de Janeiro: Rocco, 1999.

SANTOS, Tadeu Pereira dos. *À luz do Moleque Bastião — Grande Otelo: "Arranhando" Uberabinha (1915-1930).* Monografia apresentada no Instituto de História da Universidade Federal de Uberlândia, 2005.

SERAFIN, Marly; FRANCO, Mário. *Grande Otelo, em preto e branco.* Rio de Janeiro: Ultra-Set, 1987.

SILVA NETO, Antônio Leão da. *Astros e estrelas do cinema brasileiro.* São Paulo: Edições Loyola, 1998.

SILVA, Antônio Pereira da. *As histórias de Uberlândia,* 3 vols. Uberlândia: Edufu, 2002.

VIANY, Alex. *Introdução ao cinema brasileiro.* Rio de Janeiro: Instituto Nacional do Livro, 1959.

www.jornalmusical.com.br

AGRADECIMENTOS

Agradeço profundamente à Sarau Agência de Cultura Brasileira, às suas comandantes Ana Luisa Lima e Andréa Alves, e a seu brilhante time de funcionários: Leila Dantas, Eliana Oikawa, Doralice Rodrigues, Tânia Augusto, Elizabeth M. Leitão B. Oliveira e Paulo Nascimento.

Agradeço ao trio que tanto me ajudou nas pesquisas sobre a vida e a obra de Grande Otelo: Melissa Ornela, Otávia Carla Câmara Ferreira e Gustavo Dória.

Aos filhos de Grande Otelo, pelos depoimentos e por se colocarem permanentemente à disposição para qualquer outro tipo de ajuda: Jaciara Prata da Silva, Carlos Sebastião de Souza Prata, Mario Luiz de Souza Prata e José Antônio de Souza Prata, o Pratinha.

E a todos — pessoas e instituições — que colaboraram com entrevistas e com os mais variados tipos de ajuda para a realização deste livro: Arquivo Municipal de Uberlândia; Bob Nélson; Carlos Campana; Carlos Guimarães Coelho; César Vasquez; Demerval Neto; Edna Maria Soares, Maria Núbia Alves Martins Souza e Vânia Lúcia Rende Candelot, responsáveis pelo projeto de pesquisa da Prefeitura de Uberlândia sobre Grande Otelo; Geraldo Casé; Geraldo José; Gerdal dos Santos; Gerdal J. Paula; Givaldo Siqueira; Haroldo Costa; Joana Cunha; José Vicente Dias Leme; Jussara Lazzarotti; Lefê Almeida; Lotus Dutra; Luís Filipe de Lima; Maria Luísa Testa Tambellini; Mário Prata; Mônica Debs Diniz, secretária de Cultura de Uberlândia; Odelmo Leão Carneiro, prefeito de Uberlândia; Rafael Dória; Reginaldo Faria; Regma Maria dos Santos; Ricardo Bicalho; Roberto Bakker; Roberto Farias; Tadeu Pereira dos Santos; Zé Renato e Zeca Zimmerman.

CRÉDITOS DAS IMAGENS

Arquivo Cedoc/Funarte: pp. 148, 170

Arquivo Centro Técnico Audiovisual - CTAV: p. 136

Arquivo Família Queiroz: p. 42

Arquivo Grande Otelo: pp. 10, 21, 23, 26, 33, 48, 49, 51, 70, 71, 77, 82, 88, 92, 109, 118, 121, 124, 146, 150, 159, 184, 193, 223, 236, 243, 256, 275, 283, 284, capa

Arquivo Ruth de Souza: p. 131

Reprodução/Divulgação: pp. 18, 67, 94, 107, 130, 138, 174, 177, 179, 181, 183, 188, 206, 210, 226, 229, 232, 250, 253, 261, 288

FICHA TÉCNICA DO PROJETO "GRANDE OTELO 90 ANOS"

COORDENAÇÃO GERAL
Ana Luisa Lima e Andréa Alves

BIÓGRAFO
Sérgio Cabral

EDIÇÃO DE TEXTOS — site Grande Othelo
Ana Maria Tavares

EDIÇÃO DE TEXTOS — *Grande Otelo: uma biografia*
Alberto Martins, Fabrício Corsaletti, Fernanda Diamant,
Regina Zappa e Roberto Homem de Mello

PESQUISA
Leila Dantas, Melissa Ornelas e Tânia Augusto

FOTOGRAFIAS
Silvana Marques

EDIÇÃO DE IMAGENS:
Cynthia Cruttenden e Marina Botter

ASSESSORIA JURÍDICA
Marisa Gandelman

EQUIPE DE ACERVO E DOCUMENTAÇÃO
Elizabeth de Melo Leitão (Coordenação)
Rosângela Cruz (Arquivologia)
Angela Reis e Carlos Augusto Ditadi (Consultoria)
Lenon Braga (Conservação e Restauração)

COLABORAÇÃO
Angela Nensy

PROGRAMAÇÃO VISUAL — site Grande Othelo
6D Estúdio

EQUIPE DE BANCO DE DADOS
Carlos Henrique Marcondes e Luiz Fernando Sayão — Info-Sis Informação e Informática

Ficha técnica do projeto "Grande Otelo 90 anos"

Equipe de Produção
Marcia Ximenez (Coordenação de Produção)
Eliana Oikawa e Leila Dantas (Produção Executiva)
Tatiana Vieira, Igor Belleza, Fernanda Veiga e Letícia de Castro Maia (Estagiários)

Apoios Institucionais
Arquivo Nacional
Atlântida Cinematográfica
Cinédia
Fundação Nacional de Arte - Funarte
Globo (Cedoc)
Museu da Imagem e do Som - MIS
Rádio MEC

Agradecimentos especiais aos herdeiros
Carlos Sebastião Vasconcelos Prata
Jaciara de Souza Prata
José Antônio de Souza Prata
Mario Luiz de Souza Prata

Patrocínio
PETROBRAS

Parceria
SESC Rio

Edição
Editora 34

Realização e co-editora
Sarau Agência de Cultura Brasileira

SOBRE O AUTOR

Filho de mãe carioca e pai sergipano, Sérgio Cabral Santos nasceu em Cascadura a 27 de maio de 1937, e cresceu no bairro vizinho de Cavalcanti, ambos na zona norte do Rio de Janeiro. Em 1957, começou a trabalhar como jornalista no *Diário da Noite* e, em 1961, iniciou sua atividade como cronista de música popular no *Jornal do Brasil*, onde permaneceu até novembro de 1962, quando foi demitido por apoiar uma greve da categoria (o feito se repetiria em 1986, quando foi demitido de *O Globo* pela mesma razão, sendo assim um dos poucos jornalistas brasileiros a ser demitido duas vezes por motivo de greve). Em 1969, foi um dos fundadores do *Pasquim*, semanário que revolucionou a imprensa no país, e em novembro do ano seguinte permaneceu preso por dois meses, em companhia de colegas do jornal, pela ditadura militar. Três anos depois, em 1972, foi editor da revista *Realidade*, da Editora Abril.

Sua proximidade com a música popular brasileira o levou a atuar também em outras frentes: em 1966, foi um dos fundadores do atual Teatro Casa Grande, ocupando o cargo de diretor artístico, e trabalhou como produtor de discos de 1973 a 1981. Como compositor, teve várias músicas de sua autoria gravadas, e em parceria com Rosa Maria Araújo concebeu em 2007 o musical *Sassaricando*, de grande sucesso, que retrata a sociedade carioca entre os anos de 1920 e 1970. Além disso, desenvolveu ainda uma carreira política, tendo sido eleito vereador do Rio de Janeiro por três legislações. Entre seus livros publicados, destacam-se: *Pixinguinha: vida e obra* (1977), com o qual venceu o concurso de monografias da Funarte sobre MPB; *No tempo de Almirante* (1991); *No tempo de Ari Barroso* (1993); *As Escolas de Samba do Rio de Janeiro* (1996); *Antonio Carlos Jobim: uma biografia* (1997); *Mangueira: nação verde e rosa* (1998), e *Nara Leão: uma biografia* (2001), entre outros.

ESTE LIVRO FOI COMPOSTO EM SABON,
PELA BRACHER & MALTA, COM CTP E
IMPRESSÃO DA PROL EDITORA GRÁFICA
EM PAPEL ALTA ALVURA 90 G/M² DA CIA.
SUZANO DE PAPEL E CELULOSE PARA A
EDITORA 34, EM DEZEMBRO DE 2007.